교정시설 과밀수용 방지를 위한 정책적·법적 대책

교정시설 과밀수용 방지를 위한 정책적·법적 대책

신용해

경인문화사

서 문

　형사사법 체계에서 교정시설의 과밀화 현상은 비단 우리나라뿐만 아니라 해외의 여러 나라에서도 오랫동안 문제가 되어 왔다. 이와 관련하여 형사법적인 관점에서 전 세계으로 유행하고 있는 중형주의 형사정책이 과밀수용 현상을 초래하고 있는 것이 아닌지에 관한 인과관계를 살펴볼 필요가 있다. 이에 따라 본 연구에서는 '수사, 재판, 교정으로 이어지는 형사사법의 여러 단계마다 공통 분모로서 잠재하고 있는 중형주의 형사정책이 교정시설 과밀화 현상의 가장 큰 원인이 되고 있고, 범죄자의 재사회화를 가로막는 장애요인으로 작용하고 있다'라는 가설을 세우고, 이러한 가설을 국내외의 각종 문헌 연구를 통해 입증한 뒤, 이에 대한 정책적·법적인 대책을 제시하였다.
　본 연구에서는 모든 국가의 사례를 소개하기가 어려워, 중형주의 형사정책의 추진으로 최근 교정시설의 과밀화를 가장 엄중하게 겪고 있는 영국과 우리나라의 사례를 중심으로 과밀수용의 실태를 분석하였다. 그 결과 중형주의 형사정책의 추진과 교정시설 과밀수용 간에는 밀접한 상관관계가 있다는 것을 실증적으로 증명할 수 있었다. 특히, 우리나라의 과밀수용 현상은 '형법의 정치화'가 초래한 중형주의 형사정책의 추진과 이러한 취지에 따른 2010년 「형법」 개정에 의한 유기형 상한의 인상에 원인이 있다고 분석되었다. 이러한 교정시설 과밀수용은 현실적으로 수용자의 수면권을 침해하고, 감염병 확산으로 인한 건강권 및 생명권을 침해하는 등 기본적인 인권을 침해할 우려가 있고, 미결수용자의 방어권 행사를 저해하며, 교정사고의 발생 위험을 증가시키는 한편, 수형자 교정처우 프로그램의 운영을 저해하는 문제가 있다. 또한 헌법적 및 국제법적인 면에서도 「헌법」 제10조 위반, 시민적·정치적 권리에 관한 국제규약 위반, 유엔 고문방지협약 위반, 유엔 피구금자 처우에 관한 최저기준 규칙 위반 등의 문제가 있다.

　다음으로, 교정시설 과밀수용에 관한 우리나라 2016년 헌법재판소 결정과 2022년 대법원 판결 내용, 국가인원위원회의 결정 등에 나타난 1인당 최소 수용면적 기준을 살펴보았다. 또한 국제적십자위원회, 유럽고문방지위원회 등의 국제 인권 기구와 유럽인권재판소 판례, 미국, 독일, 영국 등의 사례를 통하여 외국에서는 교정시설의 1인당 최소 수용면적 기준을 어떻게 규정하고 있는지를 알아보았다. 각 나라가 처한 경제적, 문화적 차이로 인하여 교정시설에서의 1인당 수용면적 기준은 각양각색의 다양한 모습으로 나타났지만, 국제적십자사나 유럽고문방지위원회의 경우와 같이 피구금자에 대한 인도적인 처우를 위하여 독거실과 혼거실에 대한 1인당 최소 수용면적 기준을 규정하고 이를 국제적으로 통일하고자 하는 노력을 발견하였다. 우리나라 법무부에서도 행정규칙에 교정시설의 독거실과 혼거실의 1인당 최소 수용면적 기준을 단계적으로 늘려가면서 수용자의 인권 보장을 위해 노력하고 있었다. 그러나, 교정시설의 1인당 수용면적 기준은 국민의 기본권인 신체의 자유를 제한하는 인신구속과 관련된 중요한 사안이므로 일반적 법률유보 원칙이 규정되어 있는 「헌법」 제37조 제2항과 인간의 존엄성을 보장하기 위한 국제법을 준수하기 위해서라도 행정규칙으로 정할 게 아니라 법률로 정하는 것이 타당하다. 이를 위하여 유럽고문방지위원회의 기준을 참고하여 현행 「형의 집행 및 수용자의 처우에 관한 법률」 제6조를 개정하여 1인당 최소 수용면적은 화장실 면적을 제외하고 독거실의 경우 $6m^2$ 이상, 혼거실의 경우 $4m^2$ 이상으로 하도록 법률화하되, 우리나라 여건에 맞도록 신설 또는 증축하는 교정시설에 대하여만 적용하도록 하는 것을 제안하였다.

　아울러, 실무적인 입장에서 교정시설의 과밀수용을 방지하는 정책적·법적 대책을 정문전략과 후문전략으로 구분하여, 입법 및 수사·재판 단계에서의 과밀수용 예방을 위한 정책적·법적 대책을 정문전략으로, 교정단계에서의 과밀수용 해소를 위한 정책적·법적 대책을 후문전략으로 나누어서 실효성있는 대응방안을 제시하였다. 정문전략을 통하여 교정시설의 과밀수용을 예방하기 위해서「형법」제42조의 법정형 상한 재조정, 단기자유형의 폐지와 사회봉사형 신설 및 재택구금제도의 도입, 양형위원회의 양형기준 설정 시 교정시설에 미치는 수용 영향평가 시행, 벌금 미납자에 대한 노역장 유치(환형유치) 제도의 폐지를 중심으로 하는 정책적·법적 개혁 방안을 제시하였다. 후문전략으로는 교정시설에서의 가석방제도를 확대 시행하는 방안을 제시하였고, 이를 위하여 영국의 필요적 가석방제도(release on licence), 미국의 의무적 가석방제도(mandatory parole release), 캐나다의 법정석방제도(statutory release)의 도입을 제안하였다.

본 연구를 수행하는 과정에서 많은 고마운 분들의 도움을 받았다. 우선, 저자가 법무부에서 공직을 시작하면서부터 지금까지 늘 혁신의 자세로 일하고 연구할 수 있도록 항상 따뜻한 격려와 애정을 쏟아주신 서울대학교 법학전문대학원 한인섭 교수님께 감사의 말씀을 드린다. 그리고, 두서없던 초고가 학위논문으로서의 모양새를 갖추며 재탄생할 수 있도록 예리하면서도 세심한 배려로 정성껏 심사하고 지도해주신 서울대학교 법학전문대학원 이상원 교수님, 서울대학교 법학전문대학원 고명수 교수님, 연세대학교 법학전문대학원 박정난 교수님, 고려대학교 법학전문대학원 홍영기 교수님께도 감사의 말씀을 드린다. 아울러, 부족한 학위논문을 단행본으로 선보일 수 있도록 도움을 주신 서울대학교 법학연구소 및 경인문화사 관계자분들께도 마음 깊이 감사를 드린다. 모쪼록 본 연구에서 제안된 대책이 형사사법 체계 내에서 교정시설이 범죄자의 재범 방지와 재사회화를 효과적으로 지원하는 데 기여하기를 바란다.

2025년 3월 신용해 씀

목차

서 문

제1장 서 론 ·· 1
제1절 문제의 제기 ·· 3
　Ⅰ. 교정시설 과밀화 현상의 폐해 ································ 3
　Ⅱ. 중형주의 형사정책과의 연관성 ······························ 4
　Ⅲ. 과밀수용 방지를 위한 정책적·법적 대책의 필요성 ········ 5
제2절 연구범위 및 방법, 목표 ······································ 7
　Ⅰ. 연구범위 ·· 7
　Ⅱ. 연구방법 및 목표 ·· 8
　　1. 연구방법 ·· 8
　　2. 연구목표 ·· 9

제2장 과밀수용의 현황과 문제점 ······························· 13
제1절 서 설 ··· 15
제2절 과밀수용의 정의와 원인 분석 ···························· 16
　Ⅰ. 과밀수용 연구의 이론적 배경 ································ 16
　　1. 과밀수용의 정의 ·· 16
　　2. 과밀수용과 감옥개혁운동 ···································· 18
　Ⅱ. 형사사법 단계별 과밀수용의 원인 분석 ················ 23
　　1. 수사단계의 원인 ·· 23
　　2. 재판단계의 원인 ·· 25
　　3. 교정단계의 원인 ·· 26

제3절 중형주의 형사정책이 과밀수용에 미친 영향 ·················· 27
　Ⅰ. 서 설 ·· 27
　Ⅱ. 중형주의의 정의 ·· 28
　Ⅲ. 영국의 사례로 살펴본 중형주의와 과밀수용의 상관 관계 ···· 30
　　1. 영국의 과밀수용 사례 분석의 배경 ···································· 30
　　2. 영국의 교도소 과밀수용 현황 ·· 31
　　3. 영국의 중형주의 형사정책이 과밀수용에 미친 영향 ·········· 36
　Ⅳ. 우리나라에서의 중형주의와 과밀수용 실태 ···························· 50
　　1. 우리나라 중형주의 형사정책 현황 ······································ 50
　　2. 우리나라 교정시설 수용인원의 변화 개관 ························ 52
　　3. 우리나라의 과밀수용과 중형주의의 상관관계 분석 ·········· 60

제4절 과밀수용의 문제점 분석 ·· 73
　Ⅰ. 과밀수용으로 인한 현실적인 문제점 ·· 73
　　1. 수용자의 수면권, 건강권, 생명권 등 기본적 인권침해 우려 ··· 73
　　2. 미결수용자의 방어권 행사 저해 ·· 79
　　3. 교정사고 발생 위험의 증가 ·· 82
　　4. 수형자 교정처우 프로그램의 운영 저해 ···························· 84
　Ⅱ. 헌법과 국제법적인 면에서의 수용자 인권침해 ······················ 86
　　1.「헌법」제10조 위반의 문제 ·· 87
　　2. 시민적·정치적 권리에 관한 국제규약 위반 ······················ 89
　　3. 유엔 고문방지협약 위반 ·· 93
　　4. 유엔 피구금자 처우에 관한 최저기준규칙 위반 ·············· 94

제5절 결어 ··· 97

제3장 1인당 최소 수용면적 법률화에 관한 고찰 ········ 101

제1절 서 설 ··· 103
제2절 국내 판례 등에서의 1인당 수용면적 검토 ················· 105
Ⅰ. 1인당 수용면적과 관련된 헌법재판소 결정 ············· 105
1. 사건의 개요 ··· 105
2. 청구인의 주장과 피청구인의 반대의견 ················· 106
3. 헌법재판소 결정의 주요 내용 ····························· 108
4. 이 헌법재판소 결정의 의의 ································ 111
Ⅱ. 1인당 수용면적과 관련된 대법원 판결 ····················· 113
1. 사실관계 ··· 113
2. 소송의 경과 ··· 114
3. 대법원 판결의 의의 ·· 120
Ⅲ. 과밀수용에 대한 국가인권위원회의 주요 결정례 ········ 120
1. 교정시설 과밀수용 환경개선(13직권0000100) ········· 121
2. 여성수용자 거실 과밀수용 등(16진정 0306000) ······ 127
3. 과밀수용으로 인한 행복추구권 침해(23진정0394400) ······ 129
4. 국가인권위원회 결정의 의의와 법무부의 수용 여부 ······ 132
Ⅳ. 소 결 ··· 134
제3절 최소 수용면적 기준에 관한 비교법적 고찰 ················· 136
Ⅰ. 서 설 ··· 136
Ⅱ. 국제적십자위원회의 최소 수용면적 지침 ···················· 137
Ⅲ. 유럽인권재판소 및 유럽고문방지위원회의 최소 수용면적 기준 ··· 138
1. 유럽인권재판소의 수용면적 기준 ··························· 138

2. 유럽고문방지위원회의 수용면적 기준 ·················· 146
       Ⅳ. 기타 국가들의 최소 수용면적 기준 ························ 148
            1. 선행 연구에서의 최소 수용면적 기준 개관 ············ 148
            2. 최근 연구에 의한 최소 수용면적 기준 ················ 153
            3. 국가인권정책기본계획에 나타난 주요 국가의 최소면적 기준 ··· 157
       Ⅴ. 소 결 ··· 158
    제4절 1인당 최소 수용면적 기준의 법률화 방안 ···················· 160
       Ⅰ. 서 설 ··· 160
       Ⅱ. 우리나라 교정시설 1인당 수용면적 기준 개관 ············· 161
            1. 근대 시기의 1인당 수용면적 추산 ····················· 161
            2. 현대의 1인당 수용면적 기준 ··························· 162
       Ⅲ. 현행 법무부 행정규칙의 문제점 ···························· 164
       Ⅳ. 적정한 1인당 최소 수용면적 기준의 도출 ················· 165
       Ⅴ. 적정한 1인당 최소 수용면적 기준의 법률화 추진 ········· 166
    제5절 결 어 ··· 169

제4장 과밀수용 예방을 위한 정문전략 ························ 171
    제1절 서 설 ··· 173
    제2절 「형법」 제42조 법정형 상한의 재조정 ······················ 176
       Ⅰ. 서 설 ··· 176
       Ⅱ. 2010년 「형법」 제42조 법정형 상한 인상의 문제점 ········ 178
            1. 법정형의 예측 불가능성 ································ 178
            2. 유기형과 무기형의 역전 현상 ·························· 179
            3. 형기 인상으로 인한 교정시설의 부담 증대 ············ 181

Ⅲ. 유기형 상한의 재조정 ··· 182
Ⅳ. 소 결 ··· 184
제3절 단기자유형의 폐지 ·· 185
Ⅰ. 서 설 ··· 185
Ⅱ. 단기자유형의 폐지 ·· 186
1. 단기자유형의 이론적 개관 ··· 186
2. 영국의 사례 분석 ··· 188
3. 호주의 사례 분석 ··· 192
4. 독일의 사례 분석 ··· 195
5. 우리나라의 사례 분석 ·· 196
Ⅲ. 단기자유형의 대안 ·· 198
1. 사회봉사형의 신설 ·· 198
2. 재택구금제도의 도입 ··· 203
Ⅳ. 소 결 ··· 208
제4절 양형기준제도의 개선 ·· 210
Ⅰ. 서 설 ··· 210
Ⅱ. 양형기준제도의 문제점 ··· 212
1. 양형기준제도 시행으로 인한 형선고의 중형화 경향 ············· 212
2. 양형기준 설정 시 수용영향 평가의 부재 ···························· 214
3. 양형위원회 구성의 문제점 ·· 215
Ⅲ. 과밀수용 방지를 위한 양형기준제도 개선방안 ······················· 217
1. 독립적인 양형위원회 설치 법률 제정 ································· 217
2. 양형기준 설정 시 교정시설 수용영향 평가 의무화 ··············· 219
3. 양형위원회의 구성원으로 교정전문가 참여 ·························· 223

  Ⅳ. 소 결 ··· 226
제5절 노역장 유치제도(환형유치)의 폐지 ···························· 228
  Ⅰ. 서 설 ··· 228
    1. 벌금형과 노역장 유치제도의 의의 ······················ 228
    2. 노역장 유치의 법적 성격 ···································· 230
  Ⅱ. 노역장 유치제도와 교정시설 과밀수용의 상관관계 ········· 230
    1. 노역장 유치의 집행 현황 ···································· 230
    2. 노역장 유치제도의 문제점 ·································· 233
  Ⅲ. 벌금형 선고와 노역장 유치제도의 개혁 ················· 234
    1. 다이버전을 통한 벌금형 선고의 최소화 ············ 234
    2. 벌금형의 집행유예 활성화 ·································· 235
    3. 벌금대체 사회봉사제도의 활성화와 노역장 유치제도의 폐지 ··· 237
  Ⅳ. 소 결 ··· 240
제6절 결 어 ··· 241

제5장 과밀수용 해소를 위한 후문전략 ···················· 243

제1절 서 설 ··· 245
제2절 현행 가석방제도의 문제점 ······································· 246
  Ⅰ. 우리나라 가석방제도의 운영 현황 ·························· 246
  Ⅱ. 가석방제도가 과밀수용에 미치는 영향 분석 ··········· 249
제3절 가석방제도의 개선 방안 ··· 251
  Ⅰ. 필요적 또는 의무적 가석방제도의 도입 ················· 251
    1. 영국의 필요적 가석방제도(release on licence) ·············· 251
    2. 미국의 의무적 가석방제도(mandatory parole release) ········ 254

3. 캐나다의 법정석방제도(statutory release) ································ 254
   4. 필요적 가석방제도의 도입 ·· 256
  II. 가석방 심사기구의 정비 ·· 258
   1. 현행 가석방심사위원회 운영의 현황 및 문제점 ···················· 258
   2. 중앙가석방위원회의 신설 ·· 263
   3. 지방교정청 가석방심사위원회 신설 ·· 264
   4. 보호관찰 업무와의 협조 관계 강화 ·· 264
   5. 「형집행법」 개정안 ·· 264
  III. 귀휴 및 중간처우제도의 활성화 ·· 266
   1. 석방전 귀휴제도의 활성화 ·· 266
   2. 지역사회 내 중간처우제도(희망센터)의 활성화 ···················· 268

 제4절 결 어 ·· 270

제6장 결론 ··· 273

참고문헌 280
부록 296

〈표 차례〉

〈표 2-1〉 1900년 이후 영국의 교도소 수용인원의 변화 32
〈표 2-2〉 1992년 이후 영국의 주요 형사사법적 순간들 39
〈표 2-3〉 연도별 교정시설 수용인원(1954년~2023년) 53
〈표 2-4〉 주요 국가별 인구 10만 명당 수용인원 59
〈표 2-5〉 우리나라의 주요 형사사법적 순간들 63
〈표 2-6〉 수형자 죄명별 인원(2005~2024.5) 67

〈표 2-7〉 교정시설 1일 평균 수용인원 71
〈표 3-1〉 청구인과 피청구인의 주장 및 반대의견 비교표 107
〈표 3-2〉 원고와 피고의 주장 비교표 117
〈표 3-3〉 국가별 최소 수용면적 기준 153
〈표 3-4〉 외국 교정시설 수용거실 최소면적 기준 158
〈표 3-5〉 우리나라 혼거실 수용자 1인당 수용면적의 변화 163
〈표 3-6〉 법무부 행정규칙상 수용거실 면적 기준 164
〈표 3-7〉 「형집행법」 개정안 신·구조문대비표 168
〈표 4-1〉 정문전략의 주요 내용 174
〈표 4-2〉 수형자 형명·형기별 인원(2014년~2023년) 197
〈표 4-3〉 「형법」 개정안 신·구조문대비표 203
〈표 4-4〉 수형자 입·출소사유별 인원(2012년~2023년) 231
〈표 4-5〉 「형법」 개정안 신·구조문대비표 239
〈표 5-1〉 연도별 가석방 출소율(1974~2023년) 246
〈표 5-2〉 치료·취업조건부 가석방 실시 현황 257
〈표 5-3〉 유관 위원회와의 조직 및 인력 비교 261
〈표 5-4〉 「형집행법」 개정안 신·구조문대비표 265

〈그림 차례〉

〈그림 2-1〉 1900년 이후 영국의 교도소 수용인원 변화 34
〈그림 2-2〉 전체 연도별 수용인원의 변화 추이 57
〈그림 2-3〉 연도별 수용인원 대비 교정사고 발생 건수 84
〈그림 3-1〉 국가별 독거실 최소 면적 기준 비교 157
〈그림 5-1〉 최근 20년간 가석방 출소율 변화 추이 249
〈그림 5-2〉 최근 20년간 가석방 출소율과 수용률의 변화 251

제1장

서 론

제1절 문제의 제기

I. 교정시설 과밀화 현상의 폐해

 교도소와 구치소를 통칭하는 교정시설은 범죄자를 구금하고 사회 안전을 유지하는 임무를 수행하고 있다. 그러나 최근 교정시설 내 수용자 수가 급증하면서 수용 정원을 초과하는 과밀수용 문제가 심각해지고 있다. 이에 따라 다양한 문제가 발생하고 있으며, 이를 해소하기 위한 대책이 시급하다.
 교정시설의 과밀수용 현상은 다음과 같은 폐해를 끼치게 된다.
 먼저, 과밀수용은 교정시설 수용자의 기본적 인권을 침해한다. 교정시설 내에서 적절한 생활 공간이 부족하게 되면 수용자들은 인간으로서의 신체적, 정신적 건강에 부정적인 영향을 받을 수 있으며 결국 인간의 존엄성이 훼손되는 결과를 불러오게 된다. 즉, 수용자가 교정시설에서 1인당 수용 면적이 인간으로서의 기본적인 욕구를 해소할 수 없을 정도로 협소한 공간에서 생활하는 것은 인권침해로 여겨질 수 있다.
 둘째, 과밀수용은 수용자들에게 교정시설 내에서 재범 방지 프로그램 및 재사회화 교육을 제공하는 데 어려움을 준다. 교정시설 과밀화로 인해 수용자들은 재범 예방 및 사회 재통합을 위한 교정 프로그램과 서비스에 대한 접근이 제한될 수 있다. 그뿐만 아니라 과밀수용은 교정시설에서 근무하는 교도관의 업무 부담을 증가시키고 사기를 저하한다. 이는 곧 범죄자 교정 교화를 담당하는 전문 인적자원의 숫자나 질을 떨어뜨리는 결과를 초래하여 국가의 효과적인 범죄자 수용관리와 사회복귀 지원을 통한 재범 방지 정책의 추진에 어려움을 줄 수 있다.

셋째, 교정시설의 과밀화는 국제 인권법의 위반을 초래하게 된다. 국제 인권 기구들은 인간의 존엄성과 국제 인권 규범을 준수하는 것을 원칙으로 삼으며, 과밀한 교정시설은 이러한 원칙을 위반하는 것으로 간주된다. 국제 인권 기구들은 이러한 문제에 대한 조사 및 감시를 수행할 수 있으며, 국제 인권 규범을 준수하도록 각국 정부에 압력을 가할 수 있다. 따라서 과밀한 교정시설은 국제 인권법에 어긋나는 것으로 여겨지며, 이에 대한 조치가 필요하다.

이처럼 교정시설의 과밀화는 기본적인 인권 문제로 인식되며, 국가적 및 사회적 문제를 초래할 수 있다. 이러한 상황은 교정 시스템에 대한 신뢰를 훼손시키고 국민에게 교정행정에 대한 부정적 인식을 심어줄 위험성이 있다. 그뿐만 아니라 국제사회에서 우리나라의 신인도를 떨어뜨리는 요인으로 작용할 우려가 크다.

II. 중형주의 형사정책과의 연관성

교정시설의 과밀수용 현상은 중형주의 또는 엄벌주의로 대표되는 강경한 형사정책의 결과로 이해될 수 있다. 형사정책에 있어서 중형주의 또는 엄벌주의는 범죄예방과 사회 안전을 강조하며, 응보적인 차원에서 범죄자에게 더 높은 처벌을 적용하려는 입장이다. 이러한 중형주의 또는 엄벌주의에 입각한 강경한 형사정책이 시행될 때, 범죄자들이 수사나 재판 과정에서 더욱 엄격하게 처벌되고, 구치소나 교도소에 더 오래 수용되는 경향이 있다. 결국, 이러한 형사사법 시스템의 연쇄작용에 따라 교정시설에 수용되는 범죄자의 수는 증가하게 된다.

우리나라의 형사정책은 2010년 「형법」을 개정하면서 유기징역형의 상한을 높인 이후로 범죄에 대한 엄격한 처벌을 강조하는 경향을 보이고 있으며, 범죄의 예방보다는 범죄자를 강력하게 처벌하는 데 주로 초점을 맞추고 있다. 물론, 그 이전부터 강력범죄가 발생할 때마다 엄중한 처벌을 요구하는 여론에 따라 정부도 이에 호응했지만, 특히 2010년 「형법」 개정을 분기점으로 하여 우리나라의 형사정책은 중형주의 또는 엄벌주의 입장에서 범죄에 대해 보다 엄격한 형벌을 부과하고 있다. 이러한 경향에 따라 범죄로부터 사회의 안전을 높이는 대신 범죄자들이 교정시설로 수용되는 경우가 늘어나면서 적정한 수용 정원을 초과하여 수용되는 과밀화 문제가 발생하고 있다. 특히, 교도소와 구치소의 물적·인적 인프라 확충 및 지원은 제대로 이루어지지 않은 상황에서 우리나라 형사정책이 과도한 중형주의로 치우침에 따라 수용자 수가 급증하면서 과밀수용 문제가 발생한 것으로 추정된다.

Ⅲ. 과밀수용 방지를 위한 정책적·법적 대책의 필요성

교정시설의 과밀수용과 관련하여 2016년 우리나라 헌법재판소는 "교정시설의 1인당 수용면적이 수형자의 인간으로서의 기본 욕구에 따른 생활조차 어렵게 할 만큼 지나치게 협소하다면, 이는 그 자체로 국가형벌권 행사의 한계를 넘어 수형자의 인간의 존엄과 가치를 침해하는 것"이라고 결정하였다.[1] 헌법재판소의 이러한 결정은 교정시설 내 과밀수용의 위헌성을 확인함으로써 수형자의 인권 신장에 크게 기여하였다는 평가를 받고 있다. 그러나 헌법재판소의 이 결정 이후 교정시설에 수용 중이거나 출소한 이들이 과밀수용으로 인한 피해를 주장하며 국가를 상대로 국가배상소송을 청구하는 사례가 급격히 늘어나게 되었다.

이러한 가운데 2022년 대법원은 "교도소나 구치소가 수용자 한 사람

---

[1] 헌법재판소 2016. 12. 29. 2013헌마142 결정.

당 2m² 미만의 공간을 배정할 정도로 과밀수용을 하고 있다면, 이는 인간으로서의 존엄과 가치를 침해한 위법한 행위"라며 과밀수용으로 인한 국가배상책임을 인정한 원심을 최초로 수긍한 판결을 선고하였다.[2] 대법원의 이 판결은 아무리 범죄로 인하여 교정시설에 수용된 자라 하더라도 인간으로서의 존엄성은 보장되어야 하고 이를 위하여 법원이 인권의 최후 보루로서의 역할을 수행한다는 점을 보여주는 중요한 판결로 평가받고 있다. 하지만 이러한 대법원의 판결 이후에는 2016년 헌법재판소 결정 당시와 같이 많은 수용자나 출소자가 국가를 상대로 국가배상청구소송을 제기하는 사례가 늘어나고 있다. 그뿐만 아니라 국가인권위원회가 설립된 이후로 교정시설의 과밀수용을 이유로 하는 수용자들의 진정사례도 급격히 증가하였고, 이에 대한 국가인권위원회의 결정 또한 과밀수용은 수용자의 인권을 침해하므로 법무부장관이나 검찰총장, 그리고 교정시설의 장에게 과밀수용 해소를 위한 조치를 마련하라는 방향으로 수많은 권고 결정이 내려져 왔다.

그러나, 이처럼 교정시설의 과밀수용이 수용자의 인권을 침해하므로 「헌법」에 위반되고, 국가배상을 하여야 한다는 헌법재판소, 대법원, 국가인권위원회의 판결이나 결정에도 불구하고 교정시설의 과밀수용을 어떻게 판단해야 할지는 명확하지 않다. 즉, 교정시설에서의 수용자 1인당 수용면적은 어느 정도가 최소 기준으로 적정한지에 대해 별다른 논의가 없었고, 이에 대하여 깊이 있게 연구한 문헌도 드문 편이라 어느 정도가 표준적인 수용상태이고, 또 어느 정도가 과밀한 수용상태인지에 대한 제대로 된 기준이 없는 상태이다.

물론 그동안 국가에서도 과밀수용 문제를 해결하기 위하여 교정시설을 신축하거나 기존 시설을 리모델링하는 등의 노력을 통하여 추가적인 수용공간을 확보하여 왔다. 그러나 이러한 노력에도 불구하고 우리나라

---

[2] 대법원 2022. 7. 14. 선고 2017다266771 판결.

의 교정시설은 지금도 만성적인 과밀수용에 시달리고 있다. 과밀수용은 수용자의 인권을 침해하는 것은 물론, 범죄자의 교화개선과 건전한 사회복귀를 방해하여 형사법의 목적인 범죄예방을 통한 사회의 방위를 달성할 수 없도록 만들고, 세계 무대에서 국격을 추락시킨다. 이러한 과밀수용 문제의 중요성 때문에 최근의 헌법재판소 결정과 대법원 판결을 계기로 과밀수용 방지를 위한 실질적인 정책적·법적 대책의 마련이 시급하고, 이에 관한 국내외의 형사법적 이론의 정립은 물론, 이에 관해 보다 심도 있는 연구가 필요한 시점이다.

제2절 연구범위 및 방법, 목표

I. 연구범위

이 연구는 중형주의 또는 엄벌주의 형사정책이 초래하고 있는 여러 가지 폐해 중에서 특히 구치소나 교도소 등 교정시설의 수용 환경을 과밀화로 이끄는 현상을 중심으로 진행할 계획이다. 특히 우리나라에서 유기징역형의 상한을 인상한 2010년의 「형법」 개정을 전후하여 교정시설 수용자 인구 현황은 어떻게 변화했는지를 연도별로 살펴보면서 중형주의 형사정책이 교정시설의 과밀화에 끼친 영향을 검증해 보기로 한다. 다만, 교정시설의 과밀화 현상을 중심으로 연구할 계획이기 때문에 경찰 단계의 형사 입건 인원이나 유치장 수용인원 등은 연구범위에서 제외하기로 한다.

아울러, 이러한 중형주의 형사정책이 외국에서는 어떻게 전개되었으며, 과밀수용 등으로 교정시설에 끼친 악영향은 어느 정도였는지, 과밀수용으로 인정되는 1인당 최소 수용면적은 어느 정도인지를 비교법적으로 분석할 계획이다. 다만, 과밀수용 현황 분석이나 정책적·법적 대책에 관해 전 세계의 국가를 연구할 수 없는 점을 고려하여 영국을 중심으로 미국, 독일, 캐나다, 호주의 사례를 주로 살펴보기로 한다.

한편, 이 연구에서는 과밀수용 문제를 해결하기 위해 경제학적 또는 사회학적 접근보다는 형사법학적인 측면에서 접근하는 것이 문제의 본질을 파악하고 효과적인 대책을 마련하는 데 도움이 될 것으로 판단되어, 입법 및 수사·재판 단계에서 과밀수용을 예방하기 위한 정문전략(front door strategies)과 교정 단계에서 과밀수용을 해소하기 위한 후문전략(back door strategies)으로 나누어 정책적·법적 대책을 제시하고자 한다. 다만, 정문전략의 하나로 입법 단계에서 「형법」개정을 통한 형벌개혁 방안을 검토하게 되는데, 교정시설 과밀수용에 직접적인 영향을 미치는 징역형과 벌금 미납자에 대한 노역장 유치제도 등을 중심으로 정책적·법적 대책에 관한 연구를 진행하다 보니 사형, 자격상실과 자격정지, 구류, 과료, 몰수 등에 관하여서는 본 연구의 논의 대상에서 제외하였다.

그뿐만 아니라, 과밀수용을 해소하기 위한 일반적인 정책으로서 논의되고 있는 교정시설의 신축 및 증·개축 등에 관해서도 주로 형사법적인 측면에서 과밀수용의 대책을 연구하고자 하는 목적에 충실하고자 본 연구의 범위에서 제외하였다.

II. 연구방법 및 목표

1. 연구방법

이 연구는 우리나라 교정시설 과밀수용 현상에 대한 연구 동향을 수

집하고 분석하는 문헌연구의 방식을 주로 이용하여, 연구 결과의 공통점을 분석한 뒤 이에 대한 평가를 통하여 대안을 제시하는 과정으로 진행하기로 한다.

먼저, 교정시설 과밀수용에 관한 정의와 원인을 살펴본 후, 과밀수용에 관한 국내의 판례로 2016년 헌법재판소 결정문과 2022년 대법원 판결문, 그리고 국가인권위원회의 결정문을 분석해 보고, 외국의 경우 국제적십자위원회, 유럽인권재판소, 유럽고문방지위원회, 미국, 독일, 영국, 기타 국가의 판례나 사례에 나타난 최소 수용면적 기준을 분석한 후 우리나라 교정시설에서의 적정한 1인당 최소 수용면적을 도출해 보기로 한다.

그리고, 중형주의 형사정책이 교정시설 과밀수용에 어떠한 영향을 미치고 있는지 그 상관관계를 영국의 교도소 과밀수용 현상과 대응 정책에 관한 영국 정부와 학자들의 논문 등 관련 문헌 연구를 통하여 살펴보고, 우리나라의 경우 법무부 도서관에 보존되어 있는 교정행정 관련 통계집과 검찰청, 경찰청, 국무조정실 등에서 배포한 보도자료와 언론보도 기사 등의 문헌도 분석하기로 한다.

그리고, 교정시설 과밀수용 극복을 위한 형벌 제도 개혁 사례를 국내의 문헌은 물론, 영국과 미국, 독일, 캐나다, 호주 등 해외의 문헌을 중심으로 살펴보고 이에 관한 해결 방안을 제시하고자 한다.

2. 연구목표

교정시설의 과밀화 문제는 교정시설의 물적 및 인적 인프라가 충분히 확장되고 지원되지 않았다는 데서 비롯된다. 교정시설을 혐오시설로 인식하는 국민적 인식으로 인해 추가적인 시설 확보가 어려운 상황에서, 장기적인 격리에 초점을 맞춘 중형주의적 형사정책에서 벗어나고, 유죄 판결 이후 범죄자를 어떻게 수용관리하고 재사회화할 것인지 사회적 합의와 관심이 필요하다. 즉, 교정시설의 과밀화 해소와 올바른 교정정책의 시행을 위해서는 사회 전반에서 강조되고 있는 중형주의 추세가 변해야 한다. 범죄자의 처벌과 격리에만 중점을 두는 중형주의는 범죄자 교정과 재범 방지를 고려하지 않아 범죄와 사회문제에 대한 근본적인 해결책이 되지 않을 뿐만 아니라 재범의 악순환을 끊는 데 걸림돌이 되고 있다. 본 연구에서는 이와 같은 형사정책적인 문제의식을 느끼고 교정시설의 과밀수용에 대한 정책적·법적인 대책을 제시하고자 한다.

먼저, 기존의 연구에서 나타난 과밀수용의 개념 정의에 대하여 살펴본 후 과밀화를 초래하는 원인을 수사, 재판, 교정 등 형사사법의 여러 단계별로 분석하고, 각 단계에서 공통 분모로 중형주의 형사정책이 자리 잡고 있다는 판단하에 '형사사법에서 중형주의로 대표되는 형사법 개정의 흐름이 교정시설 과밀화의 가장 큰 원인이 되고 있고, 범죄자의 재사회화를 가로막는 장애요인으로 작용하고 있다'는 가설을 실증적으로 입증하고자 한다.

다음으로, 교정시설 과밀수용에 관한 2016년 헌법재판소 결정과 2022년 대법원 판결 내용, 국가인원위원회의 결정을 분석하면서 교정시설에서의 적정한 1인당 최소 수용면적에 대한 세계 여러 나라의 판례와 연구를 살펴보고, 우리나라 여건에 맞는 1인당 최소 수용면적 기준을 도출하여 「형의 집행 및 수용자 처우에 관한 법률」에 규정하여 법률화하는 방안을 제시하고자 한다.

아울러, 실무적인 입장에서 교정시설의 과밀수용을 방지하는 정책적·법적 대책을 정문전략과 후문전략으로 구분하여, 입법 및 수사, 재판 단계에서의 과밀수용 예방을 위한 정책적·법적 대책을 정문전략으로, 교정단계에서의 과밀수용 해소를 위한 정책적·법적 대책을 후문전략으로 나누어서 실효성 있는 대응방안을 제안하고자 한다.

정문전략으로는 엄벌주의 내지 중형주의 형사정책을 극복할 수 있는 형벌제도 개혁 방안으로 「형법」 제42조의 법정형 상한 재조정, 단기자유형의 폐지와 사회봉사형 및 재택구금제도의 도입, 양형위원회의 양형기준 설정 시 교정시설에 미치는 수용 영향평가 시행, 벌금 미납자에 대한 노역장 유치(환형유치) 제도의 폐지를 중심으로 하는 정책적·법적 대책을 연구하고자 한다.

후문전략으로는 교정시설에서의 가석방제도를 확대 시행하기 위하여 영국의 필요적 가석방제도, 미국의 의무적 가석방제도, 캐나다의 법정석방제도를 도입하는 방안과 현행 가석방심사위원회의 운영 방식을 개선할 수 있는 방안, 실무적인 차원에서 현행의 귀휴제도나 중간처우제도를 발전시키는 방안을 제시하고자 한다.

교정시설은 한 나라의 인권과 경제적 수준을 들여다볼 수 있는 척도라고들 말한다. 교정시설의 과밀수용은 우리나라의 국제위상과 신인도를 실추시키는 요인으로 작용하므로 국가가 과밀수용 문제에 더욱 적극적으로 대처하게 하는 데 이 연구의 목적이 있다고 하겠다.

제2장
과밀수용의 현황과 문제점

제1절 서 설

교도소나 구치소를 통칭하는 교정시설은 범죄자를 구금하고 재사회화시키기 위한 중요한 형사사법 시설이다.3) 일반적으로 교도소나 구치소를 함께 일컬어 '감옥'이라고도 칭하기도 하고, 두 시설의 기능적 차이를 무시하고 그냥 '교도소'라고 부르기도 한다. 이러한 교정시설은 범죄인의 자유를 박탈하는 형벌로서 징역형과 금고형으로 대표되는 자유형의 집행을 위한 시설인데, 서양에서는 19세기부터, 우리나라의 경우는 대한제국 말기부터 자유형이 도입되면서 자유형 집행을 위한 시설이 필요하게 되었다.4) 범죄인에 대한 자유형의 집행을 통해 교정시설이 제 역할을 다할 때 범죄예방을 통한 사회의 방위라는 형사사법의 목적을 제대로 달성할 수 있을 것이다. 한편으로, 올바른 형사사법제도는 자유형 집행을 통한 범죄인의 처벌에만 관심을 가질 것이 아니라, 이들의 기본적 인권을 보호하고 성공적인 사회복귀와 재범 방지를 위한 노력과도 조화를 이루도록 설계되어야 할 것이다.

이러한 배경에서 그동안 근대감옥에서 출발하여 범죄자에 대한 자유형 집행은 물론 이들의 사회복귀까지 지원하는 곳으로 발전한 오늘날의 교정시설이 그 역할을 제대로 하고 있는지 살펴볼 필요가 있다. 교정시설이 지난 수백 년간 범죄로부터 사회를 방위하는 긍정적인 임무를 수행했음에도 불구하고 점점 늘어나고 있는 범죄자로 인하여 과밀수용 문

---

3) 「형의 집행 및 수용자의 처우에 관한 법률」 제2조에서는 교도소·구치소 및 그 지소를 교정시설이라고 한다.
4) 한인섭, "한국 교정의 딜레마와 당면과제", 「서울대학교 법학」 제40권 제1호, 1999, 301면.

제를 마주하고 있다. 교정시설의 적정 수용인원을 초과하여 범죄자를 수용하는 이러한 과밀수용 현상은 우리나라에만 국한된 것이 아니라 전 세계적으로 발생하고 있는 문제이기에 그 심각성이 더 크다고 할 것이다.

아래에서는 교정시설의 과밀수용 문제를 해결하고 이에 대한 개선방안을 찾기 위해서 먼저, 과밀수용의 개념에 관한 기존의 연구 경향을 살펴보고, 중형주의 형사정책이 교정시설 과밀화에 미친 영향을 영국과 우리나라의 사례를 중심으로 분석한 후 과밀수용으로 인해 무엇이 문제가 되는지에 관하여 살펴보기로 한다.

제2절 과밀수용의 정의와 원인 분석

I. 과밀수용 연구의 이론적 배경

1. 과밀수용의 정의

교정시설 과밀수용 문제를 해결하기 위한 정책적·법적 대책을 마련하기에 앞서 먼저, 과밀수용의 개념을 어떻게 정의하여야 하는지를 살펴보기로 한다.

국내의 한 연구에서는 일반적으로 '과밀수용'이란 교정시설, 복지시설, 학교시설 등의 일정한 시설에 수용되어 있는 인원이 과도하게 많은 경우, 즉 '수용인원의 과잉상태'를 의미하지만, 사회심리학이나 행형(법)학적으로 각기 상이한 관점에서 과밀수용에 관한 개념정의가 이루어질 수 있다고 한다.[5] 이 연구에 따르면 수용시설 내의 인구밀도가 논의의 출발점이 되는 사회심리학적 과밀수용의 경우 수용밀도를 공간밀도(Raumdichte)와 사회밀도(Sozialdichte)로 구분할 수 있는데, 특히 공간밀도는 '단위면적에 대한 인구수'를 말하는바, 이것은 사람들이 차지하고 있는 공간면적(R)을 사람수(N)로 나누어 각 개인에게 평균적으로 할당된 공간의 넓이(R÷N)를 의미하며, 교정시설과 같은 수용시설의 최저시설기준을 설정하는 데에 가시적인 기준을 제시해 줄 수 있는 장점을 가지고 있다고 한다.[6] 한편, 이 연구에 의하면 행형(법)학적 과밀수용은 행형정책의 실현과 제반 행형법규의 준수를 위해 요구되는 적정수용인원을 기준으로 형식적 과밀수용과 실질적 과밀수용으로 구분하여 그 개념을 정의할 수 있다고 한다.[7] 즉, 형식적 과밀수용의 경우 수용정원을 기준으로 수용자 1인에게 주어진 공간면적이 법정 최저공간면적에 미달되면 과밀수용으로 정의할 수 있고, 실질적 과밀수용은 '인구 10만 명당 수용인원 지수'와 같이 전체 형사사법체계 내에서 행형의 위상과 기능을 유지하는 데 적당한 수를 초과하여 수용함으로써 행형의 중요한 기능을 상실케 하고 이에 따라 형사사법체계의 균열이 발생하는 현상을 과밀수용으로 이해하고 있다.[8]

2003년 수행된 다른 연구에 따르면 '과밀수용'은 일반적으로 일정한 시설의 수용능력을 넘어서는 과도한 수용을 지칭한다고 하면서 위의 연구와 같이 형식적 이해 방법과 실질적 이해 방법으로 나누어 과밀수용의 개념을 설명하고 있다.[9]

이처럼, 학문적인 차원에서 과밀수용의 개념은 형식적, 실질적 측면

---

[5] 한영수, 「행형과 형사사법」, 세창출판사, 2000, 63면.
[6] 한영수, 위의 책, 64~65면.
[7] 한영수, 위의 책, 65면.
[8] 한영수, 위의 책, 65~69면.
[9] 최응렬·황영구, "교정시설 과밀수용의 실태와 형사사법적 대응방안에 관한 연구", 한국교정학회, 「교정연구」 제18호, 2003, 41면.

으로 나누어서 다양한 모습으로 정의할 수 있다. 그러나, 실무적인 측면에서 과밀수용의 개념을 정의한다면 위의 형식적 개념 정의와 같이 교정시설의 적정 수용인원을 초과하여 수용된 상태를 의미한다. 우리나라의 적정 수용인원은 법무부훈령인「법무시설기준규칙」과 법무부예규인「수용구분 및 이송·기록 등에 관한 지침」에 정해진 수용자 1인당 기준면적에 따라 교정시설별로 적정한 수용인원을 의미하는 '수용정원'을 행정적으로 책정하고 있다. 그러므로 실무적인 측면에서는 행정규칙에 불과한 법무부훈령이나 법무부예규에서 수용자 1인당 기준면적을 어떻게 정하느냐에 따라 교정시설의 과밀수용 여부가 결정되는 불합리가 발견될 수 있다. 이에 대하여는 후술하기로 한다.

2. 과밀수용과 감옥개혁운동

가. 근대감옥의 탄생

교정시설의 과밀수용을 개선하려는 움직임은 근대감옥의 탄생과 함께하여 왔다고 볼 수 있다. 고대 그리스와 로마시대, 그리고 중세시대에도 감옥은 존재하였지만, 이는 오늘날처럼 자유형을 집행하는 형사사법시설이 아니었다. 이 시기의 감옥은 사형집행을 위한 일시적인 대기 장소이거나, 형사사건 관련자를 임시로 억류하거나, 채무자의 채무이행을 독촉하는 신병확보의 기능을 수행하는 곳으로 여겨졌을 뿐이었다. 물론, 중세 시대에 수도원은 교회법 위반자에게 독방, 참회, 침묵의 계율을 지키도록 하는 일종의 형사구금 조치를 강구하기도 하였으며, 가끔 중세도시에서도 이런 방식의 형사구금이 이용되기는 하였지만 드물게 있었고, 형기도 단기였으므로 이러한 중세식 구금은 근대감옥과는 거리가 멀고 오히려 신체형과 가까운 측면을 지니고 있었다고 평가된다.[10] 근대감옥

---

[10] 한인섭,「형벌과 사회통제」, 박영사, 2006, 45면. 여기에서 한인섭 교수는 근대

은 15세기 말에서 16세기 초반에 유럽 각국에 새로이 출현한 징치감(house of correction)이나 노역소(workhouse) 제도가 그 선구가 되었다고 역사가들이 지적하고 있다.[11] 영국에서의 근대적인 형사수감시설의 기원은 16세기 중엽부터 런던의 브라이드웰(Bridewell)과 그 모델이 각처에 퍼져나가면서 형성된 징치감을 들 수 있으며, 이 징치감 제도는 17세기 전반에 네덜란드에서 정점을 이루게 되는데 1595~96년 사이에 암스테르담에서 '훈육하는 집'이라는 뜻의 Tuchthuis가 처음 개설되었고, 1650년에는 노역소(workhouse)가 분리되어 발전하였다.[12] 이러한 초기의 징치감은 수용 대상이 주로 걸인과 부랑자, 소년비행자 등으로 구성되어 일반적으로 빈민, 부랑과 구걸을 통제하기 위한 시설이었으나 점차 형사범죄자의 비율이 높아지면서 형벌집행을 위한 장소로 변모하면서 근대적인 형사감옥의 탄생이 생겨났다고 볼 수 있다.[13]

한편, 징치감이 형사 구금시설로서 역할을 하기 시작하면서 근대감옥으로 변모할 무렵에 형벌의 형태 또한 변하기 시작하였다. 근대 이전에는 형벌이 사형 및 체형과 같이 대부분 범죄자의 신체에 고통을 가하는 데 초점을 두고 있었지만, 근대의 형벌에서는 자유의 박탈과 시설내 구금으로 특징지어지는 징역과 금고 등의 자유형이 지배적인 형벌 양식으로 자리잡게 되었다.[14]

이전의 구치감(gaol)과 근대감옥(prison)을 분석적으로 구분하여, 전자는 형사사건 관련자 또는 채무자를 임시로 억류하는 것을 목적으로 하므로 구치감 자체가 "형벌"의 역할을 하는 것은 아니라서 안전한 구금을 확보하기 위한 시설이면 족했으나, 후자는 "형벌"로써 일정기간의 "자유를 박탈"당한 자를 구금하는 시설이며 "노동"과 "교화"를 가장 중요한 요소로 하는 체제라고 소개하고 있다.

[11] 한인섭, 위의 책, 46면.
[12] 영국과 네덜란드의 징치감에 관한 자세한 내용은 한인섭, 위의 책, 52~59면 참조.
[13] 한인섭, 위의 책, 60면.
[14] 한인섭, 위의 책, 92면.

나. 근대의 감옥개혁운동

근대감옥의 탄생과 함께 자유형이 새로운 형벌로 자리매김하기 시작하면서 신체형은 점차 자취를 감추게 되었고, 덩달아 이러한 신체형을 거리나 광장에서 공개적으로 집행하며 망신을 주던 형벌들은 18세기의 진행 과정에서 점차 쇠퇴하게 되었다.[15] 이러한 과정을 거치면서 근대감옥과 자유형 제도는 산업혁명이라는 사회경제적 배경을 바탕으로 급속도로 발전하게 되면서 점차 유럽 각국과 신생국인 미국 등으로 전파되기 시작하였다. 그러나, 자유형의 집행을 통한 근대감옥의 발전은 새로운 문제를 낳고 있었다. 수감시설의 열악한 조건과 부패, 타락, 무능, 행정감독의 부재로 일컬어지는 행정적 난맥상은 감옥 내 인구를 어떻게 관리하는 것이 감옥의 목적에 가장 부합할 것인가 하는 문제에 대한 관심과 함께 감옥개혁운동을 불러일으켰다.[16] 18세기 후반부터 19세기 초반까지 전개된 형벌과 감옥제도, 행형 개혁 등 감옥개혁운동과 관련된 사상적 조류는 크게 벡카리아(C. Beccaria, 1738~1794)를 필두로 한 계몽사상, 감옥상태와 행형에 대한 관심과 개혁을 추진했던 박애적 내지 종교적 개혁운동, 그리고 벤담(J. Bentham 1748~1832)으로 대표되는 세속적·합리적 규율과 통제를 갈망한 공리주의로 대변할 수 있겠다.[17] 특히, 감옥상태와 행형에 대하여 박애적 내지 종교적 개혁운동을 추진한 대표적인 인물로는 영국의 존 하워드와 엘리자베스 프라이를 들 수 있다. 여기에서는 이 두 인물의 감옥개혁운동을 간단히 소개하기로 한다.

(1) 존 하워드의 감옥개혁운동

존 하워드(John Howard, 1726~1790)는 계몽시대 이후 활발하게 진행

---

15) 한인섭, 위의 책, 96~97면.
16) 한인섭, 위의 책, 146면.
17) 한인섭, 위의 책, 110면.

된 감옥개혁운동의 선구자이며 1777년에 발간한 「감옥의 상태(The State of the Prisons in England and Wales)」를 저술하여 인도주의를 바탕으로 독거구금, 복지차원의 감옥개량, 노동을 통한 행형 등을 주장하였다.[18] 그의 감옥구조와 관리에 관한 개혁안을 4가지로 정리하면 첫째, 수용시설은 안전하고 위생적인 시설이어야 하고, 둘째, 감옥은 단순한 징벌 장소가 아니라 개선의 장소로 변화하여야 하며, 셋째, 시설이 아무리 좋다 하더라도 감옥의 관리, 규율상의 적절한 배려가 없으면 감옥이 질병과 비참, 그리고 사악성의 서식처가 되는 것을 방지할 수 없으므로 감옥행정의 요체는 훌륭한 관리자를 선임하고 간수가 수형자들의 뇌물이나 어떠한 대가를 받지 못하도록 하는 것이고, 넷째, 감옥의 관리는 너무도 중요한 임무인 까닭에 전적으로 간수들에게만 맡겨둘 수 없으므로 모든 감옥에는 의회나 시 행정당국으로부터 시찰관이 선임되어야 한다는 것이다.[19] 존 하워드는 특히 과밀수용과 관련하여 위 둘째 주장과 같이 감옥은 단순한 징벌 장소가 아닌 개선 장소가 되어야 하므로, 남녀노소 구별없이 같이 수용하거나 과밀수용을 해서는 안 되고 일정한 분류원칙에 따라 분리 수용을 해야 하고, 최소한 야간에라도 수형자를 격리시켜야 할 필요가 있다고 주장하였다.[20] 이처럼 존 하워드의 「감옥의 상태」라는 저서는 전통적 감옥시설에 대한 반성과 인도적 감옥에 관한 연구가 진행되던 18세기 말에 행형시설 개량연구와 노동 필요성에 대한 선구적인 작업으로 평가받고 있으며, 이것은 각국에 영향을 미쳐서 새로운 형태의 감옥으로 발전시키는 계기가 되었다.[21]

---

18) 배종대·홍영기, 「형사정책」 제2판, 홍문사, 2022, 36면.
19) 한인섭, 위의 책, 122~125면.
20) 배종대·홍영기, 위의 책, 36면.
21) 배종대·홍영기, 위의 책, 40면.

(2) 엘리자베스 프라이의 감옥개혁운동

존 하워드의 감옥개혁운동은 대체로 중산층과 부르주아국가에 의해 지지되었다고 볼 수 있는데, 그의 개혁노선에 대해 가장 큰 공감을 보였던 이들은 이미 모진 투옥과 박해의 경험을 통해 감옥의 폐해를 체득하고 있었고 따라서 감옥상태의 개선에 관심이 컸던 퀘이커교도(Quaker)들이었다.22) 영국의 엘리자베스 프라이(Elizabeth Fry, 1780~1845)는 여성 퀘이커교도로 1816년 뉴게이트 감옥을 방문하여 특히 여성수형자들의 열악한 여건을 목격한 뒤 우선 감옥 내 아동을 교육시키는데 노력을 쏟았고, "뉴게이트 여성향상협회(Association of the Improvement of the Females at Newgate, 1817)"를 조직하여 감옥의 여건을 개선하고 수형자의 개선을 위한 계획을 입안, 발전시켰다.23) 프라이는 뉴게이트 감옥에서 수형자에 대한 개별적 접촉과 이들 의견의 존중, 생산노동, 수형자의 성격 유형에 따른 분류, 종교적 감화와 종교교육, 감옥환경 개선 등의 필요성과 중요성을 강력히 역설하였으며, 이후 영국 내 다른 지역으로 활동 영역을 넓혀 나가며 감옥의 환경개선을 위해 노력하였다.24)

다. 현대 교정시설 환경개선 운동의 흐름

근대의 감옥이 자유형을 집행하는 형사시설의 역할을 할 무렵 전개되었던 존 하워드와 엘리자베스 프라이의 감옥개혁운동은 이후에도 유럽의 여러 국가와 미국 등에 많은 영향을 미쳤다. 이에 따라 감옥이라는 명칭도 나라별로 다양한 모습으로 나타났는데, 서양의 경우 영국에서는 감옥을 'Prison'으로 부르고 있으며, 미국에서는 미결수용자를 가두는 구치소를 'Jail' 또는 'Detention Center'라고 하며, 수형자를 가두는 교도소는

---

22) 한인섭, 위의 책, 128면.
23) 한인섭, 위의 책, 129면.
24) 한인섭, 위의 책, 131면.

'Prison' 외에도 'Penitentiary', 'Correctional Institution' 등으로 부르고 있다. 독일에서는 교도소를 'Gefängnis'로 부르다가 현재는 행형시설이라는 의미의 'Justizvollzugsanstalt'로 호칭한다.25) 한편, 동양의 경우 전통적으로 '옥(獄)' 또는 '감옥(監獄)'으로 불렸는데, 우리나라는 미결수용자를 주로 수용하는 '구치소'와 수형자를 주로 수용하는 '교도소'로 나누고 이를 통칭해서 '교정시설'로 부른다. 중국은 교도소를 '감옥'이라고 호칭하고 구치소는 '간수소(看守所)'라고 부른다. 일본의 경우 구치소 명칭은 우리와 같지만, 교도소는 '형무소(刑務所)'라는 명칭을 사용하고 있다.

이처럼 징역이나 금고 등 자유형을 집행하는 형사시설로서의 감옥의 명칭은 나라별로 다르지만, 그 운영에 있어서 적정한 인원을 초과하여 범죄자를 수용하는 과밀수용 현상과 같은 문제점 또한 비슷하게 발생하게 되었다. 현대에 와서는 이러한 문제점을 해결하기 위한 교정시설 환경개선 움직임이 국가별로는 저명한 형사법 학자들이나 인권 단체들을 통해 행형법이나 관련 규정 제정 등을 통해 전개되었고, 국제적으로는 UN(United Nations, 국제연합)을 비롯하여 EU(European Union, 유럽연합) 등의 국제기구를 중심으로 피구금자 처우에 관한 최저 기준규칙이나 1인당 최소 수용면적 기준 제정 등을 통해 활발히 표출되었다. 국제기구의 이러한 노력에 대해서는 후술하기로 한다.

II. 형사사법 단계별 과밀수용의 원인 분석

1. 수사단계의 원인

형사사법 단계에서 범죄가 발생할 때 가장 먼저 대응하게 되는 수사

---

25) 류여해, "독일의 교정현황에 대한 소고", 「교정연구」 제41호, 2008, p.197.

단계에서는 범죄 발생 건수와 교정시설 수용인원의 관계에 주목하게 된다. 선행 연구에 의하면 일반적으로 사회 내 치안이 악화되어 범죄 발생이 증가하면 교정시설의 수용인원이 증가한다고 생각할 수 있지만, 실제로는 수용인원의 증가에 있어 범죄 발생의 증가는 중요한 요인으로 작용하지 않는 것으로 보인다고 하며, 단순히 비교해 보더라도 상대적으로 범죄 발생 건수가 적은 2005년과 2014년의 1일 평균 수용인원은 5만 명을 초과하여 전례 없는 과밀수용 상황을 보여주고 있는 점에서 범죄 발생 건수와 교정시설의 과밀수용과의 관계는 비례관계에 있지 않는 것으로 결론을 내리고 있다.[26]

하지만 우리나라 역사를 뒤돌아보면 1990년대 조직폭력배의 척결을 내세운 '범죄와의 전쟁'이라든지, 2013년 당시 성폭력, 학교폭력, 가정폭력, 불량식품 유통 등 '4대 사회악' 근절 정책과 최근의 '마약과의 전쟁' 등은 수사단계에서 관련 사범들의 적극적인 체포와 기소로 인하여 교정시설에 입소하는 범죄자의 숫자가 증가하는 원인으로 작용하고 있음을 부인할 수 없다고 본다.

예전과 비교하여 수사단계에서 불구속수사 원칙이 나름대로 자리를 잡아 가는 것도 사실이지만, 아직까지 범죄피해자를 의식하지 않을 수 없는 응보적인 시각과 범죄 발생을 막기 위한 일반예방적인 형사정책으로 인해 구속수사가 여전히 많이 고려되고 있다. 수사단계에서의 이러한 사정이 교정시설의 과밀화에도 지속적인 악영향을 주고 있다고 하겠다.

---

[26] 안성훈, 「교정시설에서의 과밀수용 현상과 그 대책에 관한 연구」, 한국형사정책연구원 연구총서, 한국형사정책연구원, 2016, 43~44면.

2. 재판단계의 원인

　재판단계에서 과밀수용 현상이 나타나는 원인으로 불구속재판의 미준수를 들 수 있겠다. 수사단계에서 이미 구속수사를 받으며 교정시설에 수용되어 있던 피의자는 대부분 구속된 상태로 기소되어 피고인으로 재판을 받게 된다. 그러나 문제는 불구속 상태에서 수사를 받던 피의자가 불구속 상태에서 기소된 경우 1심 재판이나, 2심 재판에서 유죄가 선고되면서 법정에서 구속되는 이른바 '법정구속'의 경우에 발생한다. 이러한 법정구속이 점차 증가함에 따라 교정시설에 구속되는 미결수용자의 수가 늘어나게 된다.

　선행 연구에서도 법정구속률의 증가로 인해 미결수용 인원이 급격하게 늘어난 것이 교정시설 과밀수용의 주요 원인이 되는 것으로 추정하고 있다.[27] 또한 법정구속률이 늘어나고 있는 상황에서 항소 인원과 항소율의 증가는 미결수용 인원의 증가를 의미하므로 이러한 현상이 교정시설 과밀수용의 원인이 되고 있다고 분석하기도 한다.[28]

　우리나라의 미결수용자의 구성 비율은 35.3%에 이르는데, 이는 일본 13.4%, 영국 18.3%, 독일 20.6%, 미국 25.5%와 비교하여도 과도한 편이다.[29] 재판단계에서 불구속재판 원칙이 준수되지 않고, 법정구속이 증가하는 현상은 교정시설에서의 과도한 미결수용자 구성 비율을 초래하여 과밀수용에 직접적으로 악영향을 미칠 수밖에 없다.

---

[27] 안성훈, 위의 책, 58면.
[28] 안성훈, 위의 책, 59면.
[29] 우리나라 통계는 법무부 교정본부,「교정통계연보」, 2024, 60면; 다른 나라 통계는 World Prison Brief 홈페이지(https://www.prisonstudies.org/) 참조.

3. 교정단계의 원인

　형벌의 집행을 직접 수행하고 있는 교정단계에서도 과밀수용을 초래할 수 있다. 형사사법의 마지막 단계인 교정단계는 구속되어 수사나 재판을 받고 있는 미결수용자를 수용관리함은 물론, 형벌을 선고받은 수형자를 분류심사한 후 각각의 개별처우계획에 따라 주어진 형기 동안 형벌을 집행하며 직업훈련이나 교도작업을 통해 사회복귀를 위한 준비를 하는 중요한 임무를 수행하고 있다. 특히, 수형자의 관리에 있어서 교정단계에서는 「형법」과 「형의 집행 및 수용자의 처우에 관한 법률」(아래에서는 "「형집행법」"이라고 한다)의 관련 규정에 따라 수형자에 대한 가석방제도를 활용하여 수용인원을 조절할 수 있다. 그러나 가석방은 형사정책 전반에 흐르고 있는 중형주의 경향과 국민의 여론에 큰 영향을 받고 있어서 실무적으로 교정시설 과밀수용을 해소할 정도로 과감한 가석방 정책을 시행하기에는 어려운 상황에 놓여 있다. 기존의 연구에서도 2006년부터 2015년까지의 10년간 연도별 가석방자 형집행률 현황을 분석한 후 수형자의 가석방이 엄격하게 제한되고 있다고 판단하면서 이것이 과밀수용의 주요 원인으로 작용하고 있는 것으로 추정하고 있다.[30]

　이외에도 「형집행법」에서 규정하고 있는 모범수형자에 대한 귀휴제도나 중간처우제도를 잘 활용한다면 교정시설 내의 과밀수용을 어느 정도 해소할 수 있으나, 교정당국으로서도 국민의 법감정과 여론을 살펴볼 수밖에 없고, 실무적으로 이를 활용하고자 하는 관심과 노력 또한 소극적인 형편이다.

---

[30] 안성훈, 위의 책, 55면.

제3절 중형주의 형사정책이 과밀수용에 미친 영향

I. 서 설

위에서 살펴본 바와 같이 과밀수용의 원인은 수사, 재판, 교정으로 이어지는 형사사법체계의 각 단계에서 찾아볼 수 있다. 그러나 이 연구에서는 이러한 형사사법체계의 단계마다 교정시설의 과밀수용을 초래하는 공통 분모로서 형사정책상의 중형주의 또는 엄벌주의의 흐름을 발견해 내고, 이러한 중형주의 형사정책이 교정시설 과밀화의 원인인 것을 실증적으로 증명하고자 한다.

주지하듯이, 우리나라 국회는 2010년 4월 「형법」 제42조를 개정하여 유기형의 상한을 기존 '15년'에서 '30년'으로, 이를 가중할 때의 상한을 '25년'에서 '50년'으로 과도하게 상향 조정하였다. 이것은 당시 몇 년간 연쇄살인, 아동 성폭행 살해 등과 같은 잔인한 중범죄가 연이어 발생하자 입법부가 이에 대한 대응으로 형벌정책에 있어서 중형주의 내지는 엄벌주의로 전환하겠다는 신호탄이었다.

아래에서는 이러한 중형주의 형사정책이 교정시설 과밀수용에 어떠한 영향을 미쳤는지를 분석해 보기로 한다. 이를 위하여 우선, 중형주의의 정의에 관하여 개괄적으로 검토한 다음, 외국의 사례로 중형주의 형사정책의 영향으로 교도소의 과밀수용 현상을 겪고 있는 영국의 경우를 대표적으로 살펴보고 우리나라의 경우는 어떠한지에 대해 검토하기로 한다.

Ⅱ. 중형주의의 정의

중형주의란 확인된 규범 일탈에 대하여 상응한 제재로써 철저히 대응하는 보편화된 태도나 경향을 말하는 것이다.[31] 이러한 중형주의의 다른 표현인 엄벌주의(punitiveness, punitivism, punitivity)는 범죄나 일탈에 대해 사회 전반에 걸쳐 불관용적인 태도를 취하거나, 가혹한 형벌을 부과하는 것을 지지하는 입장을 의미하며, 이는 범죄자의 사회복귀 및 재사회화를 목적으로 하는 교정 복지의 관점보다는 그들을 무력화하는 관점이나 실천을 지지하는 태도라고 할 수 있다.[32] 이와 관련하여 일반적으로 「형법」에서의 엄벌개념은 응보를 선호하고 화해적 제재를 꺼리는 경향을 나타내기 때문에, 엄벌이란 되도록 형사제재를 강하고 엄격하게 하여 무거운 형벌(중형)을 과하는 처벌의 일정한 방식과 양태를 말한다.[33] 이처럼 엄벌개념에 입각한 형벌의 강화현상에 대해서는 중형주의(severe punishment principle), 강벌주의 또는 엄벌주의(punitivism), 형벌의 포퓰리즘(penal populism), 외형상 형벌국가(penal state), 형법의 정치화(Politisierung des Strafrechts) 등으로 불리우고 있는바, 이들 대부분은 범죄자에 대하여 과도한 형벌을 부과하는 현상의 문제점을 경고하는 개념설정이라고 평가할 수 있다.[34]

그러나 중형주의를 정의함에 있어, '중형'이나 '엄벌'이라는 개념은 반드시 그 의미의 확정이 필요한데, 이는 시대의 법 감정, 사회적 합의에

---

31) 홍소현, "중형주의와 과잉형벌화에 대한 비판적 연구", 고려대학교 대학원 박사학위논문, 2021, 9면.
32) 추지현, "사법민주화와 엄벌주의 : 성폭력 처벌제도의 사회적 구성을 중심으로", 서울대학교 대학원 박사학위논문, 2017, 8면.
33) 홍소현, 위의 글, 2021, 9면에서 김일수, 「현대형사정책에서 엄벌주의(Punitivism)의 등장-그 배경, 원인과 대책」, 대검찰청 용역과제, 2010, 46면을 재인용.
34) 안나현, "중형주의적 형벌정책에 관한 비판적 연구", 「법학논총」 제23권 제1호, 조선대학교 법학연구원, 2016, 306면.

따라 달리 설정될 수 있다는 것을 간과해서는 안 된다. 그러므로 중형주의에 대한 정의는 '확인된 규범 일탈에 대하여 상응한 제재로써 철저히 대응하는 보편화된 태도나 경향'을 통상적인 형사사법체계 내에서 확인하는 귀납적 방법으로 구체화 될 수밖에 없다. 따라서 중형주의의 정의는 공동체 내의 형사분야의 입법, 이에 근거하는 법원의 판결 등 양형행위, 교정기관의 형벌 집행, 형 집행 종료 후 보호관찰로 대표되는 사회 내 처우 등 보안처분의 부과를 포함한 모든 형사사법 절차에서 확인될 수 있는 실천적 개념으로 이해되어야 바람직할 것이다.[35]

이러한 개념에 따라 우리는 통상적인 형사사법체계 내에서 뿌리 깊게 자리 잡은 중형주의 경향의 일반적인 모습을 찾아볼 수 있다. 즉, 사회에 충격을 주는 대형 사고나 아동을 대상으로 하는 성범죄, 연쇄살인 등의 강력 사건이 발생할 때마다, 입법을 담당하는 국회는 「형법」과 형사특별법 등의 형사법을 제정 또는 개정하면서 관련 범죄의 처벌 수위를 높이게 된다. 마찬가지로, 수사기관 또한 관련 범죄에 대한 엄벌을 천명하면서 구속수사를 공언하며 집중적인 단속을 시행하고, 법원도 이러한 중형주의 입법에 호응하여 관련 범죄에 대한 양형기준을 높이며, 불구속재판의 원칙을 준수하기보다는 법정구속을 선호하며 피고인에게 중형을 선고하게 된다. 형벌을 집행하는 교정기관에서도 사회 전반의 중형주의 형사정책에 영향을 받아 수형자에 대한 가석방을 제한하고 귀휴, 사회봉사, 외부통근작업 등의 사회적 처우를 제한하게 된다. 범죄자가 교정시설을 출소한 이후에도 신상공개, 전자장치 부착, 보호관찰 등의 보안처분도 점점 더 강화되게 된다.

이처럼 형사사법체계의 모든 단계에서 중형주의 형사정책을 시행하는 목적은 범죄자에 대한 강력한 처벌을 통하여 범죄를 억제하는 일반예방효과 함께 범죄자 개인에 대한 특별예방효과를 거두기 위함일 것이

---

35) 홍소현, 위의 글, 10면.

다. 그러나 이에 관한 연구에 따르면 이러한 여러 입법적 조치와 형사제재의 강화에도 불구하고 통계상 범죄는 많이 감소하지 않았으며 재범률 또한 줄어들지 않았다고 보고하고 있다.[36] 결국 중형주의 형사정책으로 인해 원래 의도하였던 범죄는 줄지 않았고, 오히려 형사사법의 최종 단계인 교정시설에서 수용인원이 급증하게 되어 과밀수용을 초래하는 부작용만 낳고 있다.

이러한 중형주의 형사정책은 우리나라에서뿐만 아니라 전 세계적으로 나타나고 있는 현상이다. 대부분 국가에서는 위에서 살펴본 바와 같이 중형주의 형사정책으로 인하여 교정시설이 과밀수용의 난관에 부닥쳐 있다. 다만, 이 연구에서 전 세계의 교정시설 과밀수용 사례를 소개하기에는 어려움이 있을 수밖에 없는 현실적 어려움을 고려하여, 아래에서는 최근 교정시설의 과밀화를 가장 엄중하게 겪고 있는 영국의 사례를 중심으로 하여 중형주의 형사정책의 추진과 교정시설 과밀수용의 상관관계를 실증적으로 살펴보기로 한다.

Ⅲ. 영국의 사례로 살펴본 중형주의와 과밀수용의 상관 관계

1. 영국의 과밀수용 사례 분석의 배경

영국은 역사적으로 형사사법의 발전을 선도해 온 국가라고 평가받고 있다. 특히, 18세기와 19세기의 근대에 감옥개혁운동을 펼친 존 하워드(John Howard)나 엘리자베스 프라이(Elizabeth Fry) 여사 등의 헌신적인

---

[36] 김태미, "형법 법정형 조정방안 연구 : 자유형을 중심으로", 한양대학교 대학원 법학박사학위논문, 2020, 47면.

노력으로 인해 영국의 교정제도는 인권 보호를 바탕으로 발전을 거듭하여 전 세계의 모범으로 자리 잡고 있다.[37] 그러나 최근 영국에서는 범죄자를 수용하고 있는 교도소에서 과밀한 수용 환경이 국내외적으로 큰 문제가 되고 있다. 이처럼 형사사법 분야, 특히 교정 처우 단계에서 인권 보호의 상징적인 나라인 영국에서 과밀수용이 문제가 되고 있다는 것은 역사의 아이러니라고 하겠다.

이러한 현상을 불러오게 된 것은 영국의 경제적 어려움과 범죄율 증가, 교도소 예산 부족 등이 원인으로 꼽히고 있다. 그러나 그보다 더 큰 원인은 점점 증가하고 있는 범죄에 대하여 의회와 정부가 중형주의 형사정책으로 대응하면서 교도소에 수용되는 범죄자가 급격히 늘어났기 때문이라고 할 수 있다.

아래에서는 영국의 교도소 수용인원의 현황을 살펴보고, 이러한 과밀수용을 초래한 원인으로서의 중형주의 현상을 분석해 보기로 한다.

2. 영국의 교도소 과밀수용 현황

가. 영국의 교정행정 개관

영국(United Kingdom)은 잉글랜드(England)와 웨일즈(Wales), 스코틀랜드(Scotland) 및 북아일랜드(Northern Ireland)의 4개 자치정부로 이루어진 연합 국가이다. 이에 따라 잉글랜드와 웨일즈의 교정행정은 영국 법무부 왕립 교정보호청(His Majesty's Prison and Probation Service)에서 관장하고 있고, 스코틀랜드와 북아일랜드의 교정행정은 해당 지역 자치정부의 교정청에서 담당하고 있다. 영국 법무부 왕립 교정보호청이 관할하는 교도소는 2023년 현재 120개이고, 스코틀랜드는 15개이며, 북아일

---

[37] 존 하워드(John Howard)와 엘리자베스 프라이(Elizabeth Fry)의 감옥개혁운동에 관해서는 한인섭, 「형벌과 사회통제」, 박영사, 2006, 119~134면 참조.

랜드는 3개이다.38)

나. 영국의 교도소 수용인원 현황

2023년 6월 말 현재 영국 내 교도소의 전체 수용자 수는 약 95,526명이며, 이것은 잉글랜드와 웨일즈 관할 내 85,851명, 스코틀랜드 관할 내 7,775명, 북아일랜드 관할내 1,900명을 포함한 인원수이다.39) 아래에서는 연구의 편의상 스코틀랜드와 북아일랜드 관할 내 교도소의 수용인원은 제외하고 영국 법무부 왕립 교정보호청(HMPPS)이 관할하는 잉글랜드와 웨일즈(이하 '영국'이라고 표기한다) 내의 교도소 수용인원을 살펴보기로 한다. 아래 〈표 2-1〉은 1900년 이후 영국의 교도소 수용인원의 변화를 전체 수용인원과 인구 10만명당 수용인원으로 구분하여 정리한 것이다. 그리고 이것을 그래프로 그린 것은 〈그림 1〉과 같다.

〈표 2-1〉 1900년 이후 영국의 교도소 수용인원의 변화40)

구분 연도별	전체 수용인원	인구 10만 명당 수용인원
1900	17,435	54
1910	20,904	59

---

38) World Prison Brief, https://www.prisonstudies.org/country/united-kingdom-england-wales (검색일: 2024. 1. 18.).

39) Sturge, Georgina. *UK Prison Population Statistics*, House of Commons library, 2023, p.4.

40) 영국 교도소 수용인원의 변화를 도표로 작성하기 위하여 1900~2020년까지의 자료는 World Prison Brief, United Kingdom: England & Wales, https://www.prisonstudies.org/country/united-kingdom-england-wales (검색일: 2024. 5. 12.), 2021년 자료는 Fair, Helen & R. Walmsley, *World Prison Population List (13th edition)*, World Prison Brief, 2021.12.1., p.12, 2024년 자료는 Fair, Helen & R. Walmsley, *World Prison Population List (14th edition)*, World Prison Brief, 2024.5.1., p.12를 참조하여 작성함.

연도별 \ 구분	전체 수용인원	인구 10만 명당 수용인원
1920	11,000	29
1930	11,346	29
1935	11,306	28
1940	9,377	23
1945	14,708	35
1950	20,474	47
1955	21,134	47
1960	27,099	59
1965	30,421	64
1970	39,028	80
1975	39,820	81
1980	43,109	87
1985	46,278	93
1990	45,636	90
1995	51,047	100
2000	64,602	124
2002	70,861	135
2004	74,657	141
2006	78,150	145
2008	82,636	152
2010	84,725	153
2012	86,634	153
2014	85,307	149
2016	85,348	146
2018	82,773	140
2020	79,514	133
2021	78,789	131
2024	87,841	146

〈표 2-1〉과 〈그림 2-1〉을 살펴보면 영국의 2024년 교도소 전체 수용인원은 87,841명으로 1900년의 17,435명에 비해 무려 5배나 증가하였고, 전체 수용인원이 가장 적었던 1940년의 9,377명에 비해서는 심지어 9.4배나 증가한 것을 확인할 수 있다. 한편, 인구 10만 명당 수용인원 또한 2024년에는 146명으로 1900년의 54명에 비해 3배 가까이 증가하였으며, 최소인원을 기록했던 1940년의 23명에 비해서는 무려 6.4배나 증가한 것을 알 수 있다.

〈그림 2-1〉 1900년 이후 영국의 교도소 수용인원 변화

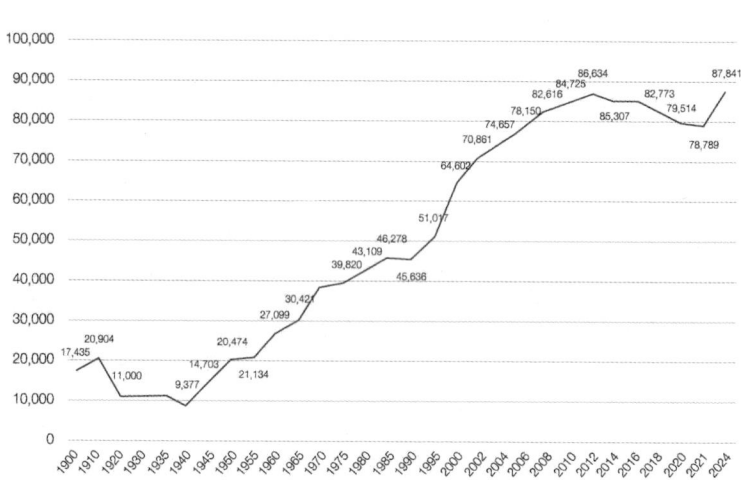

한편, 이러한 영국 내의 교도소 전체 수용인원의 변화를 구체적으로 살펴보면, 1980년에는 42,000명을 약간 넘었고, 1988년에는 거의 50,000명에 달했지만, 그 후 다시 감소하여 1992년 12월에는 40,606명으로 최저치를 기록했으며 1993년부터 급격히 증가하여 1999년 말 66,000명에 이르렀고 2011년 88,000명으로 정점을 찍은 후 2014년 85,000명, 2019년 83,000명으로 약간 떨어졌다.[41] 2022년 말 기준 영국에는 2021년 말 기준보다

3% 늘어난 81,806명의 수용자가 있었는데,42) 불과 6개월 사이에 2022년 말 기준보다 5%가량인 4,045명이 증가하였다. 2023년 12월 31일 현재 영국의 교도소 수용자의 인원은 전체 87,489명이며, 지난해 같은 기간보다 7% 증가하였는데,43) 이미 형을 선고받은 기결수용자의 인원(sentenced prison population)은 71,042명(전체의 81%)이고, 미결수용자의 인원(remand prison population)은 16,005명(18%)이며, 비범죄 수용자의 인원(non-criminal prison population)은 442명(1%)이다.44) 전체적으로 영국의 교도소 시스템은 1994년 이후 매년 과밀화되어 왔는데, 전체 교도소의 5분의 3(61%)은 과밀화 상태이며(122개 교도소 중 74개), 전체 수용인원의 5분의 1에 해당하는 16,300명 이상의 수용자가 과밀 시설에 수용되어 있다.45)

영국 행정부에서 잉글랜드와 웨일스의 교도소, 청소년 범죄자 교정기관, 보안 훈련 센터, 경찰 또는 법원 구금실, 세관 구금시설과 군 구금시설, 영국 내 이민 구금시설에 있는 사람들의 조건과 처우에 대해 독립적으로 조사하고 보고할 의무가 있는 교도소 감사원장(HM Chief Inspector of Prisons) 피터 클라크(Peter Clarke)는 2019년 보고서에서 "우리는 2018-19년에 다시 한번 … 너무 많은 구치소가 마약, 폭력, 끔찍한 생활조건 및 재사회화 활동에 대한 접근성 부족으로 고통받는 것을 보았다."라고 보고하였다.46)

---

41) Ashworth, Andrew & R. Kelly. *Sentencing and Criminal Justice*, Blooms-bury Publishing, 2021, p.208.
42) Ministry of Justice, *Offender Management Statistics Bulletin, England and Wales*, 2023.1.26. p.1.
43) Ministry of Justice, *Offender Management Statistics Bulletin, England and Wales*, 2024.1.25. p.1.
44) Ministry of Justice, ibid. p.3 .
45) Halliday, Matthew. *Bromley Briefings Prison Factfile - January 2023*, Prison Reform Trust, 2023, p.23.

유럽 고문 및 비인간적 및 굴욕적인 처우 방지 위원회(European Committee for the Prevention of Torture and Inhuman and Degrading Treatment)도 '통제에서 벗어난 교도소 폭력, 형편없는 교도소 일상 생활 체제 및 만성적인 과밀'을 확인한 2016년 보고서에 대한 후속 조치를 위해 2019년 영국 교도소들을 방문하여 여전히 폭력적이고 안전하지 않으며 수용자 대부분이 제한된 격리 규정이나 장기간의 격리를 감내하고 있는 과밀수용 상태의 교도소들을 보고한 바 있다.[47]

3. 영국의 중형주의 형사정책이 과밀수용에 미친 영향

가. 영국의 중형주의 형사정책 개관

영국의 교도소 수용 인구의 증가 현상은 1970년대 이후 미국의 공화당 정부와 마찬가지로 보수당 정부가 정치적 이익을 얻기 위해 '법질서 정치(Law and Order politics)'를 강조하면서부터 시작되었다고 볼 수 있다. 영국과 미국에서 이 시기에 정부가 법질서를 강조하면서 형사사법을 동원하는 정치적·사회적 현상은 대중영합적이자 정치공학적 성격을 지닌다고 평가받고 있다.[48] 결국 이러한 현상은 형사사법 분야에서 전반적으로 중형주의에 쏠린 형사정책의 시행으로 이어질 수밖에 없었다.

이처럼 공공정책에 법질서를 강조하는 시기에는 강력범죄가 발생하였을 때, 먼저 보수적인 언론이 범죄로 인한 피해를 강조하며 범죄자에

---

[46] Clarke, Peter. *HM Chief Inspector of Prisons for England and Wales Annual Report 2018-19*, 2019, p.7.

[47] Council of Europe, *Report to the United Kingdom Government on the visit to the United Kingdom carried out by the European Committee for the Prevention of Torture and Inhuman or Degrading Treatment or Punishment (CPT) from 13 to 23 May 2019*, CPT/Inf (2020) 18, 2020, pp.13-14.

[48] 김한균, "법질서정치(Law and Order Politics)와 형사사법의 왜곡", 「민주법학」 제37호, 민주주의법학연구회, 2008, 313면.

대한 강력한 처벌과 범죄에 대한 강경한 형사정책을 요구하는 여론 형성에 앞장서게 되었다. 그리고 정당을 중심으로 하는 정치권에서는 범죄에 대한 강력한 대응을 원하는 국민적 여론에 부응하는 형벌 포퓰리즘(Penal Populism)을 만들어 내게 되었고, 필연적으로 의회의 형사사법 관련 입법과정에서는 새로운 형벌을 만들거나 기존 형벌을 강화하여 형기를 늘리거나 하는 엄벌주의 내지는 중형주의 경향이 자리를 잡게 되었다.

영국에서 1980년대의 법질서 정책이 주로 정치적인 구호에 중점을 두었다면, 1990년대부터는 이 정책이 법률 입법 프로그램의 일환으로 형사법의 입법에 영향을 미치게 되었다.[49] 이로써 범죄와 형사사법 집행에 대한 중형주의 정책은 단순히 정치적 선호도를 반영하는 것이 아니라, 입법체계의 중요한 부분으로 자리를 잡게 되었다.

마찬가지로 1980년대 중반부터 모든 서유럽 국가에서는 범죄는 통제할 수 없는 것으로 보이고 사회는 보호되어야 한다는 차원에서 법과 질서에 대한 정치적 목적이 관찰되었다. 이에 따라 1970년대의 '범죄(crime)에 대한 부드러운 구제책(soft remedies)'은 씻어내 버리고 범죄에 대하여 강경하게 대처하여야 했는데, 이는 실제로는 '범죄자들(criminals)'에 대한 강경 대응을 의미하였고, 형벌에 대한 믿음이 수사학적 차원에서 증가했지만, 형사사법제도는 위기에 처하게 되었으며, 언론은 범죄가 팔린다는 사실을 다시 발견하였고, 정치인들은 범죄 문제를 선거 목적으로 이용하면서 '달성할 수 있는 안전(achievable safety)'에 관하여 높은 기대감을 키웠다.[50] 이러한 형벌 정치(penal politics)의 분기는 교도소 시스템의 실제 수용 능력을 넘어서는 미결구금(remand)과 징역의 증가 현상을 동시에 불러왔고, 대규모 교도소 건설 프로그램, 과밀화, '심각하지 않은 사건'에

---

[49] 김한균, 위의 글, 315면.
[50] Swaaningen, René van. *Critical Criminology: Visions From Europe*, SAGE publications LTD., 1997, p.170.

대한 재판 대기, 실제로 미결구금자를 집으로 돌려보내는 등의 현상은 유럽에서 구금의 위기(custodial crisis)를 가져왔다.[51]

1990년대 이후 영국의 정치인들은 '범죄에 대한 강경 대응(tough on crime)' 정책을 국민에게 공언하고 모든 범죄에 대하여 구금형을 확대 강화하였다. 범죄와의 싸움을 위한 구금형의 확대 강화는 1991년 형사사법법(Criminal Justice Act 1991)을 전후해 절정에 달하였고, 늘어나는 교정시설 수용인원으로 인해 구금형의 집행에 막대한 비용이 소모되었지만, 오히려 범죄율은 최고조로 상승하기에 이르렀다.[52]

특히, 1993년 5월 마이클 하워드(Michael Howard)가 내무장관으로 임명되면서 10년 이상의 포퓰리즘과 엄벌주의적 처벌 정책(Populism and Punitive Penal Policy)이 시작되었다.[53] 1993년 10월 보수당 회의에서 마이클 하워드(Michael Howard)는 정부의 새로운 형사사법 계획을 설명하는 자리에서 1980년대부터 1990년대 초반까지 역대 내무부 장관들이 구금형의 사용을 제한하려고 노력한 것을 명시적으로 거부하고 "나는 그 점에 대해 두려워하지 않는다. 우리는 더 이상 교도소 수감자 수가 감소하는 것으로 우리 사법 시스템의 성공을 판단하지 않을 것이다. (중략) 분명히 말해서 교도소는 효과가 있다(prison works)."라고 언급하며 구금형의 사용을 늘리는 계획을 받아들였는데, 이러한 과정은 1991년 법의 일부 핵심 요소인 구금형의 선고를 정당화하는 기준, 형량 결정에서 범죄자의 전과 기록의 역할, 그리고 단위 벌금제도의 신설 등을 뒤집은 1993년 형사사법법(Criminal Justice Act 1993)이 통과되면서 정점을 이루었다.[54] 이에 따라 영국의 법원은 범죄자들에게 비구금형 대신 구금형

---

51) Swaaningen, René van. ibid., p.171.
52) 김한균, 앞의 책, 325면.
53) Newburn, Tim. "Tough on Crime": Penal Policy in England and Wales, *Crime and Justice*, Volume 36, 2007, 437~438면.
54) Newburn, Tim. ibid., 438면.

선고를 선호하고, 구금형 또한 기존보다 더 긴 형기를 선고하면서 '개별 범죄자에 대한 강경책(tough on criminals)'이 급속히 증가했다. 아래 〈표 2-2〉에서는 영국이 1992년부터 1997년까지의 보수 정부와 1997년부터 2010년까지의 세 개의 노동당 정부가 "범죄에 단호하게 대처한다"는 차원에서 추진한 많은 주요 형사사법 정책들을 요약하고 있다.[55]

〈표 2-2〉 1992년 이후 영국의 주요 형사사법적 순간들

연도별	주 요 내 용
1993	1991년 형사사법법(Criminal Justice Act)이 1993년 형사사법법에 의해 수정됨
	토니 블레어(Τονψ Βλαιρ)가 '범죄에 단호하게 대처하고 범죄의 원인에도 엄격하게 대처한다'는 노동당의 정책 발표; 마이클 하워드(Μιχηαελ Ηοωαρδ)가 '교도소가 효과가 있다'라고 발표
1997	범죄(양형)법(Crime (Sentences) Act)이 두 번째 중대한 폭력 및 성범죄에 대해 자동 종신형을, 세 번째 마약 밀수자와 강도에 대해서는 의무적 최소 형기를 도입
1998	범죄 및 질서위반법(Crime and Disorder Act)이 반사회적 행동 명령, 인종 및 종교적으로 가중된 범죄, 중간 형기 선고를 받은 범죄자에 대한 구금을 위한 행정적 소환 등을 도입
2000	1990년 대비 교도소 인구가 41% 증가
2003	토니 블레어(Tony Blair)와 데이비드 블런킷(David Blunkett)이 반사회적 행동 백서와 행동 계획을 발표
	형사사법법(Criminal Justice Act)은 공공 보호를 위한 부정기 징역형(IPP), 종신형에 대한 최소 복역기간 연장(부칙 21조), 불법 총기 소지에 대한 의무적 최저 형기; 구금 후 면허석방 및 재소환에 대한 더 엄격한 규정; 장애 또는 성적 취향에 대한 적대감에 의해 동기 부여된 범죄에 대한 더 가혹한 처벌; 위험 운전 및 관련 범죄로 인한 사망에 대한 최대 형량을 두 배로 연장
	성범죄법(Sexual Offences Act)은 성범죄에 관한 법을 개혁하고 공중 보호 조치를 강화

---

[55] Jacobson, Jessica & Mike Hough. "Missed Opportunities and New Risks: Penal Policy in England and Wales in the Past Twenty-Five Years", *The Political Quarterly*, Vol. 89, No. 2, 2018, p.180의 'Box 1: Key penal moments since 1990'를 참조하여 도표로 재작성하였음.

연도별	주 요 내 용
2004	가정폭력, 범죄 및 피해자 법(Domestic Violence, Crime and Victims Act)은 가정폭력, 범죄 및 피해자 법은 가정폭력에 대응하고 피해자를 보호하기 위한 법적 조치를 강화. 이에는 범죄피해자를 위한 행동 지침의 규정이 포함되어 있으며, 그 첫 번째 버전은 2005년에 발표
2005	'커뮤니티 페이백(Χομμυνιτψ Παψβαχκ)' 프로그램 시작: 사회내 처분을 받은 범죄자들의 무급 봉사를 더욱 눈에 띄게 만들기 위한 국가적 전략
2006	폭력범죄 저감법(Violent Crime Reduction Act)에는 주류와 관련된 범죄 및 무질서와 공격적인 무기와 관련된 규정이 포함됨
	도로안전법(Road Safety Act)이 부주의한 운전으로 인한 사망과 관련 범죄를 도입
2008	R v Povey & others 판례와 치안판사 법원을 위한 칼날 달린 물품/공격 무기 소지에 관한 양형 지침 협의회 지침을 통해 칼 소지에 대한 억제적 선고 강조
	청소년 범죄에 대한 행동 계획 시작 – 청소년 범죄를 다루는 정부 간 이니셔티브로 '처벌과 집행', '예방', '지원' 측면을 다룸
2010	1990년 대비 교도소 인구가 85% 증가
	양형위원회(Sentencing Council)가 양형기준위원회(Sentencing Guidelines Council)를 대체

위 표에서 알 수 있듯이 영국 정부의 이러한 강경한 중형주의 형사정책의 추진으로 인해 2010년 영국의 교도소는 1990년에 비해 수용자의 인구가 85%나 증가하는 과밀수용 상태에 이르러게 되었다.

나. 중형주의 형사정책 추진에 따른 과밀수용의 경과 분석

(1) 즉시 구금형 사용 및 확정형 형기의 증가

위에서 살펴본 바와 같이 영국의 교도소 인구가 급증하게 된 것은 중형주의 형사정책의 추진에 따른 즉시 구금형의 사용과 확정형 형기가 늘어났기 때문이라고 할 수 있다. '1993-2016년 교도소 인구 이야기'라는 제목의 연구에서 영국 법무부는 1993년과 2012년 사이에 약 44,000명에서 약 86,000명으로 거의 두 배로 늘어난 영국 교도소 인구 증가의 주요 원인을 확인하기 시작하였는데, 이 연구에서는 그 증가 원인의 85%가 즉시 구금형(sentences of immediate custody)의 사용 및 형기의 증가에서 비롯되었다는 것을 발견했다.56) 이 연구에 따르면 형이 선고된 기결수용자 인구 증가의 거의 절반(46%)이 4년 이상의 확정형(정기형)에서 나오고, 추가 증가의 20%는 부정기형에서 나오지만, 면허로 석방된 자들에 대한 교도소 재구금이 급격하게 증가했기 때문에 기결수용자 인구가 16%나 증가한 것은 의미가 크다고 분석한다.57)

즉시 구금형(ICS)의 사용이 영국 교도소 인구 증가의 주요 원인으로 지목되는 것은 이로부터 4년 뒤 영국 법무부가 발간한 '1993-2020년 교도소 인구 이야기(Story of the Prison Population: 1993-2020 England and Wales)'에서도 마찬가지였다.58) 이 연구에 따르면 1945년 이래로 교도소 인구는 거의 65,000명 증가했다. 교도소 인구는 2012년에 거의 87,000명으로 정점을 찍었고, 2012년부터 감소세를 보이고 있으며, 특히 2017년부터 2020년에는 교도소 인구가 2006년 이후 최저치를 기록했다. 또한 즉시 구금형 선고는 1993년부터 2020년 사이에 교도소 인구 증가의 대부분을 차지하며, 1993년 이후 거의 모든 교도소 인구 증가는 즉시 구금형을 선고받은 수용자의 증가로 인한 것이라고 밝혔다. 특히, 1993년부터 2020년 사이에 4년 이상의 확정형을 선고받은 사람들이 20,000명 이상 증가했고, 즉시 구금형 증가의 약 2/3는 4년 이상의 형을 선고받은 인구에서 발생했다. 이것은 범죄가 더 긴 형을 선고하는 더 심각한 범죄로 전반적으로 이동했기 때문인데, 이러한 변화는 또한 4년 이하의 형을 선고받는 인구의 감소를 의미한다고 분석하였다. 확정 형량은 1993년 이후 평균

---

56) Ministry of Justice, *Story of the Prison Population 1993-2016 England and Wales*, July 2016; Ashworth, Andrew & R. Kelly. op. cit., pp.214-215.
57) Ashworth, Andrew & R. Kelly. ibid., p.215.
58) 이하는 Ministry of Justice, *Story of the Prison Population:1993-2020 England and Wales*, July 2020 슬라이드 요약.

5.4개월 증가하였고, 2019년에 석방된 수형자들은 1999년에 석방된 수형자들보다 교도소에서 5.6개월 더 오래 생활하였다. 19994년 확정형을 선고받은 수형자들은 석방될 때까지 평균 8.1개월(미결수용 및 재소환 포함)을 복역하였으나, 2019년까지 평균 복역 기간은 13.7개월로 늘어났다. 이 보고서에서는 이처럼 복역 기간이 증가한 이유로 평균 구금형 선고 기간(Average Custodial Sentence Length, ACSL)의 증가, 확정형에 대한 연장형(extended determinate sentences, EDS)을 선고받은 수형자 증가를 들고 있다. 아울러, 1993년에 폭력 범죄는 교도소 인구의 23%를 차지했으며, 성범죄는 10%, 마약범죄는 10%를 차지하였으나, 2020년에는 폭력이 29%, 성범죄가 18%, 마약범죄는 15%로 증가하는 등 특히, 폭력 범죄, 마약범죄 및 성범죄에 대한 더 긴 양형이 특별한 영향을 미쳤다고 분석하고 있다.

(2) 공공보호 구금형(IPP)으로 인한 부정기형 인구의 증가

영국에서 부정기형 또는 종신형(무기징역)에 복역하는 교도소 인구의 비율은 1993년 9%에서 2022년 16%로 증가했으며, 이는 유럽 국가 중에서 가장 높은 비율이다.[59] 이 비율은 2012년 19%로 더 높았었는데,[60] 이는 공공보호 구금형(Imprisonment for Public Protection, IPP)의 영향 때문이다.[61]

중형주의 형사정책의 흐름에 따라 신설된 공공보호 구금형(IPP)은 부정기형을 선고받은 인구에 상당한 영향을 미쳤다. 공공보호 구금형(IPP)은 범죄가 심각하지만 종신형을 선고받을 정도는 아닌 위험한 폭력 및

---

[59] Prison Reform Trust, *Prison: the facts-Bromley Briefings Summer 2023*, 2023, p.12.

[60] Ministry of Justice, *Story of the Prison Population 1993-2012 England and Wales*, January 2013, p.15.

[61] Ashworth, Andrew & R. Kelly. op. cit., p.239.

성범죄자로부터 대중을 보호하기 위하여 2003년 형사사법법(Criminal Justice Act 2003)에 의해 도입되었으며 2005년에 처음 선고되었는데, 범죄의 심각성에 따라 결정된 최소 의무 복역 기간(tariff period)과 가석방위원회가 범죄자가 더 이상 대중에게 위험을 초래하지 않는다고 판단할 때까지 지속되는 불확정 기간으로 구성된다.[62] 즉, 공공보호 구금형(IPP) 선고를 받은 수형자들은 자신이 더 이상 대중에게 위협이 되지 않는다는 것을 증명할 수 있을 때까지 잠재적으로 무제한 기간 구금된다.[63]

공공보호 구금형(IPP)의 선고 시점에서 범죄자들은 가석방을 위해 보호관찰위원회(Parole Board)에 신청하기 전에 교도소에서 복역해야 하는 최소 기간(최소 의무 복역 기간, tariff)을 부여받는데, 미출소 상태인 공공보호 구금형(IPP) 수형자 중 대다수(58%)가 이 기간 종료 후 최소 10년 이상 수용되어 있다.[64] 즉, 2012년 공공보호 구금형(IPP)이 폐지되었음에도 2022년 12월 현재 이미 이 형을 선고받은 1,355명의 사람이 여전히 수용되어 있고, 이 중 98%에 해당하는 1,327명은 이미 최소 의무 복역 기간을 넘겼다.[65] 최소 의무 복역 기간을 넘긴 1,327명 가운데 216명은 2년 미만의 형기를 받았음에도 불구하고 여전히 교도소에 있으며, 이 중 189명은 원래 형기가 만료된 지 10년이 넘은 현재도 여전히 교도소에 수용되어 있다.[66] 2023년 12월 31일 현재 부정기 구금형인 공공보호 구금형(IPP) 및 종신형을 선고받고 복역 중인 미출소 인원은 8,535명(남성 8,195

---

[62] Ministry of Justice, *Story of the Prison Population 1993-2020 England and Wales*, October 2020, Slide 10.
[63] Halliday, Matthew. *Bromley Briefing Fact File - January 2023*, Prison Reform Trust, 2023, p.13.
[64] Ministry of Justice, *Offender Management Statistics Bulletin, England and Wales*, 2024.1.25. p.4.
[65] Prison Reform Trust, *Prison: the facts-Bromley Briefings Summer 2023*, 2023. p.13.
[66] Prison Reform Trust, ibid., p.12.

명, 여성 340명)이며, 이는 2022년 9월 30일과 비교하여 0.5% 미만 증가한 거의 동일한 수준인데, 종신형을 선고받은 미출소 인원은 7,308명으로 1년 전보다 3% 증가한 반면, 미출소 공공보호 구금형(IPP) 인원은 12% 감소한 1,227명이다.67)

이처럼 범죄로부터 대중을 보호하기 위한 중형주의 형사정책으로 신설되었던 공공보호 구금형(IPP)은 부정기형 수형자의 인구를 급격하게 증가시켰으며, 이 형벌이 폐지된 이후에도 아직 많은 인원이 교도소에서 복역중인 이러한 상황은 중형주의 형사정책이 교정시설의 과밀수용에 오랫동안 악영향을 미친다는 것을 알 수 있게 해준다.

(3) 면허로 석방된 수형자에 대한 재소환의 증가68)

영국에서 2년 이상의 정기 구금형에 복역 중인 수형자는 2008년 형사사법 및 이민법(the Criminal Justice and Immigration Act 2008)에 의해 개정된 2003년 형사사법법(the Criminal Justice Act 2003)에 따라 선고된 형기의 절반이 지나면 자동적으로 석방된다.69) 다만, 2012년 범죄자 법적 원조, 양형 및 처벌법(the Legal Aid, Sentencing and Punishment of Offenders Act 2012)에 따라 부과된 연장형(extended sentences)을 복역하는 수형자와 2020년 수용자 석방(형량 관련 비율 변경) 명령[the Release of Prisoners (Alteration of Relevant Proportion of Sentence) Order 2020]에 따라 2020년 4월 이후로 특정 성적 또는 폭력적 범죄로 유죄 판결을 받고, 최대 형량이 무기형이며 7년 이상 형량을 받은 수형자는 형기의 3분의 2(형량의 절반이 아닌)를 복역한 후 면허(licence)로 석방되며, 2020년 테러범(조기석방제한)법[the Terrorist Offenders (Restriction of Early Release)

---

67) Ministry of Justice, ibid., p.4.
68) '면허에 의한 석방(release on licence)' 제도는 제5장에서 후술하는 바와 같이 '필요적 가석방' 제도라고도 불리고 있다.
69) Ashworth, Andrew & R. Kelly. ibid., pp.234-235.

Act 2020]에 따라 테러 또는 테러와 관련된 범죄로 유죄 판결을 받은 수형자는 형기의 3분의 2지점이 지나야 가석방위원회의 결정에 따라 석방될 수 있다.[70]

사실, 영국에서는 수년간 12개월 이하의 구금형을 선고받은 범죄자들은 감독(보호관찰) 없이 무조건 형기의 중간지점에서 풀려났으나, 2014년 범죄자 재사회화법(Offender Rehabilitation Act 2014)은 이를 변경하여 2년 이하의 모든 구금형에 대해서는 형기의 중간 시점에 석방되지만, 남은 형기 동안 면허로 석방되고 강제 감독 기간이 적용되어,[71] 면허석방 및 감독 기간은 총 12개월이어야 하는데, 따라서 6개월 구금형은 3개월 후 석방, 3개월간의 면허 석방, 9개월간의 감독을 의미하는 반면, 18개월 구금형은 9개월 후 석방, 9개월간의 면허 석방 기간 후 추가로 3개월간의 감독을 의미한다.[72]

그러나 이처럼 면허에 의해 자동적으로 석방된 수형자가 면허를 위반하면 교도소로 재소환(recall)되어 다시 구금될 수 있다. 이러한 소환 결정은 법원이 아니라 교정보호청(HMPPS)이 내린 행정적인 결정이며, 해당 수형자는 이 결정에 대하여 특정 상황에서는 가석방위원회(Parole Board)에 항소할 권리가 있으며,[73] 사법 심사를 통해 이의를 제기할 가능성도 항상 존재한다.[74] 재소환된 수형자의 경우, 확정 기간 재소환(Fixed Term Recalls, FTR) 제도에 따라 12개월 미만의 구금형을 선고받은 자는 14일 후에 다시 석방되고, 12개월 이상의 구금형을 선고받은 일부

---

[70] Ashworth, Andrew & R. Kelly. op. cit., p.235.
[71] 연립정부는 2014년 범죄자 재사회화법(the Offender Rehabilitation Act 2014)을 통해 이틀 이상 복역한 출소자는 지역사회에서 면허 감독(supervision on licence)을 받아야 한다는 요건을 도입했다. Ashworth, Andrew & R. Kelly. op. cit., p.213.
[72] Ashworth, Andrew & R. Kelly. ibid., pp.233-234.
[73] Criminal Justice Act 2003, s 254-55.
[74] Ashworth, Andrew & R. Kelly. ibid., p.237.

수형자는 적합하다고 여겨지면 추가 28일 후 자동으로 석방되지만,75) 성폭력범이나 폭력범, 외출제한 가택구금(Home Detention Curfew, HDC)에 있는 수형자 및 이전에 재소환된 수형자와 자동 석방에 부적합하다고 여겨지는 수형자들은 가석방위원회의 결정에 의해서만 석방될 수 있다.76)

이처럼 면허 석방 후의 감독(보호관찰)은 분명히 올바른 정책이지만, 수형자들이 지역사회에 재정착하는 데 필요한 지원을 제공함에 있어서, 이들 중 많은 사람의 높은 재범률로 인해 면허 위반으로 교도소에 재소환되는 경우가 많다.77) 이처럼 면허 위반으로 재소환된 수형자의 숫자는 1993년 이후 55배 이상 급증하여 2012년까지 5,300명이 증가하였으며,78) 1993년부터 2012년 사이에 교도소 인구 증가의 13%를 차지하였다.79) 2012년부터 영국 내 전체 교도소 인구의 감소 추세에도 불구하고 면허 위반으로 교도소로 재소환된 수형자 인구는 2020년 기준으로 4,000명이나 늘어나는 등 지속적으로 증가하고 있다.80)

앞에서 살펴본 바와 같이 2014년 범죄자 재사회화법(Offender Rehabilitation Act 2014)에 따라 2015년에 도입된 변경 사항에 따르면, 교도소에서 출소하는 모든 사람은 2일 이상을 복역한 경우 지역사회에서 최소 12개월 동안 감독을 받아야 하는데, 이 제도 시행 후 교도소로 재소환되는 사람들의 수가 증가했으며(특히 여성들 사이에서 이러한 현상

---

75) Criminal Justice Act 2003, s 255A (9); Andrew Ashworth·Rory Kelly, ibid., pp.237-238.
76) Ashworth, Andrew & R. Kelly. ibid., p.238.
77) Ashworth, Andrew & R. Kelly. ibid., p.234.
78) Ministry of Justice, *Story of the Prison Population 1993-2012, England and Wales*, 2013, p.16.
79) Ashworth, Andrew & R. Kelly. ibid., p.238.
80) 이하는 Ministry of Justice, *Story of the Prison Population:1993-2020 England and Wales*, July 2020 슬라이드 p.14 요약.

이 더욱 뚜렷해졌음), 2022년 12월까지 한 해 동안 12개월 미만의 형을 선고받았던 8,357명이 교도소로 재소환되었다.[81] 2023년 12월 31일 현재 교도소에 재소환된 인구는 12,068명으로 2022년 같은 기간 대비 13% 증가하였는데, 이 증가는 확정형 형량의 평균 기간이 늘어나거나, 부정기형이나 연장된 면허로 형을 선고받는 사람들의 수가 증가하는 등 여러 요인의 조합에 의해 발생했을 가능성이 높다.[82]

특히, 공공 보호를 위한 구금형(IPP)을 선고받은 사람이나 종신형을 선고받은 사람 중에는 석방 후에 교도소로 재소환되는 사람들이 많은데, 2022년 12개월 동안 공공 보호를 위한 구금형(IPP)을 선고받은 602명의 사람이 면허에서 재소환되어 교도소로 되돌아갔고, 반면에 처음으로 석방되거나 이전에 재소환되었던 사람은 638명뿐이다.[83] 2023년 12월 31일 현재 종신형을 선고받고 석방된 후 교도소로 재소환된 수용자 인원은 2022년 12월 31일에 비해 16% 증가한 876명이었으며, 재소환된 IPP 수용자 인원은 8% 증가한 1,625명이다.[84]

이처럼 면허로 석방된 수형자에 대한 재소환의 증가에 영향을 미친 법률은 1998년 범죄 및 질서위반법(Crime and Disorder Act 1998), 2003년 형사사법법(Criminal Justice Act 2003), 2008년 형사사법 및 이민법(Criminal Justice and Immigration Act 2008), 2014년 범죄자 재활법(Offender Rehabilitation Act 2014) 등이 있다.[85] 1998년 범죄 및 질서위반법(Crime and Disorder Act 1998)에 따라 12개월에서 4년의 확정 형량을

---

[81] Prison Reform Trust, *Prison: the facts-Bromley Briefings Summer 2023*, 2023, p.3.
[82] Ministry of Justice, *Offender Management Statistics Bulletin, England and Wales*, 2024.1.25. p.4.
[83] Prison Reform Trust, ibid., p.12.
[84] Ministry of Justice, ibid., p.4.
[85] 이하는 Ministry of Justice, *Story of the Prison Population:1993-2020 England and Wales*, July 2020 슬라이드 p.14 요약.

선고받은 수형자들은 행정적인 재소환의 대상이 되었으며, 이는 법정에 출두할 필요 없이 교도소로 재구금될 수 있음을 의미한다. 2003년 형사사법법(Criminal Justice Act 2003)은 12개월 이상의 확정 형량을 선고받은 수형자가 면허 조건의 가석방 상태로 머무를 시간을 형기의 3/4 지점에서 형기의 끝까지 늘렸고, 아울러 재소환된 수형자가 복역해야 하는 기간을 원래 구금형 형기의 75%에서 100%로 연장하였으며, 모든 재소환 사건을 가석방위원회(Parole Board)에서 재검토하도록 하여 소환된 수형자가 다시 석방될 가능성을 줄였다. 2008년 형사사법 및 이민법(Criminal Justice and Immigration Act 2008)은 확정 기간 재소환(Fixed Term Recall, FTR) 제도를 도입하였다. 2014년 범죄자 재활법(Offender Rehabilitation Act 2014)은 12개월 미만의 구금형을 선고받은 수형자들도 최소 12개월 동안 지역사회 감독을 받도록 사례군을 확대하였다.

이처럼 영국에서의 중형주의 형사정책에 입각한 새로운 입법들은 오히려 면허 석방의 조건 위반 등으로 다시 교도소로 재소환되는 수형자 인구의 증가를 초래하게 되었고, 이것이 결국 영국 내 교도소의 과밀화 현상을 불러온 또 다른 원인이 되고 있다.

(4) 과도한 단기구금형의 사용

영국은 경미하고 상습적인 범죄자에 대하여 교도소 사용을 과도하게 한다는 평가를 받고 있다.[86] 이것은 잉글랜드와 웨일즈에서 범죄자가 중대한 범죄를 저지르지 않았음에도 단기간 교도소에 구금될 수 있다는 것을 의미한다. 2008년 12월 영국 법무부는 범죄자들로부터 대중을 보호하기 위하여 교도소는 가장 위험하고, 심각하며, 가장 상습적인 범죄자들에게 적합한 장소이며, 경미한 범죄자들에게는 단기구금형(short

---

[86] Prison Reform Trust, *Prison: the facts-Bromley Briefings Summer 2023*, 2023, p.2.

custodial sentence)보다 강력한 사회 내 처분(community sentences)이 그들의 처벌과 개선(교정)에 더 효과적일 수 있다고 발표하였다.[87] 이후 적어도 15년 동안 영국 정부의 정책은 범죄에 대한 트윈트랙(twin track) 또는 이원적 대응이라는 생각과 일치하는 것으로 나타나 '중대'하고 '위험'한 범죄자에게는 장기형을, '중대하지 않은' 그리고 '위험하지 않은' 범죄자에게는 형벌의 가혹함을 줄여주는 것을 추천해 왔지만, 이러한 영국 정부의 정책은 범죄의 중대성에 대한 언급 없이 상위 트랙(교도소)에 '가장 상습적인 범죄자'를 명시적으로 포함하고 있어서 이는 상습적인 절도범이나 다른 범죄자들에게 그들이 저지른 약탈의 규모와 비교할 때 불균형적으로 가혹하게 형벌을 선고하는 결과를 초래할 수 있다.[88]

2019년 6월까지 구금형을 선고받은 약 56,000명 중 46%가 6개월 이하의 형을 선고받았으며,[89] 2022년 한 해 동안 구금형을 선고받은 약 43,000명 중 약 5분의 2에 해당하는 38%가 6개월 이하의 형을 선고받았고, 61%에 이르는 대다수의 범죄자가 중대한 범죄가 아닌 비폭력 범죄를 저지른 것으로 나타났다.[90] 이처럼 영국정부의 중형주의 형사정책 추진은 상대적으로 경미한 범죄에 대하여도 과도하게 단기구금형을 사용하는 현상을 불러오게 되었고, 이러한 결과는 영국의 교도소 과밀수용 현상과 긴밀하게 연관되어 있다는 것을 알 수 있다.

---

[87] Ashworth, Andrew & R. Kelly. op. cit., p.220.
[88] Ashworth, Andrew & R. Kelly. ibid., p.220.
[89] Halliday, Matthew. *Bromley Briefings Prison Factfile - Winter 2019*, Prison Reform Trust, 2020, p.10.
[90] Prison Reform Trust, ibid., p.2.

Ⅳ. 우리나라에서의 중형주의와 과밀수용 실태

1. 우리나라 중형주의 형사정책 현황

위에서는 우리나라보다 중형주의 형사정책을 앞서서 시행한 영국 교도소의 과밀수용 현상을 살펴보았다. 우리나라의 경우에도 2010년의 「형법」 개정을 전후하여 이미 사회 전반에서 중형주의적인 형사정책이 시도되고 있었다. 그러나 2010년 4월 15일 유기형의 상한과 가중 상한을 각각 30년과 50년으로 대폭 상향 조정하고, 강간죄나 추행죄 등 성폭력 범죄의 상습범을 가중처벌 하는 규정을 신설한 「형법」 개정과 함께 「성폭력범죄의 처벌 등에 관한 특례법」, 「아동·청소년성보호법」 등이 제·개정되는 것을 시작으로 특히 성범죄 관련 분야에서 본격적인 중형주의 입법이 시행되어 법정형이 크게 상향되었다. 예를 들어 2013년 6월에는 성폭력 범죄와 관련하여 6개의 법률이 제·개정되면서 무려 150여 개의 조문이 신설되거나 개정되었는데, 모든 성범죄에 대한 친고죄나 반의사불벌죄 조항이 전면적으로 폐지된 것이 특징적이다.[91] 그뿐만 아니라 위치추적 전자장치 부착, 신상정보 공개·고지제도, 성충동 약물치료, 취업제한제도 등 각종 보안처분도 적극적으로 도입·시행되고 있으며, 특히 잔혹한 살인이나 아동을 대상으로 한 성폭력 범죄, 그리고 음주운전에 의한 아동의 사망사건처럼 대중의 공분을 일으키는 사건이 발생할 때마다, 관련 법률이 신속하게 제정되거나 개정되고 양형 기준도 상향 조정되는 추세이다.[92]

이처럼 우리나라에서도 위에서 살펴본 영국의 사례와 같이 강력범죄

---

[91] 오윤이·나종민, "엄벌주의 형사사법정책이 재판 결과에 미치는 영향 : 엄벌주의, 형사사법정책, 재판 결과, 양형, 공무집행방해범죄", 「형사정책연구」 제34권 제1호(통권 제133호), 한국형사법무정책연구원, 2023, 204면 각주 1.
[92] 오윤이·나종민, 위의 글, 204면.

에 대한 대중적 분노가 엄중한 처벌을 요구하는 여론을 형성하게 되고, 이러한 여론에 정치권과 정부, 법원이 호응하면서 강력한 범죄근절 대책이나 단속 및 처벌강화 정책이 이어지는 방식으로 중형주의 형사정책이 시행되고 있다.

특히, 법무부, 대검찰청 등 정부에서 발표하는 범죄근절 대책은 해당 범죄에 대한 법정형 상향, 강화된 검찰의 구형기준 및 법원의 양형기준 마련, 검찰의 원칙적 구속수사·법정최고형 구형, 구형 미달 선고 시 적극 항소 등을 내용으로 한다. 예컨대 대검찰청이 2016년 4월부터 시행한 '음주운전사범 단속 및 처벌 강화방안'은 음주운전 단속 및 구형 강화, 적극적 형사처벌 등을 주요 내용으로 삼고 있으며, 2023년 7월부터 시행한 '검·경 합동음주운전 근절대책'에서도 상습 음주운전자에 대한 원칙적 구속수사, 엄정한 구형, 적극 항소 등을 포함하고 있다.[93] 또한, 대검찰청이 폭력사범 엄정 대처를 위해 2013년 5월부터 시행한 '폭력사범 삼진아웃제'도 원칙적 구속 구공판, 형량범위 내 최고형 구형, 양형부당 항소 등을 내용으로 하고, 2018년 7월부터 시행한 데이트폭력범죄 처리 기준에는 강화된 삼진아웃제, 구형기준 강화 등이 포함되었다.[94]

그뿐만 아니라 2017년 12월 정부는 가상통화 투기 근절을 위해 관련 범죄에 대한 원칙적인 구속수사 및 법정최고형 구형 방안을 발표했으며, 2020년 4월에는 디지털 성범죄 근절대책으로서 법정형 상향, 구형기준 및 양형기준 마련 등을 발표했다.[95] 이 외에도 검찰·경찰이 2022년 9월

---

[93] 창원지방검찰청 보도자료, "음주운전 NO!' - 창원지검, 음주운전 처벌 강화", 2017. 1. 23.; 대검찰청 보도자료, "상습 음주운전, 중대음주 사망사고의 경우 차량 몰수 음주운전 근절을 위한 검·경 합동 대책 시행-", 2023. 6. 28.
[94] 광주지방검찰청 순천지청 보도자료, "폭력사범 엄정대처를 통한 안전한 지역사회 만들기 - 폭력사범 삼진 아웃제의 시행을 통한 폭력사범 엄단", 2016. 5. 26. ; 대검철청 보도자료, "데이트폭력범죄 엄정 대처를 위한 사건처리기준 강화 - 삼진아웃 구속기준, 사건처리기준 전반적 강화", 2018. 7. 2.
[95] 국무조정실 보도자료, "정부, 가상통화 투기근절을 위한 특별대책 마련", 2017.

발표한 스토킹범죄 엄정 대응 방안에는 구속수사 및 기소에 관한 내용이,[96] 2022년 6월에 발표한 전세사기 엄정 대응 방안에는 법정최고형 구형, 구형미달 시 적극 항소 등의 내용이 포함되었다.[97] 2024년 2월 정부가 발표한 불법사금융 처벌 강화안에도 검찰의 사건 처리 기준(구속 및 구형기준) 상향 방안이 포함된 바 있다.[98]

이처럼 최근 우리나라의 중형주의 형사정책은 영국의 사례와 마찬가지로 강력범죄에 대응하기 위하여 불가피한 선택이었다고 하더라도 그러한 범죄자들을 수용하여야 하는 교정시설에서는 이로 인한 과밀수용이 문제가 될 수밖에 없게 된다.

아래에서는 중형주의 형사정책 추진으로 교정시설의 과밀수용이 촉진되었다는 전제하에 근대에서부터 현재까지 우리나라 교정시설에서의 수용인원의 변화를 살펴보면서 과밀수용으로 인한 문제점을 분석해 보기로 한다.

2. 우리나라 교정시설 수용인원의 변화 개관

우리나라에서 근대 형사사법이 시작된 시기라고 볼 수 있는 1906년부터 2023년 현재까지 감옥, 형무소, 교도소, 구치소 등 교정시설에 수용된 수용자들의 연도별 1일 평균 수용인원을 살펴보면 격세지감을 느끼게 된다. 1906년 당시의 연도 말 우리나라 감옥의 수용인원은 206명이었으

---

12. 28.; 국무조정실 보도자료, "디지털 성범죄, '처벌은 무겁게, 보호는 철저하게'- 관계부처 합동, 디지털 성범죄 근절대책 발표", 2020. 4. 23.
[96] 경찰청·대검찰청 보도자료, "경찰·검찰 '스토킹범죄 대응 협의회' 개최", 2022. 9. 21.
[97] 대검찰청 보도자료, "대검찰청, 범정부적 역량을 집중하여 전세사기 엄정 대응", 2022. 6. 8.
[98] 국무조정실 보도자료, "범정부 협력 강화로 불법사금융 끝까지 추적해 처단", 2024. 2. 20.

나 117년이라는 세월이 흐른 2023년 12월 말 현재 교정시설의 1일 평균 수용인원은 56,577명으로 274배 늘어났다.[99] 아래 〈표 2-3〉은 한국전쟁이 끝난 이후 시기인 1954년부터 2023년 12월 말 현재까지 연도별 수용인원을 도표로 정리한 것이다.[100]

〈표 2-3〉 연도별 교정시설 수용인원(1954년~2023년)

(단위: 명)

연도	수용정원	수용인원*	수용률(%)	기결	미결	노역수	연도	수용정원	수용인원*	수용률(%)	기결	미결	노역수
1954		16,626		14,136	2,471	19	1989	53,600	50,864	94.9	27,171	23,521	172
1955		17,091		14,809	2,245	37	1990	54,300	53,169	97.9	28,267	24,772	130
1956		16,159		13,919	2,224	16	1991	54,300	55,123	101.5	30,049	24,947	127
1957		18,429		15,264	3,138	27	1992	55,300	55,159	99.7	31,169	23,771	219
1958		19,426		15,614	3,729	83	1993	55,300	59,145	107.0	32,054	26,693	398
1959		19,533		16,211	3,248	74	1994	55,800	58,188	104.3	33,207	24,436	545
1960		19,446		13,971	5,421	54	1995	55,800	60,166	107.8	32,895	26,785	486
1961	30,000	30,036	100.1	18,815	11,179	42	1996	57,360	59,762	104.2	32,848	26,519	395
1962	30,000	27,503	91.7	20,064	7,368	71	1997	57,660	59,327	102.9	33,123	25,825	379
1963	30,000	23,089	77.0	18,380	4,698	11	1998	56,500	67,883	120.1	35,125	31,238	1,520
1964	30,000	30,558	101.9	21,503	9,003	52	1999	58,000	68,087	117.4	38,324	28,609	1,114
1965	31,000	30,555	98.6	21,527	8,970	58	2000	58,000	62,959	108.6	37,040	24,312	1,607
1966	32,000	30,070	94.0	20,759	9,263	48	2001	59,130	62,235	105.3	37,036	23,763	1,436
1967	32,000	30,422	95.1	21,190	9,173	59	2002	58,440	61,084	104.5	37,111	22,911	1,062
1968	32,960	33,904	102.9	20,133	13,730	41	2003	44,350	58,945	132.9	36,458	21,253	1,234
1969	36,180	35,406	97.9	20,996	14,352	58	2004	46,150	57,184	123.9	34,609	20,638	1,937
1970	36,180	35,264	97.5	21,519	13,622	123	2005	46,090	52,403	113.7	32,933	17,293	2,177
1971	36,180	39,737	109.8	23,149	16,428	160	2006	47,390	46,721	98.6	29,923	14,816	1,982

---

99) 1906년부터 2023년까지의 우리나라 교정시설의 수용인원은 별도의 표를 만들어 본 논문의 뒷부분에 〈부록 1〉로 정리하여 두었음.
100) 1906년~1979년 자료는 법무부 교정국, 「교정수용통계백년보」, 1988, 4~6면; 1980년~1989년 자료는 법무부, 「법무연감」, 1990, 348면; 1990년~1992년 자료는 법무부, 「법무연감」, 1993, 313면; 1993년~1998년 자료는 법무부, 「법무연감」, 1999, 352면; 1999년~2003년 자료는 법무부, 「법무연감」, 2005, 392면; 2004년~2012년 자료는 법무부, 「법무연감」, 2014, 454면; 2013년~2022년 자료는 법무부, 「법무연감」, 2023, 665면; 2023년 자료는 법무부 교정본부, 「교정통계연보」, 2024, 60면을 참조하였음.

연도	수용정원	수용인원*	수용률(%)	기결	미결	노역수	연도	수용정원	수용인원*	수용률(%)	기결	미결	노역수
1972	36,180	44,558	123.2	26,158	18,235	165	2007	43,100	46,313	107.5	29,289	15,227	1,797
1973	39,180	43,800	111.8	27,305	16,327	168	2008	43,100	46,684	108.3	30,280	14,368	2,036
1974	42,180	44,427	105.3	25,771	18,451	205	2009	44,430	49,467	111.3	30,749	16,288	2,430
1975	44,680	54,615	122.2	28,611	25,797	207	2010	45,930	47,471	103.4	30,607	14,819	2,045
1976	47,000	55,554	118.2	36,404	18,965	185	2011	45,690	45,845	100.3	29,820	14,201	1,824
1977	57,000	52,265	91.7	33,806	18,188	271	2012	45,690	45,488	99.6	29,448	14,186	1,854
1978	57,000	46,236	81.1	29,178	16,861	197	2013	45,690	47,924	104.9	30,181	15,646	2,097
1979	54,000	44,912	83.2	26,422	18,292	198	2014	46,430	50,128	108.0	30,727	17,377	2,024
1980	50,000	48,755	97.5	27,245	21,279	231	2015	46,600	53,892	115.6	32,649	19,267	1,976
1981	55,000	49,929	90.8	28,109	21,466	354	2016	46,600	56,495	121.2	33,791	20,877	1,827
1982	55,000	54,586	99.2	31,882	22,309	395	2017	47,820	57,298	119.8	35,382	20,292	1,624
1983	55,000	52,770	95.9	31,261	21,154	355	2018	47,820	54,744	114.5	34,380	18,867	1,497
1984	55,000	51,506	93.6	30,010	21,076	420	2019	47,990	54,624	113.8	33,813	19,343	1,468
1985	53,000	52,050	98.2	30,001	21,655	394	2020	48,600	53,873	110.8	33,392	19,084	1,397
1986	53,000	54,010	101.9	30,933	22,700	377	2021	48,980	52,368	106.9	33,548	18,109	711
1987	53,000	52,622	99.3	30,426	21,888	308	2022	48,990	51,117	104.3	32,610	17,736	771
1988	53,000	50,569	95.4	29,102	21,235	232	2023	49,922	56,577	113.3	35,007	19,957	1,613

1954년부터의 수용인원을 분석한 이유는 1945년 8월 15일 우리나라가 일본 제국주의의 강점으로부터 광복을 맞이하자마자 국토가 남과 북으로 분단이 되었고, 뒤이어 1950년 6.25 한국전쟁을 겪으며 형무소들이 제대로 운영되지 못하였고, 한국전쟁이 종료된 직후인 1954년부터 형무소의 안정적인 운영이 가능하였다고 보았기 때문이다.

이 표에서 1954년부터 1979년까지의 수용인원은 당시의 연도 말 수용인원으로 표시하였고, 1980년부터 2023년 12월말 현재까지는 1일 평균 수용인원을 기준으로 정리하였다.

교정시설의 과밀 여부와 관련하여 적정 수용인원을 뜻하는 정원(定員)과 비교하여 실제 수용인원의 비율이 85~90%가 되면 그 교정시설은 이미 과밀상태에 도달한 것이라고 평가할 수 있다.[101] 이러한 기준으로 위 〈표 2-3〉을 살펴보면 수용정원이 표기된 1961년부터 거의 매년 1일

---

[101] 한영수, 「행형과 형사사법」, 세창출판사, 2000, 70면.

평균 수용인원의 비율이 85~100%를 초과하고 있고, 2014년부터 최근 10년간은 거의 110%를 초과하여 120%까지 육박하고 있으므로 우리나라의 과밀수용의 정도는 아주 심각한 상태라고 평가할 수 있다.

예를 들어 2023년 9월 현재 서울구치소의 경우 정원이 2,247명이지만 현원이 3,324명으로 1,077명이 초과해 가장 과밀된 시설에 해당하며, 서울동부구치소는 정원이 2,070명이지만, 현원이 2,927명으로 857명을 초과하였고, 인천구치소도 정원(1,585명) 대비 현원(2,407명)이 822명 초과하였으며, 대전교도소도 정원(2,060명) 대비 현원(2,732명)이 672명 초과하였고, 청주여자교도소의 경우 정원은 610명이지만, 현원이 820명으로 나타나면서 210명을 초과하는 등 전국 55개 교도소(여자 교도소 포함), 구치소, 직업훈련소 중 13개를 제외한 42개 시설이 과밀수용인 상황인데, 그중 과밀수용이 심각한 시설을 단계별로 살펴보면, 5개 시설이 정원을 100명 이상 초과하였고, 9개 시설이 200~500명 미만 초과, 7개 기관이 500~1,100명 미만 초과한 상황이다.[102] 이에 따르면 서울구치소의 경우 수용률이 147.9%에 이르고, 서울동부구치소는 141.4%, 인천구치소는 151.9%, 대전교도소는 132.6%, 청주여자교도소는 134.4%에 이를 정도로 전국의 주요 교정시설이 극심한 과밀수용에 시달리고 있다.

위 〈표 2-3〉에서 수용정원 대비 수용률이 역대로 가장 높았던 해는 2003년이다. 이 해의 수용정원은 44,350명이었는데 1일 평균 수용인원은 58,945명으로 수용률이 132.9%로 치솟았다. 그러나 사실은 1일 평균 수용인원이 가장 높았던 1999년의 68,087명보다 9,142명이 적은 수용인원을 기록한 해였다. 그런데도 갑자기 수용률이 급등한 배경은 1992년 10월 6일 제정된「법무시설기준규칙」(법무부훈령 제271호)이 규정한 교정시설의 수용거실의 1인당 수용면적 기준이 개정되었기 때문이다. 즉, 법무부

---

[102] 조영민,「교정시설 과밀수용 실태와 해소방안: "감옥은 우리 사회의 가장 아픈 곳"」, 인권평화연구원, 2023, 20면.

는 1992년 10월 6일 제정한 「법무시설기준규칙」에서 독거실은 4.62㎡ (1.03평), 혼거실은 1.65㎡(0.50평)을 기준으로 수용거실 1인당 수용면적을 규정하였다. 그런데 2002년 12월 30일 법무부는 수용자의 처우 개선 차원에서 동 「법무시설기준규칙」을 개정하여 독거실의 1인당 수용면적은 그대로 두되 혼거실의 1인당 수용면적 기준은 2.48㎡(0.75평으로) 늘렸다.103) 이에 따라 2003년의 1일 평균 수용률은 전년도 104.5%에서 132.9%로 갑자기 증가하게 된 것이다. 이후로도 법무부는 2006년, 2014년, 2017년에 「법무시설기준규칙」을 추가로 개정하여 수용거실의 1인당 수용면적 기준을 상향시켰는데 이에 대해서는 후술하기로 한다.

한편, 우리나라에서 근대 행형이 시작될 무렵인 1906년부터 일제 강점기와 6.25 한국전쟁 시기를 포함하여 최근인 2023년까지의 전체 연도별 수용인원의 변화 추이를 그래프로 그려보면 〈그림 2-2〉와 같다.

이 그림에서 확인할 수 있듯이, 우리나라 교정시설의 1일 평균 수용인원은 1999년에 68,087명으로 가장 높았고, 그 직전 해인 1998년이 67,883명으로 그다음을 차지하였다. 그 당시에 진행된 한 연구에서는 교정시설 과밀수용 실태에 대하여 아래와 같이 보고하고 있다.104)

> "1998. 12. 4. 현재 교정시설 수용적정인원은 56,500명인데 수용인원은 74,312명으로 17,812명(31.5%)이나 초과하고 있다(과밀수용문제). 현재 적정밀도는 평당 1.89명으로 정해져 있다. 이 적정밀도도 사실상 우리의 과밀화된 상황을 감수하고 책정된 기준이므로, 과밀수용의 실제는 통계치보다 더욱 심한 실정이다. 외국과 비교해 볼 때 한국의 1인당 평균수용공간은 0.41평으로, 미국 1.15평, 일본 0.78평에 비해 볼 때 과밀화 정도가 매우 심각하다. 일선 교정기관에서 과밀수용의 실태를 참관해보면, 현실은 훨씬 심각함을 절감한다."

---

103) 「법무시설기준규칙」(2002. 12. 30., 법무부훈령 제475호)
104) 한인섭, "한국 교정의 딜레마와 당면과제", 「서울대학교 법학」 제40권 제1호, 1999, 305~306면.

이 연구에서 보고된 사례를 보면 1998년 당시 우리나라 교정시설의 과밀수용 현상이 얼마나 심각했었는지를 알 수 있다. 이 사례의 경우 수용률이 131.5%에 이르고, 적정밀도는 평당 1.89명에 1인당 평균 수용공간의 면적은 0.41평이라고 하니, 이를 환산하면 적정밀도는 1인당 1.75㎡, 1인당 평균 수용면적은 1.35㎡에 불과한 면적이다.

〈그림 2-2〉 전체 연도별 수용인원의 변화 추이

(단위: 명)

물론, 1998년과 1999년 당시에는 앞에서 살펴본 바와 같이 법무부가 1992년 10월 6일 제정한 「법무시설기준규칙」에 따라 교정시설 내 독거실은 4.62㎡(1.4평), 혼거실은 1.65㎡(0.5평)의 수용면적 기준을 적용하여 수용정원을 산정하고 있었다. 그러므로 당시 교정시설 1일 평균 수용률이 1998년은 120.1%, 1999년은 117.1% 정도로 최근인 2023년의 113.3%와 비교하여 다소 높은 편에 불과하다고 평가할 수도 있을 것이다. 하지만, 2002년 이후 법무부가 여러 차례 「법무시설기준규칙」의 개정을 통해 혼거실의 1인당 수용면적 기준을 점차 상향 조정하였고 이에 따라 전국 교정시설의 수용정원이 감축되었다는 점을 고려하면, 당시의 교정시설은 극심한 과밀수용 상태에 처해 있었다는 것을 짐작할 수 있다.

이처럼 교정시설에서 극심한 과밀수용 현상이 발생하던 당시는 김영삼 정부가 집권하던 1997년 11월에 외환이 고갈되어 국제 통화 기금(IMF)으로부터 자금 지원을 받게 되는 이른바 IMF 구제 금융 사태로 인하여 온 국민이 경제적으로 막대한 피해를 보고 고통을 받던 시절이었다. 더불어 우리나라에서 손꼽는 기업들이 부도로 인해 파산하면서 실업자도 급증하였고, 수많은 가정이 해체되며 사회가 불안정한 가운데 사기, 절도 등 생계형 범죄 또한 급증하게 되자 정부 또한 범죄에 강력하게 대응할 수밖에 없었다.

이러한 시대 배경 속에서 전국 교정시설의 수용 능력은 한계치에 이르렀다. 1998년의 1일 평균 수용인원은 67,883명으로 역대 두 번째로 높았지만, 이 연구에서 알 수 있듯이 실제로는 1998. 12. 4. 당시의 사례처럼 7만여 명을 훨씬 웃도는 경우가 많았다. 이러한 상황은 1999년 1일 평균 수용인원이 68,087명으로 역대 최고 수치를 찍게 했으나, 이후 해를 거듭하며 1일 평균 수용인원이 낮아지며 점차 안정을 찾게 되었다.

아래 〈표 2-4〉는 주요 국가별 인구 10만 명당 수용인원을 인원 순서대로 정리한 것이다. 이 표에서 우리나라는 인구 10만 명당 수용인원이 103명으로 이탈리아나 홍콩(중국)과 비슷한 수준을 보이고 있지만, 이웃 나라 일본의 인구 10만 명당 수용인원이 33명에 불과한 점과 비교하면 무려 3.1배 이상이나 높은 수준이다.

〈표 2-4〉 주요 국가별 인구 10만 명당 수용인원[105]

구분 국가	총 수용인원 (명)	인구 (백만 명)	인구 10만 명당 수용인원(명)	기준일자
미국	1,767,200	332.70	531	2021.
태국	274,277	70.22	391	2023. 12.
튀르키예(터키)	314,375	85.98	366	2024. 3. 1.
벨라루스	32,556	9.43	345	2018. 12. 31.
러시아	433,006	144.50	300	2023. 1. 1.
남아공	157,056	60.94	258	2023. 3. 31.
캄보디아	45,122	17.54	257	2024. 3. 31.
대만	54,941	23.48	234	2024. 2. 29.
이스라엘	19,756	9.12	217	2023. 12. 31.
말레이시아	72,437	33.40	217	2023. 2. 2.
폴란드	74,417	37.40	199	2024. 2. 29.
마카오(중국)	1,339	678,800	197	2023. 6. 30.
몽골	5,832	3.18	183	2020. 중반
체코	19,796	10.94	181	2024. 3. 31.
이라크	73,715	41.08	179	2021. 5. 23.
멕시코	232,684	133.66	174	2024. 2. 29.
뉴질랜드	9,115	5.28	173	2023. 12. 31.
필리핀	180,826	111.86	162	2022. 9.
오스트레일리아	41,929	26.64	157	2023. 6. 30.
싱가포르	9,536	6.13	156	2022. 12. 31.
잉글랜드&웨일스 (영국)	87,699	60.30	145	2024. 3. 22.
베트남	125,697	96.46	130	2019년 평균
우크라이나	48,038	39.00	123	2022. 2. 1.
중국	1,690,000	1,418.00	119	2018. 12. 31.
포르투갈	12,272	10.53	117	2024. 4. 1.
프랑스	75,897	68.12	111	2024. 1. 1.
홍콩(중국)	7,751	7.33	106	2022. 12. 31.
이탈리아	61,049	58.63	104	2024. 3. 31.
대한민국	52,940	51.34	103	2022. 12. 31.

---

[105] Fair, Helen & Roy Walmsley, *World Prison Population List fourteenth edition*, World Prison Brief, Institute for Crime & Justice Policy Research, 2024, pp.3-6을 참고하여 필자가 주요 국가별 인구 10만 명당 수용인원을 기준으로 많은 국가부터 순서대로 재작성한 것임.

국가 \ 구분	총 수용인원(명)	인구(백만 명)	인구 10만 명당 수용인원(명)	기준일자
인도네시아	265,037	283.83	93	2024. 3. 29.
캐나다	35,485	39.22	90	2022-23
스웨덴	8,635	10.52	82	2023. 1. 1.
덴마크	4,106	5.93	69	2023. 1. 1.
독일	56,325	84.36	67	2022. 12. 31.
네덜란드	11,447	17.59	65	2022. 1. 31.
노르웨이	3,076	5.54	56	2024. 2. 28.
인도	573,220	1,413.00	41	2022. 12. 31.
일본	40,881	124.56	33	2023. 중반

3. 우리나라의 과밀수용과 중형주의의 상관관계 분석

지금부터는 위에서 살펴본 우리나라 교정시설의 과밀수용 현상의 발생 원인이 영국의 사례와 같이 우리나라 형사사법체계 내에서의 중형주의 형사정책 추진과 연관이 있는지 그 상관관계를 분석해 보기로 한다.

최근 우리나라는 이상동기 범죄, 연쇄살인, 아동을 대상으로 한 성범죄 및 학대, N번방 사건으로 대표되는 디지털 성폭력범죄 등의 발생으로 국민들의 심리적 불안감이 증폭되고 있다. 특히, 이러한 잔혹한 신종 범죄에 대한 국가의 대응능력이 미흡하다는 비판적인 여론은 안전[106]에 대한 사회적 요구를 증대시키고 있다. 이처럼 사회적으로 물의를 일으킬 만한 범죄가 연이어 발생하고, 국가의 치안유지와 범죄 대책에 대한 국민의 비판적인 여론이 비등하게 되면, 정치권에서는 이를 호도하기 위해 과도한 형벌위하를 통해 대처해 나가려고 하는 경향이 있다.[107] 즉,

---

[106] 안전이란 '공공의 안녕과 질서에 손해가 발생할 우려에서 벗어난 경우'라고 정의할 수 있다. 신용인, "위험사회와 안전권-인간 존엄성의 필요조건, 안전", 「원광법학」 제36권 제3호, 원광대학교 법학연구소, 2020, 17면.

[107] 김창군, "현행 형벌제도의 정당성에 대한 검토", 「법과 정책」 제28집 제2호, 제주대학교 법과정책연구원, 2022, 61면; 한편, 이러한 사례에 대하여는 배종대, "정치형법의 이론", 「법학논집」 제26집, 고려대 법학연구소, 1991. 9, 243면 참조.

중대한 위험108)이나 범죄와 같은 사회적 갈등에 대한 일반시민의 막연한 불안감은 정치권과 대중매체에 의해 증폭되고, 정치권은 다시 이러한 여론을 민감하게 의식하여, 객관적이고 이성적인 분석과 토론을 통한 구조정책으로서의 사회정책적 대응을 하는 것이 아니라, 범죄진압의 강력한 수단인「형법」을 이용하는 형사정책적 대응으로 대중의 심리적 불안감을 즉각적으로 진정시키는 데 전념하게 되는데, 이러한 현상을 '형법의 정치화'(Politisierung des Strafrechts)라고 부르고 있다.109)

결국, 이러한 '형법의 정치화' 현상은 국가가 사회적 위험을 예방하기 위한 수단으로 사회정책이 아닌 형벌 또는 보안처분 등의 형사제재를 강화하는 중형주의 형사정책의 선택을 훨씬 선호하게 만든다. 이는 곧 형사제재에 있어서 중형주의와 엄벌주의 경향을 이끌게 되는데, 국회의 입법단계에서는 징역형이나 벌금형의 법정형 상한이나 하한을 높이거나, 집행유예 대상에서 제외되도록 하는 모습으로 나타난다. 그리고 검찰의 수사단계에서는 범죄자에 대한 구형을 상향하고, 법원의 재판단계에서는 양형에서 형의 종류를 선택할 때 벌금형보다는 징역형의 선택을 늘리고 형기를 높이거나 집행유예를 축소하고, 보안처분을 병과하며, 교정단계에서는 가석방을 축소하거나 출소 후 전자장치 부착, 보호관찰 등을 강화하는 방향으로 그 양상이 발전하게 된다.

우리나라의 경우를 살펴보면 1961년 5.16 군사정변 직후 폭력배 소탕을 위한 목적으로「폭력행위 등 처벌에 관한 법률」제정, 1980년 12.12 군사반란을 일으킨 신군부 세력에 의한 삼청교육대 운영, 1990년대 초반 범죄와의 전쟁, 2013년 4대 사회악 범죄(성폭력, 학교폭력, 가정폭력, 불량식품 유통)에 대한 근절 정책, 2022년 이후 최근의 마약과의 전쟁 등이

---

108) 법적으로 위험이란 공공의 안녕과 질서에 손해가 발생할 우려가 있는 경우를 말한다. 신용인, 위의 글, 8면.
109) 윤영철, "법치국가에서의 안전지향형법에 대한 비판적 고찰",「원광법학」제34권 제1호, 원광대학교 법학연구소, 2018, 139면.

'형법의 정치화' 현상에 따른 중형주의 형사정책의 대표적 사례라고 할 수 있겠다.

  그렇다면, 이러한 중형주의 형사정책이 우리나라 교정시설의 수용인원 증가 현상에 어떠한 영향을 미쳤는지를 실증적으로 분석해 볼 필요가 있다. 앞의 〈표 2-3〉과 〈그림 2-2〉에서 보듯이 1961년의 1일 평균 수용인원이 1960년의 19,446명에서 30,036명으로 10,590명이나 폭증한 것은 5.16 군사정변 이후 부정축재와 조직범죄 척결을 앞세운 중형주의 형사정책의 결과라고 분석할 수 있겠다. 한편, 1979년에 44,912명이던 1일 평균 수용인원이 1980년에 48,755명으로 급격히 증가한 후 1982년에는 54,586명까지 늘어나게 된 원인은 1979년 12.12 군사반란으로 정권을 찬탈한 신군부가 삼청교육대로 대표되는 사회정화운동을 통해 범죄에 대하여 강력하게 대응한 결과라고 볼 수 있다. 특히, 당시「폭력행위 등 처벌에 관한 법률」의 개정은 사회정화정책을 표방한 중벌주의를 이용하여 시민의 행위 자유를 통제함으로써 신군부정권의 안정을 꾀하고자 폭처법을 하나의 수단으로 이용한 것으로 평가되고 있다.[110] 그리고, 1989년에 50,864명이던 1일 평균 수용인원이 1990년에 53,169명, 1991년에 55,123명으로 늘어날 다음, 1995년에는 60,166명까지 급증한 현상과 같이 1990년대 상반기의 수용인원 증가는 당시 정부가 '범죄와의 전쟁'을 선포하는 등 '강력한 범죄투쟁'을 전개한 데 힘입은 바 크다고 볼 수 있다.[111] 또한, 2012년에 45,488명이던 1일 평균 수용인원이 2013년 47,924명, 2014년 50,128명, 2015년 53,892명, 2016년 56,495명, 2017년 57,298명으로 급증한 원인은 2013년 당시 정부가 4대 사회악 범죄 중 특히, 성범죄에 대한 대대적인 단속과 함께 강력한 처벌을 시행한 결과라고 분석할 수 있다. 특히, 당시 정부의 출범 전부터 성범죄에 대한 친고죄의 폐지

---

[110] 김치정, 「폭력행위 등 처벌에 관한 법률」에 대한 비판적 고찰", 「강원법학」 제55권, 2018, 547면.
[111] 한영수, 「행형과 형사사법」, 세창출판사, 2000, 71면.

등 중형주의적인 형사정책으로 성범죄자가 교정시설에 많이 수용되기 시작하면서 전체적인 수용인원 급증에 큰 영향을 미친 것으로 볼 수 있다[112]. 그리고, 2022년 51,117명으로 줄어들었던 1일 평균 수용인원이 56,577명으로 급증한 원인은 이른바 '마약과의 전쟁'이라는 슬로건 아래 마약범죄에 대하여 강력하게 대응하는 엄벌주의 형사정책의 영향이 가장 크다고 하겠다. 이처럼 교정시설의 수용인원 증가에 영향을 미친 우리나라 중형주의 형사정책의 흐름을 연도별로 정리하면 〈표 2-5〉와 같다.

〈표 2-5〉 우리나라의 주요 형사사법적 순간들

연도별	주 요 내 용
1961	1961. 6. 20., 폭력행위 등을 집단·상습적이거나 야간에 자행하는 사람 등을 처벌하기 위하여 기본 「형법」 구성요건에 수단 등을 부가하여 법정형을 가중한 「폭력행위 등 처벌에 관한 법률」제정
1980	1979년 '10·26'과 '12·12' 사건 등으로 권력을 장악한 신군부가 1980.5.17. 비상계엄 발령, 5.31. 국가보위비상대책위원회 설치, 7월 사회정화를 명분으로 '불량배 소탕계획(삼청계획 5호)'을 공표한 이후 1980.8.1.~1981. 1.25.까지 총 60,755명이 영장 없이 체포되어 그 중 39,742명이 순화교육 대상자로 분류되어 군부대 내 삼청교육대에서 삼청교육을 받음[113]
	9.20.부터 교정시설에서 '재소자 특별정신교육(순화교육)' 실시[114]
	12.18., 상습적·조직적 폭력배에 대하여 중형을 선고하기 위해 「폭력행위 등 처벌에 관한 법률」개정, 보호처분을 위한 「사회보호법」 제정 및 시행
	1일 평균 수용인원 48,755명(1979년 44,912명보다 3,843명 증가)
1981	12.5. 청송제1감호소가 신축 개청(1981.12.2.)됨에 따라 군부대 수용중인 보호

---

[112] 1953년 제정된 우리 「형법」은 강간죄에 대하여 피해자의 고소가 있어야 처벌할 수 있는 친고죄로 규정하였었다. 그러나 2012년 12월 18일 국회에서 강간죄의 처벌을 피해자의 의사에 맡겨두지 않고 엄정하게 처벌하고자 「형법」 제296조 및 제306조를 개정하여 성범죄에 관한 친고죄 규정을 전부 삭제·폐지하였다. 이어서, 1994년 제정된 「성폭력범죄의 처벌 및 피해자보호 등에 관한 법률」에는 고용관계가 있는 업무상 위력 등에 의한 추행죄, 공중 밀집 장소에서의 추행죄, 카메라 등을 이용한 신체 촬영죄 등이 친고죄로 규정되어 있었으나, 이 또한 2013년 4월 5일자로 폐지되었다.

연도별	주 요 내 용
1989	감호처분자 2,416명이 법무부 산하 감호시설로 이감[15]
	7. 14., 헌법재판소가 적법절차 위반과 과잉금지의 원칙 등을 근거로「사회보호법」일부 규정 위헌결정(헌법재판소 1989. 7. 14. 88헌가5, 88헌가8, 89헌가44 결정)
1990	10.13., 노태우 대통령, '범죄와의 전쟁' 선포
	12. 31.,「폭력행위 등 처벌에 관한 법률」을 개정하여 조직폭력사범, 상습폭력사범, 집단폭력사범, 흉기사용폭력사범 등에 대한 법정형 상향
	1일 평균 수용인원 53,169명(1989년 50,864명보다 2,305명 증가)
1997	3.7., 청소년유해매체물과 유해약물 등이 청소년에게 유통되는 것을 방지하고, 청소년유해업소에 청소년 출입 등을 규제하는「청소년보호법」제정
2000	2.3., 청소년 성매매 업주, 청소년이용음란물 제작자 기타 청소년대상 성매매를 한 자에 대한 형량을 대폭 강화한「청소년의 성보호에 대한 법률」제정
2005	8.4.,「사회보호법」폐지
2007	12.21.,「형사소송법」개정으로 날로 지능화·흉포화하는 강력범죄에 대한 범죄예방의 필요성이 요구되어 공소시효를 연장[16]
2009	6.9.,「청소년의 성보호에 관한 법률」을「아동·청소년의 성보호에 관한 법률」로 전부개정, 아동·청소년 대상 유사 성교행위, 성매수 유인행위 처벌 규정 신설
	6.25., 헌법재판소, 판결선고전 구금일수를 형기에 일부만 산입할 수 있도록 규정하고 있는「형법」조항 위헌결정(2007헌바25)
2010	4.15.,「형법」개정으로 유기 징역·금고의 상한을 '15년 이하'에서 '30년 이하'로 높이고, 가중 상한도 '25년까지'에서 '50년까지'로 인상
	4.27., 상소를 취하한 수형자에 대해서도 미결구금일수가 형기에 전부 산입되어 수형자 약 1,200명 형기 단축[17]
	1일 평균 수용인원 47,471명(2009년 49,467명에서 1,996명 감소)
2013	2월, 4대 사회악(성폭력, 가정폭력, 학교폭력, 불량 식품) 근절 대책 추진
	6월, 대검찰청, '폭력사범 삼진 아웃제' 시행[18]
	6.19., 2012.12.18. 개정「형법」시행, 성범죄의 친고죄와 혼인빙자간음죄 폐지, 유사강간죄 신설, 성범죄 객체를 "부녀"에서 "사람"으로 확대
	6.19., 2012.12.18. 전부개정된「성폭력범죄의 처벌 등에 관한 특례법」시행, 공소시효 적용 배제 대상 범죄 확대, 성적 목적을 위한 공공장소 침입죄 신설
	6.19., 2012.12.18. 전부개정된「아동·청소년의 성보호에 관한 법률」시행, 통신매체 이용 음란행위 등의 반의사불벌죄 조항 삭제, 음주·약물로 인한 감경 배제 규정의 적용 대상 확대

연도별	주 요 내 용
2015	2.26., 헌법재판소, 간통죄 처벌규정인「형법」제241조가 "성적 자기결정권 및 사생활의 비밀과 자유를 침해한다"며 위헌 결정(2009헌바17)
	7.31.,「형사소송법」개정, 살인죄의 공소시효 폐지
2016	1.6.,「형법」개정, 벌금형에 대한 집행유예 제도 도입, 간통죄 처벌조항 삭제
	9.29., 헌법재판소, "보호의무자 2인의 동의와 정신건강의학과 전문의 1인의 진단으로 정신질환자에 대한 보호입원이 가능하도록 한 구 정신보건법 제24조에 대하여 헌법불합치 결정"을 선고(2014헌가9)
	12.29., 헌법재판소, "과밀수용이 인간의 존엄과 가치를 침해한다"며 전원일치로 위헌결정(2013헌마142)
2017	5.30., 2016.5.29. 전부개정되어 보호입원의 요건·절차를 강화한「정신건강증진 및 정신질환자 복지서비스 지원에 관한 법률」시행[119]
	1일 평균 수용인원 57,298명(2003년 58,945명 이후 최다 인원)
2019	6.25., 2018. 12. 24. 음주운전 단속기준 및 처벌을 강화한「도로교통법」시행[120]
2020	4.23., 정부「디지털 성범죄 근절 대책」수립[121]
	5.19., 촬영물 등을 이용한 협박·강요죄 신설, 특수강간 등 법정형 상향 등을 주요 내용으로 하는「성폭력범죄의 처벌 등에 관한 특례법」개정
2022	7.14., 대법원은 구치소나 교도소의 수용자에게 1인당 최소 2㎡의 수용면적을 보장하지 않는 것은 인간으로서의 존엄과 가치를 침해하는 행위라며 과밀수용 관련 국가의 배상책임을 인정(대법원 2022. 7. 14. 선고 2017다266771 판결)
	8월부터 경찰은 전세사기, 전화금융사기, 가상자산 사기 등 '악성사기' 집중 단속[122]
	10. 26., 정부는 "마약류 관리 종합대책" 발표, 범부처 마약류 대책 협의회를 장관급 주재 관계 차관회의로 격상, 정책 컨트롤타워 기능 강화
2023	4.10., 검찰·경찰·관세청 등 전담인력 840명으로 마약범죄 특별수사본부 출범[123]
	11. 22., 정부는 제7차 마약류대책협의회 개최 후, 9개월(' 23.1~9월)간 단속한 마약류 사범은 20,230명으로 전년대비 48% 증가하는 등 가시적인 성과를 보이고 있다고 발표[124]
	1일 평균 수용인원 56,577명(2022년 51,117명보다 5,460명 증가)
2024	3.26., 양형위원회는 "국가 핵심기술을 국외로 빼돌린 경우 최대 권고 형량을 18년으로 하고, 미성년자에게 마약을 팔거나 가액 10억 원을 넘는 마약을 유통하면 최대 무기징역까지 선고할 수 있도록 하는 한편, 일반 스토킹 범죄의 경우 최대 3년까지, 흉기를 휴대한 경우에는 최대 5년까지 처벌할 수 있도록 기준을 올리는" 양형 권고안을 최종 의결[125]

113) 이에 관한 자세한 내용은 손광명, "삼청교육대와 빈민통제", 성신여자대학교 대학원 석사학위논문, 2016, 20~32면 참조.
114) 법무부, 「법무부사」, 법무부 법무부사 편찬위원회, 법무부, 1988, 750면; 법무부, 「한국교정사」, 한국교정사 편찬위원회, 1987, 1,138면.
115) 국방부, 「과거사진상규명위원회 종합보고서(제1권)」, 국방부 과거사진상규명위원회, 2007, 79면.
116) 「형사소송법」 제249조의 개정으로 사형에 해당하는 범죄의 공소시효는 기존 15년에서 25년으로 늘어났고, 무기징역이나 무기금고에 해당하는 범죄는 10년에서 15년으로 늘어났으며, 장기 10년 이상의 징역이나 금고에 해당하는 범죄는 7년에서 10년으로, 장기 10년 미만의 징역이나 금고는 5년에서 7년으로, 장기 5년 미만의 징역이나 금고, 장기 10년 이상의 자격정지나 벌금에 해당하는 범죄는 3년에서 5년으로, 장기 5년 이상의 자격정지에 해당하는 범죄는 2년에서 3년으로 각각 공소시효가 늘어났다. 또한 공소 제기 후 판결 확정 없이 15년이 경과하면 시효가 완성된 것으로 간주하던 규정은 25년이 지나야 하는 것으로 상향 조정되었다.
117) 대검찰청 보도자료, "상소를 취하한 수형자에 대해서도 미결구금일수 전부 산입", 2010. 4. 27.
118) 집행유예 이상의 전과가 포함된 최근 3년 이내 폭력 전과 2회 이상인 자가 다시 폭력 범죄를 저지른 경우, 원칙적으로 구속 기소하는 것을 내용으로 하는 '폭력사범 삼진 아웃제' 시행 1년간('13. 6.~'14. 5.) 검찰은 이전의 관행에 의하면 벌금, 기소유예 등 비교적 가벼운 처분을 받았을 것으로 예상되는 폭력사범 11,282명을 '구공판 삼진 아웃제'를 적용하여 정식재판을 받도록 구공판하고, 그 중 1,418명을 '구속 삼진 아웃제'를 적용하여 구속 구공판하였다. 대검찰청 보도자료, "폭력사범 벌금기준 대폭 강화된다", 2014. 6. 30.
119) 2023년 정신질환 수용자는 6,094명으로 10년 전인 2012년 2,077명에 비하여 약 2.9배 증가하였다. 자세한 내용은 법무부 교정본부, 「교정통계연보」, 2024, 107면 참조.
120) 음주운전 혈중알코올농도 기준 강화(0.05퍼센트 → 0.03퍼센트) 및 음주운전 벌칙 수준 상향(징역 3년, 벌금 1천만 원 → 징역 5년, 벌금 2천만 원)
121) 'n번방 사건'과 같이 온라인상에 새롭게 등장한 디지털 성범죄에 대응하기 위해 관련 범죄 처벌 규정을 신설하고 법정형을 상향하는 등의 내용을 포함함. 국무조정실 보도자료, "디지털 성범죄, '처벌은 무겁게, 보호는 철저하게'", 2020. 4. 23.
122) 7대 악성 사기는 전세사기, 전기통신금융사기, 가상자산 유사수신 사기 등, 사이버사기, 보험사기, 투자·영업·거래 등 기타 조직사기, 다액 피해사기를 의미

한편, 아래 〈표 2-6〉은 2005년부터 2024년 5월까지 우리나라 교정시설 내 수형자의 죄명별 인원을 도표로 정리한 것이다. 이 표를 살펴보면 살인이나 강도 등의 전통적인 강력범과 절도범 수형자의 숫자는 점차 줄어드는 경향이 발견되지만, 성폭력 범죄나 마약범죄, 과실범, 기타 범죄를 범한 수형자의 수는 많이 늘어나고 있음을 알 수 있다.

〈표 2-6〉 수형자 죄명별 인원(2005~2024.5)[126]

구분 연도	계	절도	폭력행위 등 처벌법	사기·횡령	성폭력	마약류	과실범	강도	살인	기타
2005	32,969 (100%)	5,497 (16.7%)	3,589 (10.9%)	3,306 (10.0%)			1,628 (4.9%)	4,784 (14.5%)	3,838 (11.6%)	
2006	30,145 (100%)	4,991 (16.6%)	2,753 (9.1%)	3,001 (10.0%)			1,429 (4.7%)	4,496 (14.9%)	3,900 (12.9%)	
2007	31,478 (100%)	5,393 (17.1%)	2,826 (9.0%)	3,545 (11.3%)			1,400 (4.4%)	4,121 (13.1%)	3,957 (12.6%)	
2008	32,197 (100%)	5,610 (17.4%)	2,836 (8.8%)	3,772 (11.7%)	3,907 (12.1%)	1,706 (5.3%)	1,635 (5.1%)	3,855 (12.0%)	3,851 (12.0%)	5,025 (15.6%)
2009	32,297 (100%)	5,805 (18.0%)	2,625 (8.1%)	4,076 (12.6%)	4,031 (12.5%)	1,348 (4.2%)	1,294 (4.0%)	3,909 (12.1%)	3,769 (11.7%)	5,440 (16.8%)
2010	31,981 (100%)	5,898 (18.4%)	2,430 (7.6%)	3,897 (12.2%)	4,394 (13.7%)	1,336 (4.2%)	1,175 (3.7%)	3,882 (12.1%)	3,785 (11.8%)	5,184 (16.2%)
2011	31,198 (100%)	5,315 (17.0%)	2,343 (7.5%)	3,951 (12.7%)	4,877 (15.6%)	1,339 (4.3%)	1,123 (3.6%)	3,623 (11.6%)	3,729 (12.0%)	4,898 (15.7%)

하며, 경찰청은 집중 단속 1년간('22. 8.16.~'23. 7.31.) 7대 악성 사기범 2,990명을 구속하였다. 경찰청 보도자료, "민생을 위협하는 「악성사기 척결」 1년 추진성과", 2023. 8. 20.
[123] 특별수사본부 구성 이후 1년간('23.4.~'24.3.) 마약사범 적발인원은 28,527명으로 전년 동기('22.4.~'23.3., 19,442명) 대비 약 46.7% 증가하였다. 대검찰청 보도자료, 「마약범죄 특별수사본부 제4차 회의」개최", 2024. 5. 9.
[124] 국무조정실 보도자료, "마약범죄 빈발지역서 입국하는 사람 전수조사키로..마약으로부터 국민보호 위해 총력 대응", 2023. 11. 22.
[125] 양형위원회 보도자료, "3/25(월) 제130차 회의 결과", 2024. 3. 26.
[126] 2005~2013년 통계는 법무부 교정본부, 「교정통계연보」, 2014, 64면; 2014~2023년 통계는 법무부 교정본부, 「교정통계연보」, 2023, 60면; 2024. 5. 12. 통계는 법무부 교정본부 자료를 참고하여 작성하였고, '성폭력', '마약류', '기타' 항목의 경우 산출방식의 차이에 따라 2008년부터 작성하였음.

구분 연도	계	절도	폭력행위 등 처벌법	사기·횡령	성폭력	마약류	과실범	강도	살인	기타
2012	31,434 (100%)	4,752 (15.1%)	2,396 (7.6%)	4,150 (13.2%)	5,215 (16.6%)	1,295 (4.1%)	1,257 (4.0%)	3,506 (11.2%)	3,711 (11.8%)	5,152 (16.4%)
2013	32,137 (100%)	4,650 (14.5%)	2,582 (8.0%)	5,024 (15.6%)	5,845 (18.2%)	1,380 (4.3%)	1,315 (4.1%)	3,276 (10.2%)	3,675 (11.4%)	4,390 (13.7%)
2014	33,444 (100%)	4,599 (13.8%)	2,748 (8.2%)	5,911 (17.7%)	6,284 (18.8%)	1,344 (4.0%)	1,463 (4.4%)	3,014 (9.0%)	3,750 (11.2%)	4,331 (13.0%)
2015	35,098 (100%)	4,420 (12.6%)	2,863 (8.2%)	6,834 (19.5%)	6,272 (17.9%)	1,553 (4.4%)	1,423 (4.1%)	2,821 (8.0%)	3,728 (10.6%)	5,184 (14.8%)
2016	36,479 (100%)	4,061 (11.1%)	2,815 (7.7%)	7,699 (21.1%)	5,953 (16.3%)	1,890 (5.2%)	1,691 (4.6%)	2,552 (7.0%)	3,584 (9.8%)	6,234 (17.1%)
2017	36,167 (100%)	3,858 (10.7%)	2,624 (7.3%)	7,630 (21.1%)	5,480 (15.2%)	2,133 (5.9%)	1,722 (4.8%)	2,333 (6.5%)	3,484 (9.6%)	6,903 (19.1%)
2018	35,271 (100%)	3,681 (10.4%)	2,544 (7.2%)	8,028 (22.8%)	5,713 (16.2%)	1,329 (3.8%)	1,894 (5.4%)	2,036 (5.8%)	3,291 (9.3%)	6,755 (19.2%)
2019	34,697 (100%)	3,549 (10.2%)	2,509 (7.2%)	8,024 (23.1%)	5,717 (16.5%)	1,996 (5.8%)	1,851 (5.3%)	1,919 (5.5%)	3,228 (9.3%)	5,904 (17.0%)
2020	34,749 (100%)	3,254 (9.4%)	2,330 (6.7%)	8,330 (24.0%)	5,652 (16.3%)	1,595 (4.6%)	2,474 (7.1%)	1,803 (5.2%)	3,170 (9.1%)	6,141 (17.7%)
2021	34,087 (100%)	2,744 (8.1%)	2,325 (6.8%)	8,323 (24.4%)	5,572 (16.3%)	1,849 (5.4%)	2,590 (7.6%)	1,683 (4.9%)	3,063 (9.0%)	5,938 (17.4%)
2022	34,475 (100%)	2,667 (7.7%)	2,373 (6.9%)	8,272 (24.0%)	5,720 (16.6%)	2,169 (6.3%)	2,448 (7.1%)	1,519 (4.4%)	3,028 (8.8%)	6,279 (18.2%)
2023	38,045 (100%)	2,767 (7.3%)	2,720 (7.1%)	9,338 (24.5%)	5,862 (15.4%)	2,492 (6.6%)	3,167 (8.3%)	1,522 (4.0%)	3,002 (7.9%)	7,175 (18.9%)
2024. 5. 12.	40,027 (100%)	2,744 (6.9%)	2,726 (6.8%)	9,993 (25.0%)	6,006 (15.0%)	2,883 (7.2%)	3,453 (8.6%)	1,515 (3.8%)	3,057 (7.6%)	7,650 (19.1%)

　　이러한 현상은 정부가 범죄로부터의 안전과 질서유지를 바라는 국민적 여론에 호응하여 살인, 강도 등 강력범죄에 엄정하게 대응하기 위한 수단으로 중형주의 형사정책을 시행하였고, 그 결과 살인이나 강도 등 전통적인 강력범죄와 절도범의 발생을 현저히 감소시키는 성과를 거두었다는 것을 의미한다. 그러나, 이러한 중형주의 형사정책이 한편으로는 성폭력 범죄, 사기·횡령범, 과실범, 마약류 범죄 등 다른 범죄들로 인하여 교정시설에 구금되는 수형자의 숫자를 증가시키는 효과를 불러왔다고 평가할 수 있겠다.

　　이처럼 범죄로부터 안전한 사회를 열망하는 대중의 여론은 '형법의 정치화'를 초래하여 국회나 정부 그리고 법원이 중형주의 형사정책에 근거하여 엄격하고 강력한 대응을 하도록 만든다. 즉, 국회에서는 강력범죄나 새로운 유형의 범죄가 발생하면 입법을 통해 처벌 조항을 신설하거나 형기를 상향 조정한다. 문제는 이러한 과정에서 강력범죄뿐만 아니라 다소 경미한 범죄에 대해서도 처벌 규정이 강력해지고 무거워져 수사나 재판 과정에까지 영향을 미치게 된다는 것이다. 즉, 경찰과 검찰을 비롯한 수사기관에서도 범죄에 대한 강력한 단속과 처벌을 통해 많은 범죄자를 체포하거나 구속하게 된다. 그리고 법원에서도 양형위원회의 높아진 양형기준을 참고하여 체포나 구속된 이들의 재판에서 중형을 선고하거나, 불구속으로 재판을 받던 피고인에게 1심이나 2심 재판에서 유죄 판결을 선고함과 동시에 법정구속하는 등의 조치로 중형주의 형사정책을 실행하게 된다. 이러한 일련의 과정을 통하여 교정시설에 입소하게 되는 수형자들이 늘어나게 되고, 이에 따라 교정시설은 과밀화 현상을 빚게 되는 것이다. 결국, 최근 우리나라 교정시설의 과밀수용 현상은 이러한 '형법의 정치화'가 초래한 중형주의 형사정책의 추진에 일차적인 원인이 있다고 분석할 수 있겠다.

우리나라의 이러한 중형주의 형사정책의 흐름은 유기형의 상한을 2배로 인상한 2010년 4월 15일의 「형법」 개정을 전후하여 최고의 정점에 달하였다고 평가할 수 있을 것이다. 중형주의 형사정책으로 범죄인에 대하여 징역형의 형기를 늘리게 되면 이들을 수용관리 하여야 하는 교정당국의 부담도 커질 수밖에 없다. 유기징역의 형기를 늘릴 때에는 범죄자의 수용인원 증가에 따른 구치소와 교도소 등 교정시설의 과밀수용 문제를 충분히 예측하는 검토과정을 거쳐야 하고, 교정시설의 증설 또한 함께 고려하여야 한다.

그러나, 2010년 4월 15일 법률 제10259호로 개정된 후, 2010년 10월 16일 시행된 개정 「형법」의 경우 제42조에서 유기형의 상한을 기존 '15년'에서 '30년'으로, 가중 상한을 기존 '25년'에서 '50년'으로 각각 2배로 상향 조정하였음에도 불구하고 사전에 이와 같은 충분한 수용 영향 예측

평가나 교정시설 증설에 관한 검토 없이 너무 쉽게 국회를 통과하였다. 이전의「형법」에서는 유기징역의 상한을 '15년'으로 제한하고 있어, 무기징역과 유기징역 간의 형벌 효과 차이가 과도하게 발생하고, 중대한 범죄를 저질렀을 때 그에 맞는 형벌 선고에 한계가 있으므로, 유기징역의 상한을 높여 해당 범죄행위자의 책임의 정도에 따라 적절한 형을 선고할 수 있도록 하는 것이 개정의 취지였다.[127] 그러나 유기형의 상한을 갑자기 2배로 올린 것은 비교법적인 측면에서나 기존의 양형 실무 측면에서 비추어 보더라도 과잉 대응이었다는 비판의 목소리가 크다.[128]

미국도 1990년대 이후 삼진아웃법[129] 도입으로 유기징역의 상한을 늘리는 바람에 수용자 폭증사례가 발생하였고, 이에 따라 과중한 교정비용의 발생, 교도소의 과밀수용 초래, 다수의 장기복역수의 발생, 강력범죄의 증가와 법원의 부담 야기, 범죄자의 재사회화 가능성 배제 등의 문제점이 지적되었다.[130] 우리나라의 경우에도 2010년 형법 개정에 따른 유기형의 형기 인상으로 수사기관, 법원, 교정당국의 부담이 상당기간 이어질 것으로 예측된다.

---

[127]「형법」[법률 제10259호, 2010. 4. 15., 일부개정] '개정 이유' 참조.
[128] 이러한 비판에 관하여 상세한 내용은 한인섭, "유기징역형의 상한-근본적인 재조정 필요하다-",「형법개정안과 인권-법무부 형법개정안에 대한 비판과 최소 대안」, 서울대학교 법학연구소 공인인권법센터, 경인문화사, 2011, 1~13면 참조.
[129] 미국의 삼진 아웃 법은 세 번 이상 중범죄를 저지른 자에게 형을 가중하도록 강제하는 제도로 1990년대 이후 미국 각 주에서 입법화되었으며, 이 법의 명칭은 야구에서 세 번의 스트라이크가 선언되면 아웃되는 규칙에서 유래하였다. 김종구, "미국의 삼진아웃법제에 대한 비교법적 고찰",「법학연구」제30호, 한국법학회, 2008, 328면.
[130] 이에 대한 상세한 내용은 김종구, 위의 글, 335~337면 참조.

〈표 2-7〉 교정시설 1일 평균 수용인원[131]

(단위: 명)

구분		연도	2010	2011	2012	2013	2014	2015	2016	2017	2018	2019	2020	2021	2022	2023
수용정원			45,930	45,690	45,690	45,690	46,430	46,600	46,600	47,820	47,820	47,990	48,600	48,980	48,990	49,922
1일평균 수용인원			47,471	48,845	45,488	47,924	50,128	53,892	56,495	57,298	54,744	54,624	53,873	52,368	51,117	56,577
수용내용	기결구금자	소계	32,652	31,644	31,302	32,278	32,751	34,625	35,618	37,006	35,877	35,281	34,789	34,259	33,381	36,620
		수형자	30,607	29,820	29,448	30,181	30,727	32,649	33,791	35,382	34,380	33,813	33,392	33,548	32,610	35,007
		노역수	2,045	1,824	1,854	2,097	2,024	1,976	1,827	1,624	1,497	1,468	1,397	711	771	1,613
	미결구금자	소계	14,819	14,201	14,186	15,646	17,377	19,267	20,877	20,292	18,867	19,343	19,084	18,109	17,736	19,957
		피의자	786	724	703	712	747	847	864	753	643	632	558	496	526	627
		피고인	14,033	13,477	13,483	14,934	16,630	18,420	20,013	19,539	18,224	18,711	18,526	17,613	17,210	19,330

실제로 〈표 2-7〉을 바탕으로 2010년 이후 교정시설의 수용인원 통계를 분석하여 보면 2010년 1일 평균 수용인원이 47,471명에서 2012년까지는 다소 감소하다가 2013년부터는 47,924명으로 급격한 증가세를 보이기 시작하였다. 이어서, 2017년에는 1일 평균 수용인원이 57,298명까지 최대로 증가하였고 이후 감소세를 보이며 2019년에는 54,624명을 기록하였다. 한편, 교정시설의 범죄자 수용능력을 나타내는 수용정원은 2010년 45,930명에서 2019년 47,990명으로 2,000여 명이 넘게 증가하였으나, 같은 기간에 1일 평균 수용인원은 7,000여 명이 넘게 증가하였다는 것을 알 수 있다. 이는 2010년「형법」개정으로 인한 유기징역의 상한 인상이 수용인원의 과밀화 현상을 초래하여 교정당국의 부담으로 작용하고 있다

---

[131] 2010~2020년 자료는 법무부,「2020 법무연감」, 2021, 595면; 2021~2022년 자료는 법무부,「2022 법무연감」, 2023, 665면; 2023년 자료는 법무부 교정본부,「교정통계연보」, 2024, 60면을 참조하였음.

는 것을 실증적으로 나타내는 사례라고 할 수 있다.

이러한 현상을 피의자, 피고인을 포함한 미결구금자와 노역수, 수형자를 포함한 기결구금자로 나누어 살펴보면 더 실증적으로 파악할 수 있다.

2010년의 1일 평균 미결구금 인원은 14,819명이었으나 2016년에 20,877명으로 최고로 늘어났다가 2023년에는 19,957명을 기록하였다. 2010년의 인원을 기준으로 미결구금 인원의 증가율을 살펴보면 2016년은 무려 40.6%의 증가율을 보이고 있고, 2023년의 경우에도 34.7%의 증가율을 나타내고 있음을 파악할 수 있다.

이렇게 미결구금 인원이 늘어난 이유는 여러 가지 이유가 있을 수 있겠으나 사회 전반에서 불고 있는 중형주의 형사정책으로 인하여 실무에서 불구속 수사 또는 불구속 재판의 원칙을 제대로 준수하지 않고 수사단계에서는 구속수사를, 재판단계에서는 법정구속을 선호하였기 때문으로 추정된다.

한편, 2010년의 1일 평균 기결구금 인원은 32,652명이었으나 2017년에 37,006명으로 최고로 늘어난 후 점차 내림세를 보이다가 2023년 36,620명으로 2010년의 기결구금 인원보다 3,968명이 더 늘어나 12.2%의 증가율을 보이고 있다. 2020년에서 2022년까지 3년간은 코로나19 대응으로 인하여 기결구금자 중 수형자에 대한 가석방이 적극적으로 이루어졌고, 노역장 유치자의 입소가 확연히 줄어든 상황을 고려하더라도 2023년의 기결구금 인원이 2010년보다 훨씬 많이 유지되고 있는 것은 앞에서 살펴본 바와 같이 성폭력 범죄를 포함하여 사기·횡령범, 과실범, 기타 범죄에 대한 중형 선고가 지속해서 영향을 미친 결과로 일종의 누적효과로 분석된다.

제4절 과밀수용의 문제점 분석

Ⅰ. 과밀수용으로 인한 현실적인 문제점

1. 수용자의 수면권, 건강권, 생명권 등 기본적 인권침해 우려

가. 수용자의 수면권 침해

교정시설의 과밀화는 수용자 1인당 주어지는 수용면적을 더욱 협소하게 만들게 되어 수용자가 인간으로서 보장받아야 하는 기본적인 권리를 침해하게 한다. 특히, 협소한 면적은 일상생활을 불편하게 할 뿐만 아니라 의학적으로도 폐소공포증(閉所恐怖症, Claustrophobia), 공황장애(恐慌障碍, Panic Disorder) 등의 증상을 불러올 수 있고, 혼거실에 수용되어 다른 수용자와 함께 생활해야 하는 수용자의 경우 야간에 취침할 때 좁은 면적으로 인해 옆 수용자와 부딪히게 되거나 취침 중간에 화장실 이용 등으로 이동하는 다른 수용자에 의해 밟히는 등 평온한 수면을 방해받게 된다.

이와 관련하여 국가인원위원회 조사관이 전국의 10개 교정시설을 현장조사하면서 수용자를 인터뷰하여 과밀수용으로 인한 어려움을 직접 청취하고 이를 인권위 결정문에 기록하였는데, 이 중 수면에 대한 고충을 호소하는 수용자의 인터뷰 사례를 몇 개 소개하면 아래와 같다.[132]

---

[132] 이하 사례는 국가인권위원회 결정, 17직권0002100·16진정0380801 등 25건(병합) 구금시설 과밀수용으로 인한 수용자 인권침해 직권조사 등, 2018. 11. 5, 20~23면에서 발췌하였음.

○○교도소 수용자 김○○

"현재 미결수용동의 4명 정원인 거실(10.08.㎡)에 6명이 수용중이다. 좁은 공간에 6명이나 있어 취침시 다리가 서로 엇갈려 잘 수밖에 없어 싸움이 자주 발생한다. 과밀수용으로 인해 겨울철에 온수 샤워를 주 1회만 하고 있다. 이것도 해당 요일이 공휴일이거나 접견 등으로 하지 못하면 다른 기회를 주지 않는다."

○○교도소 수용자 조○○

"현재 미결수용동의 8명 정원인 거실에 11명이 수용중이다. 인원이 많아 거실 입구 신발 벗는 공간에 상이나 책을 펴서 높이를 맞춰 한 사람이 취침할 수 있도록 만들기도 한다. 여름에는 선풍기를 50분 돌리고 10분 쉬고 있어 더워서 잠을 깨는 경우가 많다. 서로 예민해져 다툼이 많이 발생한다."

○○구치소 수용자 최○○

"현재 3명 정원인 거실에서 6명이 수용 중에 있다. 과밀수용으로 인해 취침시 칼잠을 자야만 하고 숙면이 물리적으로 불가능하다. 또한 거실에서 재판준비를 해야 하는데 그럴만한 공간도 없다."

○○교도소 수용자 고○○

"7명 수용 거실에 12~13명 수용되어 있었다. 여름에는 13명이 칼잠을 자며, 화장실 이용으로 다투고 스트레스가 심하다. 감기 등 전염에 열악하고, 여름에 밀착되어 서로 힘들다. 과밀수용은 미지정 수용자 등 출역하지 않는 수용자들에게 더욱 가혹하다."

이외에도, 최근 ○○구치소에서 과밀수용을 직접 경험한 한 수용자의 호소에서도 수면권 침해의 심각성이 나타난다.[133]

---

133) 법무부 교정본부자료(2023)를 참조하여 재구성하였음.

"현재 ○○구치소 3인이 정원인 수용거실에 수용중이다. 그런데 5명이 이 방에 함께 수용되어 있어서 잠을 잘 때는 다리를 구부리고 자야 한다. 본인은 몇 년 전 사고로 다리에 금속 보형물을 하고 있어서 다리를 구부리고 자는 것이 지옥과 다름없이 고통스럽다. 그런데 폭염의 날씨에 1명을 추가로 더 수용한다는 안내방송이 나오는데, 6명이면 앉아만 있어도 수용거실이 꽉 찰 텐데 이것은 잠을 자지 말고 그냥 죽으라는 이야기라고 생각한다."

위에서 살펴본 사례들에서 수용자들은 공통적으로 교정시설의 과밀수용으로 인한 수면권 침해를 호소하고 있다. 대법원 또한 "수면은 인간의 생명 유지를 위한 필수적 행위 중 하나인 점, 관계법령상 수용자에게 제공되는 일반 매트리스의 면적은 1.4㎡인데, 원심판결 이유에 일부 적절하지 않은 부분이 있으나, 원심이 수용자 1인당 도면상 면적이 2㎡ 미만인 거실에 수용되었는지를 위법성 판단의 기준으로 삼아 피고의 원고들에 대한 국가배상책임을 인정한 것은 수긍할 수 있다."라고 언급함으로써 과밀수용 상태에서의 수면권 침해 또한 국가배상에 있어서 위법성 판단의 기준으로 삼고 있다.[134]

이처럼 협소한 1인당 수용면적으로 인하여 수용자가 기본적인 수면권을 침해당하게 되면 수면 부족으로 인한 졸음과 피로가 누적되어 집중력이나 판단력, 그리고 외부 자극에 대한 반응 속도가 저하되고 실수가 증가하게 된다. 이러한 상황으로 인하여 미결수용자의 경우 수사나 재판 대응에 부실할 수 있고, 기결수용자의 경우 교도작업이나 직업훈련 등 교정프로그램 참여에 있어서 능률이 저하되게 된다.

이처럼, 교정시설의 과밀화는 협소한 수용공간으로 인하여 수용자 1인당 보장받아야 할 면적을 더욱 좁게 만들어 인간으로서 당연히 누려야 할 수면권을 침해받으며, 결국 수용자의 건강권과 생명권 등 기본적

---

[134] 대법원 2022. 7. 14. 선고 2017다266771 판결.

인 인권을 침해할 우려가 있다.

나. 감염병 확산으로 인한 건강권 및 생명권 침해

교정시설의 과밀화는 극도로 밀집한 생활환경의 특성상 언제든지 발생할 수 있는 감염병으로 인하여 수용자의 건강권을 침해하는 치명적인 피해를 불러오게 한다. 이미 2015년 발생하였던 중동호흡기증후군(MERS) 사태와 2019년 발생하여 최근까지 전 세계에 엄청난 손해를 끼친 코로나19(COVID-19) 사태는 감염병의 확산이 교정행정에 미칠 수 있는 최악의 상황을 경험하는 기회가 되었다. 이는 자연재해나 전염병들과 같은 불가항력적인 요인들 역시 언제든 교정에 심대한 영향을 미칠 수 있다는 것을 보여주는 것이다.[135]

특히, 2023년 8월 31일 0시 기준으로 우리나라 질병관리청 질병보건통합관리시스템에 신고된 코로나19 확진환자 일자별 발생(국내발생+해외유입)및 사망 현황을 살펴보면 누적 확진환자 수는 34,572,554명, 누적 사망자 수는 35,605명에 이를 정도로 엄청난 피해를 불러왔다.[136] 이러한 가운데 시설의 특성상 코로나19 바이러스가 확산 또는 전파되기 좋은 밀폐, 밀집, 밀접 등 이른바 3밀(密) 환경에서 수용자들이 집단적인 생활을 해야 하는 교정시설에서의 피해도 매우 컸다. 2023년 12월 31일 기준으로 우리나라 교정시설의 수용자 확진환자 누적 인원은 모두 18,520명으로 집계되는데 이 중 3명이 사망하였으며, 교도관의 확진환자 인원도 16,600명에 이를 정도로 큰 피해를 보았다.[137]

---

135) 이백철, "21세기 한국교정의 과제와 미래",「교정담론」제11권 제1호, 아시아 교정포럼, 2017, 45면.
136) 질병관리청 감염병포털, 코로나19 누적확진자(전수감시)('23.8.31. 00시 기준, '20.1.3. 이후 누계), 첨부자료를 다운로드하여 참조하였음. https://ncov.kdca.go.kr/pot/cv/trend/dmstc/selectMntrgSttus.do (검색일: 2024. 5. 15.)
137) 법무부 교정본부 내부 자료 참조.

이와 관련하여 우리나라 교정 역사상 최악의 감염병 발생 사태로 손꼽히고 있는 서울동부구치소의 코로나19 감염 사례를 살펴볼 필요가 있다.

2020년 11월 28일 서울특별시 송파구에 있는 서울동부구치소에서 첫 확진자가 나온 이후 수용자와 교도관의 집단감염으로 번진 서울동부구치소 사례는 2021년 2월 기준 우리나라 최대 규모의 코로나19 집단감염 사례로 기록되고 있다.[138] 2020년 11월 28일 서울동부구치소에서 가족이 확진 판정을 받은 후 자가격리 중이던 교도관이 첫 코로나19 확진자로 밝혀진 이후 2020년 12월 15일까지 서울동부구치소의 코로나19 관련 누적 확진자 수는 직원 12명, 가족 10명, 수용자 1명으로 총 23명이었으나, 12월 17일까지 직원 18명을 포함한 총 27명으로 증가하였고, 12월 20일까지 수용자 185명, 직원 16명, 가족 13명, 지인 1명 등이 확진되어 누적 확진자 수는 총 215명으로 급증하였으며, 2021년 2월 14일에는 코로나19 관련 누적 확진자 수가 총 1,232명으로 확인되면서 국내 최대 규모의 집단감염 사건으로 기록되었다.[139]

질병관리청에서 대한민국의학한림원에 의뢰한 정책연구의 결과보고서에 의하면 서울동부구치소에서의 코로나19 확진사례에 대한 현황과 원인을 아래와 같이 분석하고 있다.[140]

서울동부구치소 집단발생은 2020년 11월 27일부터 12월 28일까지 총 748명(직원 21명, 수용자 721명, 출소자 6명)이 확진된 사례다. 유입 경로는 직원가족을 통해 직원으로 전파된 후 수용자들에게 전파된 것으로 파악되었다. 시설 내

---

[138] 김남순 외, 「2020년 코로나19 대응 분석 연구」, 한국보건사회연구원, 보건복지부 정책연구용역 결과보고서, 2021, 851면.
[139] 김남순 외, 위의 책, 851면.
[140] 이종구, 「2020년~2021년 중앙방역대책본부 코로나19 대응 분석, 대한민국 의학한림원」, 질병관리청 정책연구용역사업 결과보고서, 2023, 146면.

확산 원인으로는 각 동, 모든 층이 연결되어 있고 체육시설 등 모든 편의시설이 실내에 밀집된 점 등이 제시되었다. 또한 법원 출석, 검찰 조사 등을 위한 외부출정, 높은 수용밀집도, 불충분한 환기에 의한 확산 가능성도 제기되었다. 일부 전문가는 직원에 의한 감염확산보다는 3차 대유행 후 무증상 감염자인 신입수 용자에 의한 감염확산 가능성이 더 커 보이고, 건물이 신축건물이기 때문에 공조에 의한 층간 확산 가능성은 작을 것이라는 의견을 제시하기도 하였다.

이 연구에 따르면 2020. 11. 27.~2021. 1. 11.까지의 서울동부구치소 코로나19 확진자 집단발생에 대하여 중앙역학조사관의 조사결과 과밀한 구치소 수용환경과 환기 시설 미흡, 미결수용자의 잦은 외부 출입, 노출자 분리 공간 부족 등이 코로나 바이러스 대규모 확산의 주요 원인이라고 추정하고 있다.[141]

또 다른 연구에서도 서울동부구치소의 코로나19 집단감염 사건은 우리나라 교정시설의 고질적인 문제인 과밀수용 때문이며, 이에 따라 감염 규모가 확대된 것으로 평가하고 있다. 해당 연구에 의하면 서울동부구치소는 2020년 12월 19일을 기준으로 수용 정원인 2,070명을 약 16% 초과한 2,419명이 수용되어 있었으며, 12월 26일에는 수용자의 20.6%가 코로나19 확진 판정을 받았는데, 밀집된 수용실에서 집단생활을 하는 수용자들 사이에서 발병률이 높게 나타난 것으로 보아 과밀수용이 코로나바이러스 확산에 영향을 미쳤을 것으로 추정된다고 분석하고 있다.[142]

그러나, 서울동부구치소의 사례와 같이 과밀수용으로 인하여 발생하는 감염병의 확산과 이로 인한 수용자의 피해 사례에 관한 연구는 「헌법」과 국제법이 보장하는 인간의 기본적 권리인 인권 및 건강권 차원에서 접근할 필요가 있다. 서울동부구치소의 집단감염은 기본적으로 환기

---

141) 이종구, 위의 책, 140면.
142) 김남순 외, 앞의 책, 852면.

가 어려운 고층 아파트형 구조로 건축된 시설의 물리적 특성에 기인하지만, 방역에 있어서 초기 대응 미흡이나 지연이 수용자 건강권에 대한 인식 부족에서 비롯되었을 가능성을 고려할 때, 이 사례는 수용자의 인권 및 건강권에 대한 심각한 침해로 간주될 수 있다는 연구 결과에도 관심을 기울여야 할 것이다.[143] 실제로 당시 서울동부구치소에 수용되었던 많은 수용자들이 이러한 사유를 들어 국가를 상대로 국가배상소송을 제기하기도 하였다.[144]

한편, 헌법재판소도 "교정시설의 수용면적, 관리인원의 수 등 제반 사정에 비추어 적정한 수를 초과하는 수용인원이 교정시설에 수용되는 이른바 '과밀수용'의 경우, 교정시설의 위생상태가 불량하게 되어 수형자 간에 질병이 퍼질 가능성이 높아지고"라며 과밀수용으로 인한 질병 확산의 문제점을 지적한 바 있다.[145]

이처럼 교정시설의 과밀수용은 서울동부구치소의 코로나19 감염 사례와 같이 언제든지 감염병의 발생이나 확산을 불러올 수 있는 환경을 초래할 수 있으며, 결과적으로 수용자의 건강권과 생명권 등 인권을 침해할 우려가 크기 때문에 정상적인 교정행정 운영에 끼치는 문제가 지대하다고 할 수 있다.

2. 미결수용자의 방어권 행사 저해

우리나라 「형집행법」 제11조 제1항 제3호에서는 미결수용자의 경우

---

[143] 김남순 외, 위의 책, 851면.
[144] 법률신문, "서울동부구치소 확진 수용자 4명, 국가 상대 손해배상소송 제기", 2021.01.07.자 기사,
https://www.lawtimes.co.kr/news/167112?serial=167112 (검색일: 2024. 5. 15.)
[145] 헌법재판소 2016. 12. 29. 2013헌마142 결정; 헌법재판소, 「헌법재판소 판례집」 제28권 2집(하), 헌법재판소, 2017, 658면.

구치소에 수용하도록 규정하고 있다.146) 그러나 2023년 12월 31일 현재 우리나라의 55개 교정시설 중에서 구치소는 12개에 불과하므로 「형집행법」 제12조 제1항 제1호에 의거하여147) 미결수용자 중 상당수는 교도소에 수용되어 있는 실정이다. 그리고 「형집행법」 제14조에서는 수용자를 독거수용하도록 원칙을 규정하고 있지만,148) 독거실 부족 등으로 대부분의 미결수용자는 동법 제14조 제1호의 예외에 따라 혼거실에 수용되어 있는 실정이다. 이러한 사정으로 혼거실에 수용된 미결수용자는 나이, 학력, 살아온 지역이나 환경이 각기 다른 미결수용자들과 뒤섞여서 낯선 수용생활을 감내하여야 한다.149)

---

146) 「형집행법」 제11조(구분수용) ① 수용자는 다음 각 호에 따라 구분하여 수용한다. 〈개정 2008. 12. 11.〉
   1. 19세 이상 수형자: 교도소
   2. 19세 미만 수형자: 소년교도소
   3. 미결수용자: 구치소
   4. 사형확정자: 교도소 또는 구치소. 이 경우 구체적인 구분 기준은 법무부령으로 정한다.
  ② 교도소 및 구치소의 각 지소에는 교도소 또는 구치소에 준하여 수용자를 수용한다.

147) 「형집행법」 제12조(구분수용의 예외) ① 다음 각 호의 어느 하나에 해당하는 사유가 있으면 교도소에 미결수용자를 수용할 수 있다.
   1. 관할 법원 및 검찰청 소재지에 구치소가 없는 때
   2. 구치소의 수용인원이 정원을 훨씬 초과하여 정상적인 운영이 곤란한 때
   3. 범죄의 증거인멸을 방지하기 위하여 필요하거나 그 밖에 특별한 사정이 있는 때

148) 「형집행법」 제14조(독거수용) 수용자는 독거수용한다. 다만, 다음 각 호의 어느 하나에 해당하는 사유가 있으면 혼거수용할 수 있다.
   1. 독거실 부족 등 시설여건이 충분하지 아니한 때
   2. 수용자의 생명 또는 신체의 보호, 정서적 안정을 위하여 필요한 때
   3. 수형자의 교화 또는 건전한 사회복귀를 위하여 필요한 때

149) 헌법재판소도 이와 관련하여 "신체의 자유가 제한되는 경우는 가정과 사회에서의 행복추구권이 상실되고, 고용관계와 사업관계 등 경제생활은 물론이요 사회적·정신적인 모든 생활면이 파괴되며, 세인으로부터 유죄의 추정을 받아

이러한 수용생활 환경에서 구속영장에 의해 교정시설에 구금된 피의자, 피고인 등 미결수용자는 「헌법」상 권리인 무죄추정을 받을 정도의 처우를 받지 못하는 것이 현실이다. 특히, 혼거실에서의 과밀수용에 의한 생활 공간의 부족은 수사 또는 재판을 받는 미결수용자의 경우 「형사소송법」에 따라 주어지는 방어권 행사를 비롯하여 재판에 대응하는데 막대한 지장을 주고 있다. 국가인권위원회 조사관의 현장 조사에서 ○○구치소 최○○ 수용자는 "거실에서 재판준비를 해야 하는데 그럴만한 공간도 없다."라며 재판 대응의 어려움을 호소한 바 있지만,150) 구속된 피의자나 피고인은 수사나 재판에 대응하기 위해 변호사의 조력을 얻어 합의서, 반성문, 탄원서, 증거서류 등 여러 가지 문건을 작성하거나 수사기록이나 공판조서 등의 소송관계 서류를 자세하게 읽어보아야 하는데, 과밀화되어 협소한 수용 거실에서 차분하게 방어권 행사를 준비하는 것은 사실상 불가능에 가까운 것이 현실이다. 이처럼 교정시설의 과밀수용 현상은 「헌법」상 무죄추정의 원칙에 따른 처우를 보장받아야 할 미결수용자의 방어권 행사에도 큰 걸림돌이 되고 있다.

개인의 명예와 장래의 취업에도 지울 수 없는 낙인이 찍히게 되는 수도 있고, 형사소추에 관련하여서는 자기에게 유리한 증거수집 등 방어준비를 충분히 할 수 없게 되고, 유·무죄의 판단에 있어서 법원으로 하여금 편견을 가지게 할 우려가 있으며, 수사나 재판과정에서도 빨리 신체의 자유를 얻기 위하여 본의 아닌 자백을 함으로써 공정한 재판을 저해하는 수도 있고, 가족의 생활도 곤궁에 빠지게 되는 등 그 손실이 크다."고 확인한 바 있다. 헌법재판소 1993. 12. 23. 93헌가2: 헌법재판소, 「헌법재판소 판례집」 제5권 제2집, 삼화인쇄주식회사, 1993, 594~594면.
150) 국가인권위원회 결정, 17직권0002100·16진정0380801 등 25건(병합) 구금시설 과밀수용으로 인한 수용자 인권침해 직권조사 등, 2018. 11. 5, 23면.

3. 교정사고 발생 위험의 증가

과밀수용으로 인한 또 다른 문제는 교정시설 내 수용자 관리가 어려워짐에 따라 교정사고 발생 위험이 커진다는 점이다. 교정사고(correctional accident)는 교정시설에서 수용자를 관리하는 과정에서 문제 상황이 발생하여 교정행정의 기능을 저해하는 다양한 현상을 말하는 것으로서, 수용자의 자살, 수용자간의 폭행이나 수용자의 직원 폭행, 도주, 병사, 난동, 교정시설 내 화재 발생 등을 말한다.[151]

교정시설이 과밀상태에 이르면, 수용자들은 비좁은 공간에서 함께 생활하게 되어, 일상생활에서 사소한 일로 서로 심리적 갈등이나 의견 충돌이 발생하기 쉽다. 이에 따라 수용자 상호 간 말다툼, 폭행 등 여러 가지 교정사고가 빈번하게 일어날 수 있으며, 이는 생명 및 신체에 대한 심각한 피해와 인권침해로 이어질 수 있다.

이와 관련하여 헌법재판소도 "관리인원이 부족하게 되어 수형자의 접견·운동을 제한하게 되거나 음식·의료 등 서비스가 부실해질 수 있으며, 수형자들의 처우불만이 제대로 해소되지 못하고 수형자 간 긴장과 갈등이 고조됨으로써 싸움·폭행·자살 등 교정사고가 빈발하게 될 수 있다."라며 과밀수용으로 인한 빈번한 교정사고 발생의 위험성을 지적한 바 있다.[152]

특히, 과밀한 수용거실 내에서의 동료 수용자와의 불화, 싸움을 우려하는 수용자들은 징벌을 각오하고서라도 입실을 거부하는 사례까지 발생하고 있는데, 이러한 현상이 일상화된 지는 오래되었다. 이와 관련하여서 한 수용자의 인터뷰를 아래에 소개한다.[153]

---

151) 박형민·류종하, 「교정사고의 처리실태와 개선방안」, 한국형사정책연구원, 2006, 21면.
152) 헌법재판소 2016. 12. 29. 2013헌마142 결정; 헌법재판소, 「헌법재판소 판례집」제28권 2집(하), 헌법재판소, 2017, 658면.

"수용거실에서 같이 생활하는 나이 어린 다른 수용자들이 나를 무시한다. 수용거실이 너무 좁다 보니 화장실 사용이나 식사, 설거지 등 일상생활에서 자꾸만 부딪히게 된다. 이런 환경에서 다른 수용자와 몸이 부딪히는 것이 너무 싫고 매일 매일 스트레스를 받는다. 이러다가 싸움이 크게 나서 다치거나 죽을까봐 무섭고 불안하다. 차라리 입실을 거부하여 징벌받게 되더라도 징벌방은 독거실이니 오히려 그게 더 좋을 것 같다."

실제로 우리나라 교정시설 내에서의 교정사고 발생 건수는 2014년 837건(1일 평균 수용인원: 50,128명, 1일 평균 수용률: 107.9%)에서 2023년 1,756건(1일 평균 수용인원: 56,577명, 1일 평균 수용률: 113.3%)으로 2.1배 증가한 것으로 나타나고 있다.[154] 이것은 1일 평균 수용인원 대비 교정사고 발생률이 2014년의 1.67%에서 2023년에는 3.10%로 높아졌다는 것을 의미한다. 이러한 현상으로 미루어볼 때 교정시설에서의 수용밀도가 높아질수록 교정사고의 위험이 늘어난다는 추론이 실증적으로 증명되었다고 할 수 있을 것이다. 특히, 2020년과 2021년의 경우 코로나19 팬데믹으로 인하여 교정시설에서의 접견, 운동을 비롯한 교정교화 프로그램의 운영이 극히 제한된 환경이 조성되었다. 이에 따라 수용자들이 과밀수용 환경에서 장시간 생활을 할 수밖에 없어 싸움, 폭행 등 교정사고가 많이 발생한 것으로 분석된다.

2014년부터 2023년까지 최근 10년간 연도별 교정사고 발생현황을 그래프로 나타내면 아래 〈그림 2-3〉과 같다.

---

153) 법무부 교정본부자료(2023)를 참조하여 재구성하였음.
154) 법무부 교정본부, 「교정통계연보」, 2024, 131면.

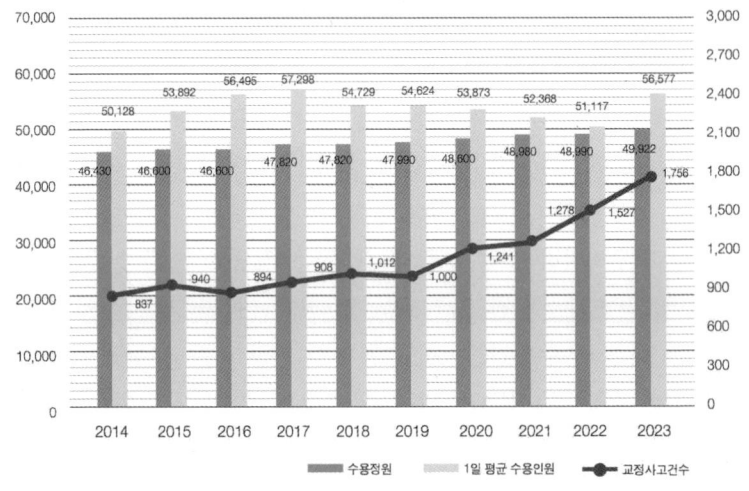

〈그림 2-3〉 연도별 수용인원 대비 교정사고 발생 건수

단위: 명(수용정원 및 1일 평균 수용 인원), 건(교정사고)

4. 수형자 교정처우 프로그램의 운영 저해

교정시설 내 과밀수용은 미결수용자가 수사나 재판에 적절하게 대응할 수 있는 공간의 부족을 초래하는 것은 물론, 기결수용자인 수형자들의 여가활동 공간을 비롯하여 접견 장소 및 교육교화프로그램을 진행할 수 있는 공간까지 줄어들게 하고 있다. 이에 따라 사회복귀를 위한 각종 처우 프로그램, 재사회화를 위한 여러 교정교화프로그램 운영을 곤란하게 만든다. 수용자의 처우, 권리 및 교정시설 운영과 관련하여 필요한 사항을 규정하고 있는 우리나라 「형집행법」에서도 "수형자의 교정교화와 건전한 사회복귀 도모"에 그 제정 목적이 있음을 밝히고 있고,[155] "교육·교화프로그램, 작업, 직업훈련 등을 통하여 수형자의 교정교화를 도

---

[155] 「형집행법」 제1조.

모하며, 수형자가 사회생활에 적응하는 능력을 함양하도록 처우하여야 한다"라는 점을 수형자 처우의 원칙으로 규정함으로써,156) 교정행정의 최종 목표가 수형자의 재사회화와 재범방지에 있다는 것을 확인하고 있다. 또한 「형집행법」에는 "교정시설의 거실·작업장·접견실이나 그 밖의 수용생활을 위한 설비는 그 목적과 기능에 맞도록 설치되어야 하고, 특히, 거실은 수용자가 건강하게 생활할 수 있도록 적정한 수준의 공간과 채광·통풍·난방을 위한 시설이 갖추어져야 한다"라고 규정되어 있다.157) 이것은 「형집행법」의 목적인 수형자의 재사회화를 위하여는 그에 알맞은 적절한 환경과 조건을 갖출 것이 요구된다는 점을 선언하는 것이라고 하겠다. 그런데 적정한 수용인원을 초과하여 과밀수용이 발생하는 경우, 교정교화를 위한 적절한 환경과 재범방지를 위한 교정교화프로그램의 운영을 어렵게 만들고 교정시설의 질서유지에 부정적 영향을 줄 뿐만 아니라 교정의 최종 목적인 수형자의 재사회화를 저해하게 한다.

또한, 「형집행법」에서는 소장이 수형자의 개별처우계획을 합리적으로 수립, 조정하기 위해 그의 인성, 행동특성 및 자질 등을 과학적으로 조사·측정·평가하는 분류심사를 하도록 규정하고 있다.158) 이처럼 분류심사를 통하여 수형자 개개인에 대한 개별처우계획을 수립하는 목적은 수형자의 재사회화와 재범 방지를 위한 것인데, 과밀수용은 수형자들에 대한 처우, 상담 및 행정적 지원을 담당하는 교정공무원들의 인력 부족 문제를 야기할 수밖에 없다. 이는 결국 교정당국이 과밀수용을 이유로 형식적인 수형자 분류를 시행할 가능성을 높이게 되고, 결국 구금위주의 소극적인 교정행정으로 일관하게 되어 수형자의 재사회화라는 교정의 목적을 달성하는데 장애요인이 될 것이다. 이와 관련하여 헌법재판소도

---

156) 「형집행법」 제55조.
157) 「형집행법」 제6조 제2항.
158) 「형집행법」 제59조 제1항 본문.

"과밀수용은 수형자의 특성에 따른 개별화된 교정프로그램의 작동을 불가능하게 하고, 교정공무원들에게 과도한 직무를 부과하고 심리적 부담을 갖게 하여 직무수행능력에 악영향을 미칠 수도 있다. 이와 같이 과밀수용은 교정교화를 위한 적절한 환경과 조건을 갖추지 못함으로써 교정시설의 질서유지에 부정적 영향을 주고 교정역량을 저하시켜, 결국 교정의 최종 목적인 수형자의 재사회화를 저해하게 한다"라고 지적한 바 있다.[159]

Ⅱ. 헌법과 국제법적인 면에서의 수용자 인권침해

위에서 살펴본 바와 같이 교정시설의 과밀수용 때문에 현실적으로 가장 문제가 되는 것은 협소한 수용공간으로 인해 수용환경이 악화되고, 이러한 환경은 수용자의 수면권을 침해하고 스트레스를 유발하며 감염병의 발생과 확산이 쉬워 수용자의 건강권과 생명권 등 인권을 침해한다는 것이다. 이것은 인간의 존엄성과 행복추구권을 보장하고 있는 우리나라 「헌법」 제10조를 위반하는 것이고 인권 보장과 관련된 여러 국제법을 위반하게 된다는 점에서 큰 문제가 있다. 아래에서는 교정시설의 과밀수용이 「헌법」과 국제법적으로 어떠한 법적인 문제를 불러일으키는지에 관하여 검토하기로 한다.

---

[159] 헌법재판소 2016. 12. 29. 2013헌마142 결정; 헌법재판소, 「헌법재판소 판례집」 제28권 2집(하), 헌법재판소, 2017, 658면.

1. 「헌법」 제10조 위반의 문제

우리나라 「헌법」 제10조에서는 "모든 국민은 인간으로서 존엄과 가치를 가지며, 행복을 추구할 권리를 가진다. 국가는 개인이 가지는 불가침의 기본적 인권을 확인하고 이를 보장할 의무를 진다"라고 규정하며 국민에 대하여 인간의 존엄성과 행복추구권을 보장하고 있다. 이처럼 우리 「헌법」은 '인간으로서의 존엄과 가치'를 기본권의 핵심적인 내용으로 중요시하고 있고, 국가에게 '인간으로서의 존엄과 가치'를 핵으로 하는 기본권을 보장할 의무를 부과함으로써 기본권보장의 원칙적인 가치지표가 '인간의 존엄성'이라는 점을 명확히 하고 있다.[160] 즉, 인간의 존엄과 가치는 국가의 근본질서로서 모든 국가권력을 구속하는 '헌법의 근본규범으로서의 효력'을 지니고 있으며, 공권력에 의한 침해가 있는 경우에는 헌법소원, 청원, 국가배상청구 등을 제기하여 침해의 배제를 요구할 수 있는 '대국가적 공권인 기본권으로서의 효력'을 가지고 있다.[161] 다만, 「헌법」의 최고원리로서의 인간의 존엄과 가치는 어떠한 경우에도 제한할 수 없는 것이 원칙이지만, 이로부터 파생되는 구체적 권리로서의 성격은 「헌법」 제37조 제2항에 규정된 기본권 제한의 일반원리에 따라 제한의 대상이 되는데, 이 경우에도 인간의 존엄과 가치의 본질적인 내용은 침해할 수 없다.[162] 다시 말하자면, 인간의 존엄과 가치에 관한 「헌법」 제10조의 규정은 「헌법」 제37조 제2항을 근거로 법률에 의한 기본권을 제한할 때 그 최후적 한계로서의 성격과 기능을 갖는다.[163]

---

[160] 허영, 「한국헌법론」, 전정 19판, 박영사, 2023, 364면.
[161] 성낙인, 「헌법학」, 제24판, 법문사, 2024, 1116면 및 1121면; 「헌법」 제37조 제2항에는 "국민의 모든 자유와 권리는 국가안전보장·질서유지 또는 공공복리를 위하여 필요한 경우에 한하여 법률로써 제한할 수 있으며, 제한하는 경우에도 자유와 권리의 본질적인 내용을 침해할 수 없다."라고 규정되어 있다.
[162] 성낙인, 위의 책, 1119~1120면.
[163] 허영, 위의 책, 371면.

이처럼 우리나라 「헌법」 제10조가 보장하는 인간의 존엄과 가치는 교정시설에 수용되어 있는 범죄자라고 하더라도 당연히 국가로부터 보장을 받아야 하는 기본권이다. 그러므로 국가의 형벌권은 해악에 대한 응보로서의 성질을 가지지만 그 수단과 정도는 인간의 존엄성에 기초하여 행사되어야 한다.[164]

헌법재판소는 2016. 12. 29. 2013헌마142 결정에서 "인간의 존엄과 가치는 국가가 형벌권을 행사함에 있어 사람을 국가행위의 단순한 객체로 취급하거나 비인간적이고 잔혹한 형벌을 부과하는 것을 금지하고, 행형(行刑)에 있어 인간 생존의 기본조건이 박탈된 시설에 사람을 수용하는 것을 금지한다. 특히 수형자의 경우 형벌의 집행을 위하여 교정시설에 격리된 채 강제적인 공동생활을 하게 되는바, 그 과정에서 구금의 목적 달성을 위하여 필요 최소한의 범위내에서는 수형자의 기본권에 대한 제한이 불가피하다 하더라도, 국가는 인간의 존엄과 가치에서 비롯되는 위와 같은 국가형벌권 행사의 한계를 준수하여야 하고, 어떠한 경우에도 수형자가 인간으로서 가지는 존엄과 가치를 훼손할 수 없다"라고 밝히며 "청구인을 2일 16시간 1.49㎡에, 6일 5시간 1.79㎡에 각 구금한 것은 그 자체만으로도 인간으로서의 존엄과 가치를 침해하였다"라고 판단하였다.

한편, 대법원 또한 2022. 7. 14. 선고 2017다266771 판결에서 "수용자가 하나의 거실에 다른 수용자들과 함께 수용되어 그 거실 중 화장실을 제외한 부분의 1인당 수용면적이 인간으로서의 기본적인 욕구에 따른 일상생활조차 어렵게 할 만큼 협소하다면, 그러한 과밀수용 상태가 예상할 수 없었던 일시적인 수용률의 폭증에 따라 교정기관이 부득이 거실 내 수용 인원수를 조정하기 위하여 합리적이고 필요한 정도로 단기간 내에 이루어졌다는 등의 특별한 사정이 없는 한, 그 자체로 수용자의 인

---

[164] 국가인권위원회 결정, 2023.11.17. 23진정0394400, 6면.

간으로서의 존엄과 가치를 침해한다고 봄이 타당하다"라고 판단한 바 있다.

이처럼 교정시설에서의 과밀수용은 인간의 생존에 필요한 기본조건이 박탈된 환경에 사람을 가두는 것이고, 그 수용거실의 면적이나 공간이 인간의 기본적인 욕구를 충족하고 일상생활을 유지하기 어려울 정도로 좁다면, 이는 국가형벌권의 한계를 넘어 인간으로서의 존엄과 가치를 침해하는 것으로 결국 「헌법」 제10조를 정면으로 위반하게 되는 것이다.

2. 시민적·정치적 권리에 관한 국제규약 위반

우리나라가 1990년 가입하여 국내법적 효력을 갖는 다자조약인 「시민적·정치적 권리에 관한 국제규약(International Covenant on Civil and Political Rights)」(아래에서는 "자유권규약"이라고 한다) 제7조는 "어느 누구도 고문 또는 잔혹한, 비인도적인 또는 굴욕적인 취급 또는 형벌을 받지 아니한다"라고 규정하고 있고, 같은 규약 제10조는 제1항에서 "자유를 박탈당한 모든 사람은 인도적인 또한 인간의 고유한 존엄성이 존중되는 대우를 받는다"라고 밝히고 있으며, 같은 규약 제16조는 "모든 사람은 어디에서나 법 앞에 인간으로서 인정받을 권리를 가진다"라고 규정하고 있다. 특히, 자유권규약 제10조의 제1항부터 제3항까지의 내용은 아래와 같다.[165]

1. 자유를 박탈당한 모든 사람은 인도적인 또한 인간의 고유한 존엄성이 존중되는 대우를 받는다.

---

[165] 법제처 국가법령정보센터 홈페이지, 시민적 및 정치적 권리에 관한 국제규약(International Covenant on Civil and Political Rights), [발효일 1990. 7. 10] [다자조약, 제1007호, 1990. 6. 13], https://www.law.go.kr/trtyInfoP.do?trtySeq=231 (검색일: 2023. 12. 14).

2. 가. 미결수용자는 예외적인 사정이 있는 경우를 제외하고는 수형자와 분리되며, 유죄판결을 받지 않은 사람으로서의 지위에 적절한 별도의 대우를 받는다.
나. 미성년 미결수용자는 성인과 분리되며, 가능한 한 신속히 재판에 회부된다.
3. 교도소 수감제도는 재소자들의 교정과 사회복귀를 필수 목적으로 하는 대우를 포함한다. 미성년 범죄자는 성인과 분리되며, 그들의 연령 및 법적 지위에 적절한 대우가 부여된다.

이처럼 자유권규약 제10조 제2항은 미결수용자에 대하여, 제10조 제3항은 수형자에 대하여만 각각 적용되는 반면, 제10조 제1항은 당사국의 법과 권한에 의하여 자유를 박탈당한 사람으로서 교도소, 병원(특히 정신병원), 구치소, 교정시설 또는 기타 장소에 구금된 모든 사람에게 적용되기 때문에,[166] 이 조항은 범죄 혐의가 있어 수사 또는 재판을 받으며 구금 중이거나 형 집행 중인 수용자에게는 물론, 행정법규에 따라 구금된 사람, 난민심사 절차 중 구금된 사람, 정신병원을 비롯한 의료시설에 구금된 사람 등에게도 적용된다.[167]

교정시설 과밀수용과 관련한 사건은 구금된 수용거실이 독거실인지 혼거실인지를 불문하고 자유권규약 제10조 제1항과 관련하여 가장 빈번하게 다루어지는 비인도적 대우의 유형이다.

수용자가 혼자 생활하는 독거실과 관련한 사건으로는 사형수로서 가로 6피트(1.8m), 세로 9피트(2.7m) 크기의 감방에 5년 동안 독방에 감금된 사건과[168] 1개월 동안 가로 1.5m, 세로 2m 크기의 비인간적인 환경의

---

[166] HRC General Comment No.21(1992), para. 2.
[167] 홍진영, "피구금자의 권리에 관한 국제인권규범과 한국의 실행", 「인권법평론」 제31호, 전남대학교 법학연구소, 2023. 8., 370면.
[168] *Mr. Xavier Evans v. Trinidad and Tobago*, Communication No. 908/2000,

지하실에 외부와 격리되어 접견이 금지된 채 구금된 사건이[169] 유엔 자유권규약위원회(United Nations Human Rights Committee, UNHRC)에 의하여 자유권규약 제10조 제1항의 위반에 해당한다고 판단되었다.

한편, 다수의 수용자가 함께 생활하는 혼거실의 과밀수용과 관련한 사례로는 통보자가 체포된 후 총 42개월 동안 가로 6피트(1.8m), 세로 9피트(2.7m) 크기의 방에 최소 5명에서 최대 10명의 다른 수감자와 함께 구금되어 있었던 사건,[170] 통보자가 체포된 후 50시간 동안 가로 20m, 세로 5m 면적의 혼거실에 일반 범죄로 기소된 125명과 함께 수용된 사건,[171] 사형수인 통보자를 종신형 수형자 1명과 환자이거나 마약중독자인 다른 8~14명의 유죄 판결을 받은 수감자들과 함께 화장실이 없고 비위생적인 가로 6피트(1.8m), 세로 9피트(2.7m) 크기의 혼거실에 23시간 동안 수용한 사건,[172] 군막사에 수감된 10개월의 대부분 기간에 이가 들

U.N. Doc. CCPR/C/77/D/908/2000(1999), para.6.4. 유엔 자유권규약위원회는 사형수인 통보자가 5년동안 독방에 감금되어 대소변 양동이를 제외하고는 위생시설도 없고, 자연 채광도 전혀 없었으며, 감방에서 단 한 번만 나갈 수 있었고, 일주일에 두 번씩 수갑을 차고 그의 특별한 식사 요구 사항을 고려하지 않은 완전히 부적절한 음식을 먹었다고 지적하였다.

[169] *John Wight v. Madagascar*, Communication No. 115/1982, U.N. Doc. Supp. No. 40 (A/40/40) at 171 (1985), paras. 15.2.

[170] *Mr. Rawle Kennedy v. Trinidad and Tobago*, Communication No. 845/ 1998, U.N. Doc. CCPR/C/74/D/845/1998(2002), para. 7.8. 이 사건에서 유엔 자유권규약위원회는 통보자가 거의 8년 동안 사형수로서 대소변 양동이를 제외하고는 위생시설이 없는 작은 독방에 자연광도 없이 갇혀 있었고, 일주일에 한 번만 방에서 나갈 수 있었으며, 특별한 식이요법이 필요한 그의 식사 요구를 전혀 고려하지 않은 부적절한 음식을 제공받았다고 지적하였다.

[171] *Ramon B. Martinez Portorreal v. Dominican Republic*, Communication No. 188/1984, U.N. Doc. Supp. No. 40 (A/43/40) at 207(1988), paras. 9.2. 이 사건에서 유엔 자유권규약위원회는 공간 부족으로 인해 일부 수감자들은 배설물 위에 앉아 있어야 했고, 통보자는 다음날까지 음식이나 물을 받지 못했으며, 50시간의 구금기간 동안 체포이유를 통보받지 못했다고 지적하였다.

[172] *Allan Henry (represented by Mr. S. Lehrfreund of Simons, Muirhead & Burton,*

끓는 과밀한 방에 갇혀 있었고, 바닥에 담요를 깔고 잠을 자야 했으며, 위생시설에 대한 접근이 제한되어 있었던 사건,173) 약 40명의 수감자를 한 방에 수용하면서 기본적인 위생이 부족했고, 하루에 한 번만 비워진 금속 통이 변기로 사용되었으며, 낮에는 수감자들이 콘크리트 감방 바닥에 앉아 있어야 했고, 밤에는 수량이 부족한 더러운 담요를 제공한 사건,174) 25명의 다른 사람들과 함께 작고 과밀한 감방에 갇혀 20시간 동안 치료, 음식, 물을 제공받지 못한 사건175) 등 다수의 개인통보사건에서 유엔 자유권규약위원회는 과밀수용이 자유권규약 제10조 제1항의 위반에 해당한다고 판단하였다.176)

이처럼 수용자를 교정시설의 과밀한 환경에 수용하는 것과 같은 처우는 우리나라가 가입한 자유권규약 제7조에서 금지하는 '고문 또는 잔혹하거나 비인도적이거나 굴욕적인 대우나 처벌'에 해당할 수 있고, 같은 규약 제10조 제1항에서 강조하는 자유를 박탈당한 모든 사람에 대한 인도적인 또한 인간의 고유한 존엄성이 존중되는 대우의 원칙을 준수하지 않는 것이 되기 때문에 우리 정부가 국내법의 효력을 가지는 다자조약이자 국제법인 자유권규약을 위반하게 만드는 문제가 있다.

---

a law firm in London, England) v. Trinidad and Tobago, Communication No. 752/1997, U.N. Doc. CCPR/C/64/D/752/1997(10 February 1999), paras. 2.3, 2.4, 7.4.
173) *Dev Bahadur Maharjan v. Nepal*, Communication No. 1863/2008, U.N. Doc. CCPR/C/105/D/1863/2009(2012), paras. 2.3, 8.7.
174) *Zafar Abdullayev v. Turkmenistan*, Human Rights Committee, Communication No. 2218/2012, U.N. Doc. CCPR/C/113/D/2218/2012(2015), para. 7.3.
175) *A.S. (represented by counsel, TRIAL: Track Impunity Always and the Centre for Victims of Torture, Nepal) v. Nepal*, Communication 2077/ 2011(2015), para. 2.2, 8.4.
176) 홍진영, 위의 글, 377면.

3. 유엔 고문방지협약 위반

고문 및 잔인하거나 비인도적인 형벌을 방지하기 위해 1984년 유엔 총회에서 채택되고, 1987년 발효된 국제인권조약인 「고문 및 그 밖의 잔혹하거나 비인도적 또는 굴욕적인 대우와 처벌의 방지에 관한 협약 (Convention against Torture and Other Cruel, Inhuman or Degrading Treatment or Punishment)」(아래에서는 "고문방지협약"이라고 한다) 제1조 제1항에서는 '고문'의 정의와 관련하여 다음과 같이 규정하고 있다.[177]

"이 협약의 목적상 '고문'이라 함은 공무원이나 그 밖의 공무수행자가 직접 또는 이러한 자의 교사·동의·묵인 아래, 어떤 개인이나 제3자로부터 정보나 자백을 얻어내기 위한 목적으로, 개인이나 제3자가 실행하였거나 실행한 혐의가 있는 행위에 대하여 처벌을 하기 위한 목적으로, 개인이나 제3자를 협박·강요할 목적으로, 또는 모든 종류의 차별에 기초한 이유로, 개인에게 고의로 극심한 신체적·정신적 고통을 가하는 행위를 말한다. 다만, 합법적 제재조치로부터 초래되거나, 이에 내재하거나 이에 부수되는 고통은 고문에 포함되지 아니한다."

위 규정에 따라 "개인에게 고의로 극심한 신체적·정신적 고통을 가하는 행위"는 고문에 해당하며, 이 협약 제2조 제1항에 의거하여 체약국인 우리나라는 자국 영토 내에서 고문행위의 방지를 위해 효과적인 입법·행정·사법 또는 그 밖의 조치를 취해야 한다.

---

[177] 법제처 국가법령정보센터 홈페이지, "고문 및 그 밖의 잔혹한, 비인도적인 또는 굴욕적인 대우나 처벌의 방지에 관한 협약(Convention against Torture and Other Cruel, Inhuman or Degrading Treatment or Punishment)[발효일 1987. 6. 26] [다자조약, 제1272호, 1995. 2. 8]", https://www.law.go.kr/trtyInfoP.do?trtySeq=2288 (검색일: 2024. 3. 13.)

고문방지협약의 이러한 규정에 따르면 교정시설에서 과밀한 수용 거실에 수용자를 수용하는 행위는 이러한 고문에 해당한다고 할 수 있다. 국가인권위원회도 과밀수용 행위는 고문방지협약상의 고문에 준하는 상황이라고 볼 수밖에 없으며, 이 협약의 제2조 제1항에 따라 체약국인 대한민국은 그 방지를 위해 실효적인 입법·행정·사법 또는 기타 조치를 취해야 한다고 결정한 바 있다.[178] 결국 이러한 과밀수용 문제를 해결하지 않으면 우리나라의 국격이 문제가 될 수 있는 것이다. 이와 관련하여 근대 시기에 계몽사상가로서 형벌개혁에 앞장섰던 벡카리아(C. Beccaria, 1738~1794)는 그의 저서 "범죄와 형벌"의 결론에서 다음과 같이 언급한 바 있는데,[179] 오늘날 과밀수용 문제를 다루는 우리가 음미할 가치가 크다고 생각한다.

"형벌의 가혹성은 그 국가의 상태와 비례한다. 야만성을 거의 탈피하지 못한 국민들에게는 훨씬 강력한 인상이 요청되어지는 까닭에 그 형벌은 가장 가혹하게 될 것이다. 총소리 정도에는 오히려 자극을 받는 흉포한 사자를 쓰러뜨리기 위해서는 뇌성벽력이 필요하다. 그러나 사회상태의 변화에 따라 인간정신이 보다 순화될수록, 감수성이 증대된다. 대상과 감각 사이의 관계가 일정하게 유지되려면, 감수성이 증대됨에 따라 형벌의 가혹성은 축소되어지지 않으면 안 된다."

---

[178] 국가인권위원회 결정, 21진정0032900·21진정0388301·21진정0443701·21진정0501001(병합) 교정기관의 과밀수용으로 인한 인권침해, 2021. 11. 5., 8면, 13면.

[179] Beccaria, C. 한인섭 신역, 「체사레 벡카리아의 범죄와 형벌」 중판, 박영사, 2020, 191면.

4. 유엔 피구금자 처우에 관한 최저기준규칙 위반

「유엔 피구금자 처우에 관한 최저기준 규칙(United Nations Standard Minimum Rules for the Treatment of Prisoners)」(이하 "유엔 최저기준 규칙"이라 한다)은 피구금자에 대한 인권 보장적인 대우를 직접적인 규율 대상으로 하는 대표적인 국제기준으로 1955년 제1회 유엔 범죄방지 및 범죄자 처우 회의(the First United Nations Congress on the Prevention of Crime and the Treatment of Offenders)에서 채택되고 1957년 유엔 경제사회이사회에서 승인되었으며, 2015년에 60년 동안의 교정학의 발전 성과를 반영하는 방향으로 대폭 수정되었고, 수정된 규칙은 '넬슨 만델라 규칙(Nelson Mandela Rule)'으로 명명되어 유엔 총회에 의하여 채택되었다.[180]

유엔 최저기준 규칙에서는 피구금자의 1인당 수용면적에 대하여 직접적으로 규정하고 있지는 않다. 다만, 이 규칙에서는 거주설비와 관련하여 다음과 같이 규정하고 있다.[181]

거주설비

> 제12조 ① 취침설비가 각 방에 설치되어 있을 경우, 개개의 피구금자마다 야간에 방 한 칸이 제공되어야 한다. 일시적인 과잉수용 등과 같은 특별한 이유로 중앙교정당국이 이 규정에 대한 예외를 둘 필요가 있을 경우에도 방 한 칸에 2명의 피구금자를 수용하는 것은 바람직하지 않다.
> ② 공동침실이 사용되는 경우에는 그 환경에서 서로 원만하게 지낼 수 있

---

[180] 홍진영, 위의 글, 377면.
[181] 천주교인권위원회 홈페이지, 유엔 피구금자 처우에 관한 최저기준규칙 (넬슨만델라규칙) 번역본, 4면.
http://www.cathrights.or.kr/bbs/view.html?idxno=22766 (검색일: 2024. 1. 18.)

는 피구금자를 신중하게 선정하여 수용하여야 한다. 이 경우에는 시설의 성격에 맞추어 야간에 정기적인 감독이 수행되어야 한다.

제13조 피구금자가 사용하도록 마련된 모든 거주설비, 특히 모든 취침 설비는 기후상태와 특히 공기의 용적, 최소건평, 조명, 난방 및 환기에 관하여 적절한 고려를 함으로써 건강유지에 필요한 모든 조건을 충족하여야 한다.

제14조 피구금자가 기거하거나 작업을 하여야 하는 모든 장소에는

(a) 창문은 피구금자가 자연광선으로 독서하거나 작업을 할 수 있을 만큼 넓어야 하며, 인공적인 통풍설비의 유무와 관계없이 창문으로 신선한 공기가 들어올 수 있도록 설치되어야 한다.

(b) 인공조명은 피구금자의 시력을 해치지 아니하고 독서하거나 작업하기에 충분하도록 제공되어야 한다.

제15조 위생설비는 모든 피구금자가 청결하고 적절한 방식으로 생리적 욕구를 해소하기에 적합해야 한다.

제16조 적당한 목욕 및 샤워설비를 마련하여 모든 피구금자가 계절과 지역에 따라 일반 위생상 필요한 만큼 자주 기후에 알맞은 온도로 목욕하거나 샤워할 수 있게 하고 그렇게 할 의무가 부과되어야 하되, 단 온대기후의 경우 그 횟수는 적어도 매주 1회 이상이어야 한다.

제17조 피구금자가 상시 사용하는 시설의 모든 부분은 항상 적절히 관리되고 세심하게 청결이 유지되어야 한다.

위에서 보는 바와 같이 이 규칙 제12조 제1항에서는 원칙적으로 1인 독거실 수용을 권장하고 있다. 또한, 같은 규칙 제13조에서는 1인당 수용 면적에 대한 구체적인 기준은 제시하지 않더라도, 피구금자의 건강유지를 위해 최소건평 즉, 최소 바닥면적(minimum floor space)에 대한 고려 의무를 강조하고 있다는 점에서 주목할 만하다.

유엔 자유권규약위원회(UNHRC, United Nations Human Rights Committee)는 UN 최저기준 규칙 또는 넬슨 만델라 규칙의 여러 규정들

을 활발히 참조하여 판단을 내리고 있는데,[182] 예컨대 Womah Mukong v. Cameroon 사건(1994)에서 자유권규약위원회는 일반적으로 구금 조건에 관해서는 당사국의 발전 수준과 관계없이 구금 조건에 관한 UN 최저기준 규칙 제10조, 제12조, 제17조, 제19조, 제20조에 따라, 각 수감자에 대한 최소 바닥 면적과 공기 체적, 적절한 위생시설, 인격을 모독하거나 굴욕감을 주는 방식으로 제공되지 않는 의류, 별도의 침대 제공, 건강과 체력에 적합한 영양 가치가 있는 음식 제공 등 일정한 최소 기준이 준수되어야 한다고 판시하였다.[183] 또한 수용 거실의 바닥 면적과 관련하여, 독거 또는 혼거의 수용 거실이 지나치게 협소한 것이 자유권규약 제10조 제1항 위반으로 판단되었던 여러 사례가 있는데, 이는 앞에서 살펴본 바와 같다.[184]

제5절 결어

이 장에서는 기존의 연구에서 제시하는 과밀수용의 개념을 간략히

---

[182] 홍진영 교수는 2015년 개정 전 규칙을 언급할 때에는 "UN 최저기준 규칙"으로, 개정 후 규칙을 언급할 때에는 "넬슨 만델라 규칙"으로 지칭하고 있는데 이하에서는 이를 따르기로 한다. 홍진영, 위의 글, 369면.

[183] *Womah Mukong v. Cameroon*, Communication No. 458/1991, U.N. Doc. CCPR/C/51/D/458/1991(1994), para. 9.3.

[184] *Evans v. Trinidad and Tobago, Communication No. 980/2000*(2003), para.6.4 (5년간 사형수로서 가로 1.8m, 세로 2.7m의 수용거실에 독거수용된 사건); *Wight v. Madagascar, Communication No. 115/1982(1985)*, paras. 15.2.17(1개월 동안 비인도적인 환경의 가로 1.5m, 세로 2m 면적의 지하실에 외부와 차단된 채 구금된 사건); *Kennedy v. Trinidad and Tobago, Communication No. 845/1998(2002)*, para. 7.8(체포된 후 42개월 동안 최소 5명, 최대 10명의 수용자와 함께 가로 1.8m, 세로 2.7m 면적의 수용거실에 수용된 사건).

살펴본 후, 과밀수용의 원인을 형사사법 단계별로 분석하면서 이러한 원인에 공통분모로 작용하는 중형주의 개념을 알아보고, 영국과 우리나라의 사례를 중심으로 중형주의 형사정책이 교정시설 과밀화에 미친 영향과 과밀수용으로 인한 문제점에 관하여 검토해 보았다.

먼저, 과밀수용의 개념은 형식적, 실질적 측면으로 나누어서 다양한 모습으로 정의할 수 있지만, 실무적인 측면에서는 형식적 개념 정의와 같이 교정시설의 적정 수용인원을 초과하여 수용된 상태를 의미한다고 정의하였다.

다음으로 선행 연구에서 제시한 과밀수용의 원인을 수사, 재판, 교정 등 형사사법체계의 순서에 따라 간략히 분석하였다. 이러한 연구들은 수사단계에서는 구속수사가 여전히 많이 활용되고 있고, 재판단계에서는 불구속 재판 원칙이 준수되지 않은 채 법정구속이 증가하며 과도한 미결수용자 구성 비율을 초래하고 있고, 교정단계에서도 수형자의 가석방이 엄격하게 제한되고 있는 점이 과밀수용의 주요 원인으로 작용하고 있는 것으로 추정하고 있다.

이어서, 선행 연구에서 언급하는 중형주의의 개념에 관하여 살펴보았다. 중형주의란 확인된 규범 위반에 대해 상응하는 제재로 강력히 대응하는 보편적인 태도 또는 경향을 의미한다. 이는 엄벌주의와 같이 범죄 또는 일탈에 대하여 사회적으로 불관용 하거나 가혹한 형벌을 부과하는 것을 지지하는 입장이며, 범죄자의 재사회화와 사회복귀를 중요시하는 교정복지의 관점보다는 그들을 무력화하는 관점이나 실천을 지지하는 태도를 가리킨다.

이러한 중형주의 형사정책은 전 세계적으로 나타나고 있는 현상으로 대부분 국가에서는 이로 인하여 교정시설이 과밀수용의 어려움에 처해 있다. 이 연구에서는 전 세계의 사례를 소개하기에는 어려움이 있음을 감안하여, 중형주의 형사정책의 추진으로 교정시설의 과밀화를 가장 엄중하게 겪고 있는 영국의 사례와 우리나라의 사례를 중심으로 살펴보았는데, 그 결과 중형주의 형사정책의 추진과 교정시설 과밀수용 간에는 밀접한 상관관계가 있다는 것을 실증적으로 증명할 수 있었다. 특히, 우리나라의 과밀수용 현상은 '형법의 정치화'가 초래한 중형주의 형사정책의 추진과 이러한 취지에 따른 2010년 「형법」 개정으로 인한 유기징역 상한의 인상에 원인이 있다고 하겠다.

이러한 교정시설 과밀수용은 현실적으로 수용자의 수면권을 침해하고, 감염병 확산으로 인한 건강권 및 생명권을 침해하는 등 기본적인 인권을 침해할 우려가 있고, 미결수용자의 방어권 행사를 저해하며, 교정사고의 발생 위험을 증가시키는 한편, 수형자 교정처우 프로그램의 운영을 저해하는 문제가 있다. 또한 헌법적 및 국제법적인 면에서도 「헌법」 제10조 위반, 자유권규약 위반, 고문방지협약 위반, 유엔 피구금자 처우에 관한 최저기준규칙 위반 등의 문제가 있다.

제3장
1인당 최소 수용면적 법률화에 관한 고찰

제1절 서 설

　교정시설은 범죄자를 사회로부터 격리구금하고 교정교화하여 건전한 시민으로 재사회화하기 위한 목적으로 설치된 형사사법 시설이다. 교정시설이 그 존립 목적을 달성하기 위해서는 수용자의 교정교화와 재사회화에 적합한 수용환경이 조성되어야 한다. 즉, 교정시설에서 최소한의 인간다운 생활을 할 수 있게 하는 수용공간의 확보는 교정행정의 최종목표인 수형자의 재사회화와 재범방지를 달성하기 위한 기본조건이다.[185] 그러나 지난 수십년동안 우리나라를 포함한 많은 국가에서 과밀수용으로 인한 수용자 인권침해가 문제되어 왔다. 2016년 12월 헌법재판소는 2013헌마142 결정에서 수용시설 과밀수용이 인간의 존엄과 가치를 침해한다고 판시하였고, 2022년 7월 대법원에서는 2017다266771 판결에서 교도소나 구치소가 수용자 1인당 $2m^2$ 미만의 공간을 배정할 정도로 과밀수용을 하는 것은 인간의 존엄과 가치를 침해하는 위법한 행위라고 판시하였다. 헌법재판소와 대법원의 이러한 결정과 판결은 범죄자의 교정교화를 통한 재사회화의 임무를 수행하여야 할 교정시설의 물리적 수용 환경, 특히 과밀수용을 예방할 수 있는 적정한 1인당 최소 수용면적에 관해 많은 관심을 가지게 한다.
　교정시설의 과밀수용을 해결하기 위해서는 수용 가능한 역량에 맞추어 수용정원을 정하여야 하고, 이를 넘어서는 수용행위를 금지하여야 한다. 그렇다면 교정시설의 수용정원은 어떻게 산출하는 것이 바람직한지

---

[185] 전정주, "교정발전의 전제조건으로서의 과밀수용해소에 관한 연구,"「교정연구」제29호, 한국교정학회, 2005, 180면.

가 문제 된다. 이러한 수용정원 산출에 기준이 되는 것이 1인당 최소 수용면적이다. 수용자 1인당 최소 수용면적이 협소해지면 그만큼 교정시설은 과밀화 문제에 직면할 수밖에 없게 된다. 그러므로 적어도 수용자 1인당 최소 수용면적은 적어도 수용자의 인간으로서 존엄과 가치가 침해되지 않고 신체 및 정신적 건강은 물론 인간으로서의 최소한의 품위를 유지할 수 있는 정도의 공간이 되도록 산정하여야 한다. 이러한 노력을 통하여 교정시설 과밀수용 문제가 인권침해의 문제로 비화하지 않도록 정책적·법적인 대책에 대한 연구가 필요한 시점이다.

아래에서는 과밀수용에 관한 위 헌법재판소 결정과 대법원 판결, 국가인원위원회 결정 등에 나타난 최소 수용면적을 살펴보고, 비교법적으로 국제적십자위원회, 유럽고문방지위원회 등의 국제 인권 기구와 유럽인권재판소 판례, 미국, 독일, 영국 등의 사례를 고찰한 뒤 대안으로서 교정시설에서의 적절한 1인당 최소 수용면적 기준을 「형집행법」에 명시하는 개정안을 입법론으로 제시해 보도록 하겠다.

제2절 국내 판례 등에서의 1인당 수용면적 검토

Ⅰ. 1인당 수용면적과 관련된 헌법재판소 결정[186]

1. 사건의 개요[187]

이 사건 헌법소원 청구인은 업무방해죄 등으로 기소되어 2012년 4월 10일 벌금 70만 원을 선고받으면서, 이를 납부하지 않으면 5만 원을 1일로 환산한 기간 동안 청구인을 노역장에 유치한다는 판결을 선고받았다. 이 판결은 2012년 6월 8일 대법원의 상고기각 결정으로 확정되었다. 청구인은 이 판결의 벌금 납입을 거부하였고, 이에 법원의 노역장 유치 명령에 따라 2012년 12월 8일 16시경부터 수용거실 면적이 $8.96m^2$, 정원이 6명인 ○○구치소 13동 하층 14실에 수용되었다.[188] 청구인은 2012년 12월 18일 13시경부터 ○○구치소 내 사회복귀방(만기석방자 수용거실)에 수용되었다가 형기만료로 2012일 12월 20일 0시경 석방되었다. 청구인은 2013년 3월 7일, 피청구인인 ○○구치소장이 2012년 12월 8일 16시부터 2012년 12월 18일 13시까지 청구인을 해당 수용 거실에 수용한 행위가 그의 인간으로서의 존엄과 가치, 행복추구권, 인격권, 인간다운 생활을 할 권리 등 기본권을 침해하였다고 주장하며 헌법재판소에 그 위헌확인을 구하는 헌법소원 심판을 청구하였다.

---

[186] 헌법재판소 결정. 2016. 12. 29. 2013헌마142.
[187] 헌법재판소 결정. 2016. 12. 29. 2013헌마142; 헌법재판소, 「헌법재판소 판례집」 제28권 2집(하), 헌법재판소, 2017, 655면.
[188] 이하 헌법재판소 결정문에는 "이 사건 방실"로 기술되어 있다.

2. 청구인의 주장과 피청구인의 반대의견

가. 청구인의 주장[189]

청구인은 자신이 수용된 ○○구치소 13동 하층 14실은 수용 면적이 7.419㎡이고, 수용정원이 6명으로 1인당 면적이 11.24㎡(0.375평)에 불과하여 평균 체형의 성인 남성이 팔을 펴거나 발을 뻗기 어려울 정도로 협소하였다고 주장하였다. 그는 수용거실 외부에 표시된 8.96㎡의 수용거실 면적은 화장실 면적을 포함한 것으로 보이며, 이를 기준으로 해도 수용자 1인당 수용거실 면적은 1.49㎡ 정도에 불과하여 성인 남성이 거실 바닥에 등을 붙이고 잠을 잘 수 없을 정도로 비좁은 거실에서 생활해야 했다고 주장하였다.

청구인은 "그러므로 이 사건 수용행위가 「법무시설기준규칙」이나 「수용구분 및 이송·기록 등에 관한 지침」에도 위반하는 과밀수용으로, 범죄 감염을 조장하고 수용자 간 폭행 등 교정사고를 초래할 우려가 있으며 수형자의 교정교화와 건전한 사회복귀를 저해한다"라고 주장하였다.

나. 피청구인의 반대의견[190]

이에 대하여 피청구인은 청구인이 수용된 기간 동안 8.96㎡(2.71평)의 수용거실에 최소 4명에서 최대 6명의 인원이 수용되었지만, 이 거실은 평균 체형의 성인 남성이 팔을 펴거나 발을 뻗기 어려울 정도로 비좁다고 할 수는 없으며, 공동생활을 하는 수용생활의 특성상 인간다운 생활을 할 권리가 완전히 보호될 수 없고, 이는 청구인이 수인해야 하는 부분이라고 주장하였다.

---

[189] 천주교인권위원회 보도자료, "서울구치소 과밀수용 헌법소원 제기", 2013-03-07 및 헌법재판소 2016. 12. 29. 2013헌마142, 판례집 28-2하, 652면 이하를 참조하여 재구성하였음.

[190] 법무부 자료를 참조하여 재구성하였음.

또한 피청구인은 수용거실의 면적과 정원을 어느 정도로 할지는 수형자에 대한 국가형벌권의 행사 및 미결수용자에 대한 구금의 목적을 고려하여 입법자가 정책적으로 결정할 사항이며,「법무시설기준규칙」이나「수용구분 및 이송·기록 등에 관한 지침」은 교정시설을 신축하거나 수용정원을 산정하기 위한 기준을 제시하는 행정규칙으로 법무부 내부 지침에 불과하고, 반드시 수용자에게 1인당 2.58㎡의 면적을 보장하는 법령이 아니라고 주장하였다.

이와 관련하여 피청구인은 부산지방법원이 2014. 2. 20. 선고 2011가합13633 판결에서 위 규칙이나 지침들이 "혼거실의 경우 수용자 1인당 2.58㎡의 수용면적을 확보해주어야 한다는 대외적인 구속력을 갖는 법적인 의무가 발생한다고 보기는 어렵고, 위 지침들은 법규명령이 아니라 행정조직내부에서 행정의 사무처리기준으로 제정된 일반적·추상적 규범인 행정규칙에 불과하다"라고 보았다는 점을 강조하였다.

다. 양측의 주장 요약

위에서 살펴본 양측의 주요 주장과 반박 내용을 표로 만들어 비교해 보면 다음 〈표 3-1〉과 같다.

〈표 3-1〉 청구인과 피청구인의 주장 및 반대의견 비교표

청구인의 주장	피청구인의 반대의견
○ 청구인이 수용된 거실은 1인당 면적이 1.24㎡로 매우 비좁아, 평균 체형의 성인 남성이 생활하기에 불편하며 화장실 면적을 포함해도 1.49㎡에 불과함	○ 이 거실은 평균적인 성인 남성이 팔을 펴고 발을 뻗기 어려울 만큼 비좁다고 할 수는 없으며, 공동생활을 하는 수용생활의 특성상 인간다운 생활을 할 권리가 완전히 보호될 수 없고, 이는 청구인이 수인해야 하는 부분임
○ 이 사건의 수용행위는「법무시설기준규칙」이나「수용구분 및 이송·기록 등에 관한 지침」에 위반되는 과밀수용임	○「법무시설기준규칙」또는「수용구분 및 이송·기록 등에 관한 지침」은 교정시설을 신축하거나 수용정원을 산정하기 위한 기준을 제시하는 행정규칙으로 법무부 내부 지침에 불과하

청구인의 주장	피청구인의 반대의견
○ 이 사건의 수용행위는 헌법에서 보장하는 청구인의 인간으로서의 존엄과 가치 및 행복추구권, 인격권, 인간다운 생활을 할 권리를 침해하였음	고, 반드시 수용자에게 1인당 2.58m^2의 면적을 보장해야 하는 법령이 아님 ○ 교정시설 수용거실에 수용하는 경우 법령으로 최소한의 필요한 보장 수준을 제시하지 아니하였으므로, 인간으로서의 존엄에 대한 본질적 가치가 훼손된다고 볼 수 없는 이상 인간으로서의 존엄과 가치 및 행복추구권, 인격권, 인간다운 생활을 할 권리를 침해한 것이라고 볼 수 없음 ○ 과밀수용한 것이 위헌이라고 주장하는 것은 국가에 대하여 수용자의 생활여건을 일반국민의 최저 생활여건과 동일한 수준으로 유지하도록 요구하는 것인바, 이는 교정교화 및 질서유지와 행형목적의 달성을 위하여 수용생활에서 어느 정도의 제한이 불가피한 것을 고려하지 않아 전혀 설득력이 없고, 국민적 공감을 얻기도 어려움 ○ 청구인을 수용한 행위는 청구인의 인간다운 생활을 할 권리를 침해하였거나 인간의 존엄과 가치 및 행복추구권을 침해하였다고 할 수 없음

3. 헌법재판소 결정의 주요 내용

가. 적법요건에 대한 판단

이 사건에서 청구인의 헌법소원심판청구가 적법요건을 갖추었는지와 관련하여 헌법재판소는 이미 종료된 권력적 사실행위의 위헌확인을 구하는 헌법소원 심판청구에 대해, 주관적 권리보호이익이 소멸하였음에도 불구하고 예외적으로 심판의 이익이 있다고 인정하였다. 즉, 헌법재판소는 "청구인은 형기만료로 이미 석방되었으므로, 이 사건 심판청구가 인용되더라도 청구인의 권리구제는 불가능한 상태이다. 그러나 이 사건에서 문제되는 교정시설 내 과밀수용행위는 계속 반복될 우려가 있고,

수형자들에 대한 기본적 처우에 관한 중요한 문제로서 그에 대한 헌법적 해명의 필요성이 있으므로 예외적으로 심판의 이익을 인정할 수 있다."191)라고 판시하여 청구인의 헌법소원심판청구는 적법하다는 것을 인정하였다.

나. 국가형벌권 행사의 한계

또한 헌법재판소는 이 사건에서 국가의 형벌을 받는 수형자라 하더라도 인간의 존엄과 가치를 훼손할 수 없다며 인간의 존엄과 가치에서 비롯하는 국가형벌권 행사의 한계를 분명히 하였다. 즉, 헌법재판소는 "「헌법」 제10조에서 보장하는 인간의 존엄과 가치는 국가가 형벌권을 행사함에 있어 사람을 국가행위의 단순한 객체로 취급하거나 비인간적이고 잔혹한 형벌을 부과하는 것을 금지하고, 행형(行刑)에 있어 인간 생존의 기본조건이 박탈된 시설에 사람을 수용하는 것을 금지한다. 구금의 목적 달성을 위하여 필요 최소한의 범위에서는 수형자의 기본권에 대한 제한이 불가피하다 하더라도, 국가는 어떠한 경우에도 수형자의 인간의 존엄과 가치를 훼손할 수 없다."라고 판시하였다.192)

다. 이 사건 수용행위의 "인간의 존엄과 가치" 침해 여부

마지막으로, 이 사건에서 피청구인인 ○○구치소장이 청구인을 2012년 12월 8일 16시경부터 2012년 12월 18일 13시경까지 해당 수용 거실에 수용한 행위가 인간 존엄과 가치를 침해하는지에 대해 헌법재판소는 교정시설의 1인당 수용 면적이 수형자가 인간으로서 기본적인 생활을 하기 어려울 정도로 과도하게 협소하다면, 이는 국가형벌권 행사의 한계를 넘어 그 자체로 인간으로서의 존엄과 가치를 침해하는 것이라고 판시하

---

191) 헌법재판소 결정. 2016. 12. 29. 2013헌마142; 헌법재판소, 위의 책, 652면.
192) 헌법재판소 결정. 2016. 12. 29. 2013헌마142; 헌법재판소, 위의 책, 652면.

였다. 즉, 헌법재판소는 "수형자가 인간 생존의 기본조건이 박탈된 교정시설에 수용되어 인간의 존엄과 가치를 침해당하였는지 여부를 판단함에 있어서는 1인당 수용면적뿐만 아니라 수형자 수와 수용거실 현황 등 수용시설 전반의 운영 실태와 수용기간, 국가 예산의 문제 등 제반 사정을 종합적으로 고려할 필요가 있다. 그러나 교정시설의 1인당 수용면적이 수형자의 인간으로서의 기본 욕구에 따른 생활조차 어렵게 할 만큼 지나치게 협소하다면, 이는 그 자체로 국가형벌권 행사의 한계를 넘어 수형자의 인간의 존엄과 가치를 침해하는 것이다. 이 사건의 경우, 성인 남성인 청구인이 이 사건 방실에 수용된 기간 동안 1인당 실제 개인사용 가능면적은, 2일 16시간 동안에는 $1.06m^2$, 6일 5시간 동안에는 $1.27m^2$였다. 이러한 1인당 수용면적은 우리나라 성인 남성의 평균 신장인 사람이 팔다리를 마음껏 뻗기 어렵고, 모로 누워 '칼잠'을 자야 할 정도로 매우 협소한 것이다. 그렇다면 청구인이 이 사건 방실에 수용된 기간, 접견 및 운동으로 이 사건 방실 밖에서 보낸 시간 등 제반 사정을 참작하여 보더라도, 청구인은 이 사건 방실에서 신체적·정신적 건강이 악화되거나 인격체로서의 기본 활동에 필요한 조건을 박탈당하는 등 극심한 고통을 경험하였을 가능성이 크다. 따라서 청구인이 인간으로서 최소한의 품위를 유지할 수 없을 정도로 과밀한 공간에서 이루어진 이 사건 수용행위는 청구인의 인간으로서의 존엄과 가치를 침해한다."라고 판시하였다.[193]

라. 4인 재판관 보충의견의 요지

한편, 이 사건과 관련하여 헌법재판소 재판관 4인은 별도로 보충의견을 통해 국가가 교정시설 내에 수형자 1인당 최소 $2.58m^2$ 이상의 수용면적을 상당한 기간 내에 확보할 것을 촉구하였다. 즉, 이들은 보충의견에

---

[193] 헌법재판소, 위의 책, 652~653면.

서 "불가침의 인간의 존엄과 가치를 천명한「헌법」제10조, 수형자의 기본적 처우 보장을 위한「형집행법」,「법무시설기준규칙」,「수용구분 및 이송·기록 등에 관한 지침」, 관련 국제규범, 외국의 판례 등에 비추어 볼 때, 국가는 수형자가 수용생활 중에도 인간으로서의 존엄과 가치를 지킬 수 있도록 교정시설 내에 수형자 1인당 적어도 2.58m^2 이상의 수용면적을 확보하여야 한다. 다만, 교정시설 확충과 관련된 현실적 어려움을 참작하여, 상당한 기간(늦어도 5년 내지 7년) 내에 이러한 기준을 충족하도록 개선해 나갈 것을 촉구한다."라며 수형자가 인간으로서의 존엄과 가치를 지키기 위해서는 수형자 1인당 2.58m^2 이상의 최소 수용면적이 필요하다는 것을 설시하였다.[194]

4. 이 헌법재판소 결정의 의의

위와 같이 헌법재판소는 구치소 내 과밀수용행위에 대해 2016년 12월 29일 위헌결정을 내렸다. 이 사건은 교정시설의 과밀수용행위에 대해 헌법재판소가 최초로 위헌결정을 내린 것이기 때문에 그 의미가 적지 않다고 볼 수 있다. 무엇보다 먼저, 헌법재판소의 이 결정은 교정시설 내에서의 과밀수용이 인간으로서의 존엄과 가치를 침해한다는 것을 확인하여 국가형벌권 행사의 한계를 명확히 하고, 수용자의 인권 신장에 이바지하여 이에 관한 국제적 스탠다드에 보조를 맞추었다는 데 의의가 있을 뿐만 아니라, 인간으로서의 존엄과 가치가 단순한 객관적인 헌법원리에 그치지 않고 주관적 권리로서 구체적 기본권이라는 점을 훨씬 명확히 재확인하였다는 데에 그 의의가 있다고 하겠다.[195] 즉, 헌법재판소

---

[194] 헌법재판소, 위의 책, 662~666면.
[195] 김하열, "교정시설 내의 과밀수용과 인간의 존엄성 - 헌재 2016. 12. 29. 2013헌마142",「법조-최신판례분석」제66권 제3호 통권 제723호, 2017, 603면 및 622면.

는 위 사건에 대한 결정에서 "교정시설의 1인당 수용면적이 수형자의 인간으로서의 기본 욕구에 따른 생활조차 어렵게 할 만큼 지나치게 협소하다면, 이는 그 자체로 국가형벌권 행사의 한계를 넘어 수형자의 인간의 존엄과 가치를 침해하는 것"이라고 판단하였다. 그리고, 헌법재판소의 이 결정은 '인간으로서의 존엄과 가치'를 침해하는 기본권 제한은 그것이 아무리 법률에 따라 행해진다고 하더라도 결코 용납될 수 없고, 인간을 권력의 단순한 지배 대상으로 간주하고 국가 목적을 달성하기 위한 수단으로 활용하는 모든 공권력 작용은 허용되지 않는다는 점에서 인격권의 본질적 내용에 해당하는 인간의 존엄성을 침해한 것이라는 취지의 판시로 이해하는 것이 바람직하다고 하겠다.[196]

한편, 헌법재판소의 이 결정은 교정시설의 1인당 수용면적이 수형자의 인간의 존엄과 가치에 직접적인 영향을 미칠 정도로 중요하다는 점을 명확하게 밝힌 것으로 평가할 수 있다. 실무에서도 교정시설의 1인당 수용면적은 그 시설의 수용 가능한 적정인원인 '수용정원'을 산출하는데 기준이 된다. 즉, 1인당 수용면적이 협소하게 책정이 될수록 교정시설은 과밀한 수용환경에 처할 수밖에 없게 된다. 그러므로 수용자 1인당 수용면적을 적정하게 산정하는 것은 과밀수용을 사전에 예방하는 것은 물론 「헌법」이 보장하는 인간의 존엄과 가치를 준수하는 것이 되는 것이다. 이러한 측면에서 위 헌법재판소 결정은 「헌법」 차원에서 교정시설에서의 수용자 1인당 수용면적이 가지는 중요성을 새롭게 인식시키는 계기를 만들어 준 최초의 사법적 결정이라고 평가할 수 있겠다. 또한, 헌법재판소가 보충의견을 통해 국가가 수형자의 수용생활 중에도 그가 인간으로서의 존엄과 가치를 유지할 수 있도록 교정시설 내에 수형자 1인당 최소한 $2.58m^2$ 이상의 수용면적을 상당한 기간 내에 확보하도록 촉구한 것은 교정시설에서 1인당 보장되어야 하는 수용거실 면적에 대한 최소

---

[196] 허영, 「한국헌법론」 전정 19판, 박영사, 2023, 371면.

기준을 적극적으로 밝히고 있다는 점에서 중요한 의미가 있다고 하겠다.

Ⅱ. 1인당 수용면적과 관련된 대법원 판결

1. 사실관계[197]

원고 A는 2008년 2월 21일 사기 혐의로 구속되어 ○○구치소에 수용되었고, 이후 사기죄로 구속 기소되어 2008년 6월 3일 1심 판결에서 징역 2년을 선고받았으나, 2008년 9월 4일 항소심 판결에서 징역 1년 6개월에 집행유예 3년을 선고받은 후 당일 출소하였다. A는 이 기간 ○○구치소에서 도면상의 면적이 $8.64m^2$인 중소 수용거실에 3~5명의 다른 수용자들과 함께 수용되었다. A가 수용되었던 기간 동안 도면상의 해당 중소 수용거실 면적을 수용자의 수로 나눈 결과, 1인당 수용거실 면적은 $1.44m^2$~$2.16m^2$였다. 한편, 원고 B는 B는 2008년 6월 19일~2011년 7월 12일까지 ○○구치소와 ○○교도소에 수용되어 있었으며, 이 기간 동안 대부분 다른 수용자들과 함께 수용거실에서 생활하였다. B가 수용되었던 기간 동안 그가 머물렀던 수용거실의 도면상 면적을 함께 수용된 사람의 수로 나눈 결과, 1인당 수용거실 면적은 $1.23m^2$에서 $3.81m^2$ 사이였으며, 5일 미만의 일시적인 수용기간 동안 3명 이하로 수용되었던 때는 제외하였다. 이들 원고 A와 B는 이들이 수용된 기간 동안 해당 교정시설에 과밀수용되었으며, 피고의 이와 같은 과밀수용 행위는 「헌법」과 관련 법령을 위반한 행위에 해당한다며 국가배상을 청구하였다.

---

[197] 부산고등법원 2017. 8. 31. 선고 2014나50975 판결.

2. 소송의 경과

가. 1심 판결198)

원고의 위와 같은 주장에 대하여 부산지방법원 제5민사부는 2014년 2월 "최소한 1인당 약 $2m^2$ 전후의 공간, 특히 누운 방향으로 가로로 어깨 넓이보다 넓은 1m 정도의 공간은 최소한 확보되어야만 다른 수용자들과 부딪히지 않고 잠을 잘 수 있을 것"이라는 점을 지적하였다. 그러나, "현행법에는 수용자에게 1인당 일정 수용면적을 확보해주도록 하는 법적인 의무를 부과하는 법령은 존재하지 않고 정부의 경제 규모와 예산을 고려해야 한다"는 등을 이유로 하여 원고 패소 판결을 선고하였다.

나. 2심 판결199)

과밀수용에 대한 2016년 헌법재판소의 위헌결정이 선고된 후 이듬해인 2017년 8월 부산고등법원 민사6부는 "1인당 수용 거실 면적이 인간으로서의 기본 욕구에 따른 생활조차 어렵게 할 만큼 지나치게 좁으면「헌법」에 보장된 인간의 존엄과 가치를 침해하는 것"이라는 이유로 "국가가 원고 2명에게 각각 위자료 300만원과 150만원을 지급하라"는 원고 일부 승소 판결을 선고하였다. 이에 국가는 대법원에 상고하였다.

---

198) 부산지방법원 2014. 2. 20. 선고 2011가합13633 판결.
199) 부산고등법원 2017. 8. 31. 선고 2014나50975 판결.

다. 대법원 판결[200]

(1) 원고의 주장 요지[201]

이들 원고 A, B는 "피고가 「헌법」과 「형집행법」, 「수용구분 및 이송·기록 등에 관한 지침」 등에 정해진 바에 따라, 교정시설에 수용된 수용자들에게 적어도 1인당 $2.58m^2$ 이상의 공간을 확보해 주는 등 교정시설 수용자들의 인간적 존엄성과 건강이 유지될 수 있는 수준으로 구금시설을 유지할 의무가 있다"고 주장하였다. 이어서, "그런데, 피고가 원고 A를 1인당 공간이 $1.44~2.16m^2$에 불과한 혼거실에 수용하고, 원고 B를 2008. 6. 19.부터 1인당 공간이 $0.84~2.44m^2$에 불과한 혼거실 또는 1인당 공간이 $1.25~2.54m^2$에 불과한 징벌실이나 조사실에 수용하는 등 원고들을 1인당 공간이 $2.58m^2$에 미치지 못하게 과밀수용하였다"고 이들은 주장하였다. 이들 원고 A, B는 또한 "피고가 첫째, 원고들이 수용된 수용거실의 냉난방, 채광, 통풍을 제대로 하지 아니하여 위생상 문제를 발생시켰으며, 둘째, 제한된 공간에서의 집단생활로 말미암은 심리적 압박과 긴장, 불안 등으로 인해 정신적·육체적 질병이 발생할 위험이 큼에도 원고들에 대한 진료와 치료를 방치함으로써 위와 같은 의무를 위반하였으며, 결국 이로 인해 원고들은 사생활을 보호받을 수 없고, 충분한 숙면공간을 확보하지 못하는 등의 정신적·육체적 고통을 겪어야만 했고, 특히 원고 B의 경우는 공황장애 증상이 발생·확대되었다"고 주장하였다. 원고 A, B는 "피고의 이러한 과밀수용 행위는 「헌법」과 관련 법령을 위반한 행위에 해당하므로, 피고는 국가배상법 제2조 제1항에 따라 원고 1에게 20,000,000원, 원고 2에게 30,000,000원의 위자료 및 이에 대한 지연손해금을 지급할 의무가 있다"고 주장하였다.

---

[200] 대법원 2022. 7. 14. 선고 2017다266771 판결.
[201] 원고의 주장은 부산고등법원 2017. 8. 31. 선고 2014나50975 판결[손해배상(기)]을 참조하여 재구성하였다.

(2) 피고의 반대의견 요지[202]

위와 같은 원고의 주장에 대하여 피고는 먼저, "「형집행법」이나 관련 법령에는 교정시설의 수용자들에게 확보해 주어야 할 최소한의 수용면적에 대하여 정한 바 없다"고 주장하였다. 다음으로 피고는 "원고들이 주장하는 지침들은 교정시설에 수용 중인 수용자의 수용기록 업무와 이송업무 및 수용구분에 관한 세부사항을 정하는 규정들에 불과하고, 교정시설별 수용정원을 산정하는 기준에 관한 것임이 명백하므로, 이를 근거로 피고에게 혼거실의 경우 수용자 1인당 2.58㎡의 수용면적을 확보해 주어야 한다는 대외적인 구속력을 갖는 법적 의무가 발생한다고 보기는 어렵기 때문에, 위 지침들은 법규명령이 아니라 행정조직 내부에서 행정의 사무처리 기준으로 제정된 일반적·추상적 규범인 행정규칙에 불과하다"고 주장하였다. 이어서 피고는 "결국, 현행법상으로는 피고로 하여금 교정시설 수용자들에게 1인당 수용면적으로 2.58㎡ 이상을 확보해 주도록 하는 법적인 의무를 부과하고 있는 법령은 존재하지 아니하므로, 이를 전제로 한 원고들의 이 부분 주장은 이유 없다"며 원고의 주장을 배척하였다.

한편, 피고는 "전국 교정시설의 수용거실은 제한적이지만, 피고로서는 임의로 수용자 수를 일정한 수준 이하로 제한할 수는 없고, 교정시설의 입장에서는 수용자들에게 인간다운 생활을 충분히 할 수 있는 공간을 확보해주기 위하여 추가로 입소하는 수용자들의 수용을 거부할 수도 없고, 과밀수용의 문제를 해결하기 위해서는 교정시설을 추가로 신설할 수밖에 없으므로, 과밀수용의 문제는 단기간에 손쉽게 해결될 수 있는 것이 아니다"라고 주장하였다. 또한 피고는 "수용자들로서는 전적으로 국민들이 부담하는 세금으로 의식주를 해결하는 만큼 어느 정도의 불편

---

[202] 피고의 주장은 부산지방법원 2014. 2. 20. 선고 2011가합13633 판결을 참조하여 재구성하였다.

함은 감내할 수밖에 없고, 원고들이 수용된 공간보다 더 좁고 불편한 주거환경에서 생활하는 국민들도 존재하며, 수용자들에게 행복추구권과 인간다운 생활을 할 수 있는 권리를 보장하였는지는 교정시설의 면적만 가지고 판단할 수는 없고 교정시설 전반과 제반 생활여건을 종합적으로 판단함이 상당하다"라고 주장하였다.

이어서 피고는, "미결수의 경우 재판에 참석하여야 하므로 과밀수용을 해소하기 위하여 수용현황이 양호한, 원거리의 구치소로 이송하기도 어렵고, 구금시설 수준의 개선가능성을 판단함에 있어 정부의 경제 규모와 예산을 고려하지 않을 수 없으므로, 피고가 객관적인 정당성 없이 수용자인 원고들을 적정한 수용수준을 넘어 좁은 공간에 과밀수용함으로써 원고들의 기본적인 인권을 수인한도를 넘을 정도로 침해한 것으로 보기는 어렵고, 또 과밀수용으로 인하여 위 원고에게 공황장애가 발생하였다고 보기도 어렵다"라고 주장하며 원고의 주장을 배척하였다.

(3) 양측의 주장 요지 비교

위에서 살펴본 이 사건 원고와 피고 양측의 주장 요지를 표로 만들어 비교해 보면 다음 〈표 3-2〉와 같다.[203]

〈표 3-2〉 원고와 피고의 주장 비교표

원고의 주장	피고의 주장
○ 피고는 수용자들에게 최소 1인당 2.58㎡ 이상의 공간을 확보해 주는 등 수용자들이 인간으로서의 존엄성과 건강이 지켜질 수 있는 수준으로 구금시설을 유지할 의무가 있음	○ 「형집행법」및 관련 법령에는 교정시설의 수용자들에게 보장해야 할 최소한의 수용면적에 대하여 정한 바 없음 ○ 원고들이 주장하는 지침들은 행정규칙에 불과하므로, 이를 근거로 피고에게

---

[203] 원고와 피고 양측의 주장은 부산지방법원 2014. 2. 20. 선고 2011가합13633 판결을 참조하여 재구성하였다.

원고의 주장	피고의 주장
○ 그럼에도, 피고는 원고들을 1인당 공간이 2.58㎡에 미치지 못하게 과밀수용하고, 원고들의 수용거실 내에 냉난방, 채광, 통풍이 제대로 되지 않아 위생상 문제를 발생시켰으며, 제한된 공간에서의 집단생활로 심리적 압박, 긴장, 불안 등으로 정신적, 육체적 질병의 발생 위험이 큼에도 진료와 치료를 방치함으로써 위 의무를 위반하였음	수용자 1인당 혼거실의 경우 2.58㎡의 면적을 보장하여야 한다는 대외적 구속력이 있는 법적 의무가 발생한다고 보기는 어려움 ○ 현행법상 피고가 교정시설 수용자들에게 1인당 2.58㎡ 이상의 수용면적을 보장하도록 하는 법적인 의무를 부과하고 있는 법령은 없으므로, 이를 전제로 한 원고들의 주장은 이유 없음
○ 이로 인해 원고들은 사생활 침해, 충분한 숙면공간의 미확보 등의 정신적·육체적 고통을 겪었으며, 원고 B는 공황장애 증상이 발생, 확대되었음. 이는 헌법 및 관련 법령 위반 행위에 해당하므로, 피고는 국가배상법 제2조 제1항에 따라 손해배상으로 원고 A에게 20,000,000원, 원고 B에게 30,000,000원의 위자료 및 지연손해금 지급 의무가 있음	피고가 객관적 정당성 없이 적정 수용면적 수준을 초과하는 좁은 공간에 원고들을 과밀수용함으로써 이들의 기본적 인권을 수인할 수 있는 한계를 넘을 정도로 침해한 것으로 볼 수 없으며, 또 과밀수용으로 인하여 원고 B에게 공황장애가 발생하였다고 보기도 어려움

(4) 대법원 판결의 주요 논거

2022년 7월 14일 대법원은 교정시설에서 1인당 $2m^2$ 미만인 공간에 수용자를 수용하는 것은 인간의 존엄과 가치를 침해하는 행위로 판단하여 국가의 배상책임을 인정하는 판결을 선고하였다. 대법원 판결의 주요 논거는 다음과 같다.

첫째, 교정시설에서의 수용행위로 인해 수용자의 인간적 존엄성과 가치가 침해되었는지를 판단하는 기준에 대하여 대법원은 "국가가 인간의 생존에 필요한 필수적이면서 기본적인 시설이 갖추어지지 않은 교정시설에 수용자를 수용하는 행위는 수용자의 인간으로서의 존엄과 가치를 침해하는 것으로서 위법한 행위가 될 수 있다"라고 판단하였다.

둘째, 수용자가 화장실을 제외한 1인당 수용면적이 인간의 기본적 욕구를 충족시키기 위한 일상적인 생활조차 어렵게 할 정도로 협소한 수용거실에 다른 수용자들과 함께 수용된 경우, 그의 인간적 존엄성과 가치를 침해하는 것인지에 대하여 대법원은 "그러한 과밀수용 상태가 예상할 수 없었던 일시적인 수용률의 폭증에 따라 교정기관이 부득이 거실 내 수용 인원수를 조정하기 위하여 합리적이고 필요한 정도로 단기간 내에 이루어졌다는 등의 특별한 사정이 없는 한, 그 자체로 수용자의 인간으로서의 존엄과 가치를 침해한다고 봄이 타당하다"라고 판단하였다.

셋째, 국가배상책임에서 공무원의 행위가 '법령을 위반하였다'는 의미에 대하여 대법원은 "엄격한 의미의 법령 위반뿐 아니라 인권존중, 권력남용금지, 신의성실과 같이 공무원으로서 마땅히 지켜야 할 준칙이나 규범을 지키지 않고 위반한 경우를 포함하여 널리 그 행위가 객관적인 정당성을 결여하고 있음을 뜻하므로, 교정시설 수용행위로 인하여 수용자의 인간으로서의 존엄과 가치가 침해되었다면 그 수용행위는 공무원의 법령을 위반한 가해행위가 될 수 있다"라고 판단하였다.

넷째, 대법원은 피고가 도면상의 1인당 면적이 $2m^2$ 미만인 수용거실에 원고들을 수용한 행위가 인간의 존엄성과 가치를 침해한 위법한 행위인지에 대하여 "수면은 인간의 생명 유지를 위한 필수적 행위 중 하나인 점, 관계 법령상 수용자에게 제공되는 일반 매트리스의 면적은 약 $1.4m^2$인데, 이는 수용자 1인당 수면에 필요한 최소한의 면적으로 볼 수 있는 점, 교정시설에 설치된 거실의 도면상 면적은 벽, 기둥의 중심선으로 둘러싸인 수평투영면적을 의미하는데, 벽, 기둥 외의 실제 내부 면적 중 사물함이나 싱크대 등이 설치된 공간을 제외하고 수용자가 실제 사용할 수 있는 면적은 그보다 좁을 수밖에 없는 점 등을 고려하면, 수용자 1인당 도면상 면적이 $2m^2$ 미만인 거실에 수용되었는지를 위법성 판단의 기준으로 삼아 원고 등에 대한 국가배상책임을 인정한 원심판단을 수긍할 수 있다"라고 판시하였다.

3. 대법원 판결의 의의

위 대법원 판결은 과밀수용에 대해 국가의 배상책임을 최종으로 인정한 최초의 판결인 점에서 그 의의가 있다. 또한, 이 판결은 교정시설이 1인당 2m² 미만의 공간에 수용자를 수용한 것은 인간으로서의 존엄과 가치를 침해하는 위법 행위이므로 국가가 배상해야 한다고 판시함으로써 과밀수용을 판단함에 있어서 기준이 되는 1인당 최소 수용면적을 제시하였다는 점에서 또 다른 의의를 지니고 있다.

즉, 앞에서 살펴본 헌법재판소 결정은 교정시설의 과밀수용행위에 대해 최초로 위헌결정을 선고하였지만, 수형자의 인간적 존엄성과 가치를 침해하는 1인당 수용면적이 구체적으로 어느 정도인지에 관하여는 판시하지 않았다. 다만, 이 결정의 보충의견에서 수형자 1인당 최소 2.58m² 이상의 수용면적을 상당한 기간 내에 확보할 것을 밝히고 있을 뿐이었다. 그러나, 위 대법원 판결은 관계 법령상 수용자에게 지급되는 일반 매트리스의 면적인 약 1.4m²가 수면에 필요한 1인당 최소한의 면적으로 볼 수 있는 점 등을 고려하여, 도면상 면적이 1인당 2m² 미만인 수용거실에 수용되었는지를 위법성 판단의 기준으로 보았다. 이를 기준으로 대법원은 원고들에 대하여 과밀수용으로 인한 국가배상책임을 인정함으로써 교정시설에서의 과밀수용 여부를 판단하는 기준이 되는 1인당 최소 수용면적이 2m²라는 것을 구체적으로 제시하였다.

Ⅲ. 과밀수용에 대한 국가인권위원회의 주요 결정례

국가인권위원회에서는 교정시설의 과밀수용과 관련하여 위에서 살펴본 최근의 헌법재판소 결정이나 대법원 판결 이전부터 지속적으로 권고 결정을 내려왔다.

2005. 10. 10.부터 2023. 11. 17. 현재까지 교정시설 과밀수용과 관련한 국가인권위원회의 결정은 모두 34건이다.[204] 이 결정들에서 국가인권위원회는 과밀수용이 인간의 존엄성을 침해한다고 판단하면서 법무부장관에게 이러한 상황을 개선할 것을 권고하였다.

아래에서는 교정시설 과밀수용에 대한 국가인권위원회의 주요 결정례를 분석해 보기로 한다.

1. 교정시설 과밀수용 환경개선(13직권0000100)[205]

가. 직권조사 배경[206]

국가인권위원회는 2013. 9. 11. 수도권 및 대도시에 위치한 구치소와 미결수를 수용하는 교도소 중 수용비율이 높은 13개 교정시설을 대상으로 과밀수용과 관련한 주요 쟁점사항, 즉 인간의 존엄성 보장에 부합하는 수용비율, 수용자 1인당 기준면적, 교도관 1인당 담당 수용자 인원 등에 대하여 직권조사를 의결하였다.

이러한 직권조사의 배경에 관하여 국가인권위원회는 대도시 소재 미결 구금 구치기능 교정시설은 정원을 20~30% 초과 수용하여 1인당 기준 면적이 협소해지고, 이에 따라 인권 침해 논란이 일고 있으며, 일부 수용자는 칼잠으로 인한 고통을 호소하며 손해배상금 청구 소송을 제기하거나 국가인권위원회에 진정을 접수하기도 하였다는 점을 언급하였다. 또한 국가인권위원회는 과밀수용으로 교도관 부족 현상이 발생하여 접견, 운동 시간 등 수용자의 기본권이 제한되고, 교정 사고 예방 및 심

---

[204] 이를 요약하여 권고 결정 일자별로 정리한 내용은 〈부록 3〉 참조.
[205] 국가인권위원회, 「국가인권위원회 결정례집 제6집(2013)」, 문영사, 2014, 541~558면.
[206] 국가인권위원회, 위의 책, 542~543면.

리 면담 등 교정 교화 활동이 어려워져 교정의 질이 저하되고 있다는 점을 직권조사의 배경으로 들었다.

나. 법무부의 의견

(1) 수용자 1인당 기준면적

법무부는 국가인권위원회의 이러한 직권조사와 관련하여 교정시설의 수용자 1인당 기준면적은 국가별로 다르며, 전국 51개 교정시설의 다양한 크기와 지역별 교정 수요 및 정원 차이로 인해 표준을 명확하게 결정하기는 어렵다는 의견을 제시하였다. 즉, 법무부는 "교정시설의 수용자 1인당 기준 면적은 국가별로 다르고 현재 전국 51개 교정시설에서도 건축 당시부터 다양한 크기와 지역별 교정수요 및 정원의 차이로 인해 수용자 1인당 최소 기준면적의 표준을 명확하게 결정하기는 어렵다. 교정 선진국일수록 기준면적이 넓은 경향을 보이는데 수용자의 개인 공간이 확대될수록 수용자의 심성 순화나 교정교화에 긍정적인 효과가 있다는 점은 부인할 수 없다."라고 주장하였다.[207]

(2) 교도관 증원과 필요 예산

법무부는 「형집행법」 제79조는 미결수용자의 무죄 추정과 합당한 처우를 규정하고 있으나, 현재 처우는 기결수형자와 큰 차이가 없으며, 미결수용자 처우 개선을 위해 구치소 시설 확충 및 교도관 충원이 요구되지만, 직권조사 교정시설의 교도관 정원은 5,884명이나 현 정원은 5,646명으로 238명이 부족하여 불가피하게 휴무 근무자나 행정요원 교도관을 근무 지정할 수밖에 없는 악순환이 계속되고 있다고 주장하였다.[208]

---

[207] 국가인권위원회, 위의 책, 548면.
[208] 국가인권위원회, 위의 책, 548~549면.

또한, 법무부는 직권조사 대상인 교정시설에서의 교도관 1인이 담당하는 수용자 수는 3.8명으로, 일본, 캐나다, 호주, 뉴질랜드 등의 국가와 비교해 증원이 필요한 상황이지만 정부의 공무원 증원 억제 방침으로 인해 인력이 충분히 충원되지 못하고 있고, 교도관 1인이 담당하는 수용자 수를 2.9명으로 가정할 경우, 직권조사 대상 기관에 필요한 교도관 수는 모두 1,300명 이상이며, 이를 위해 연간 약 4,522억 8천만 원의 비용이 소요될 것으로 추정되므로 관련 부처의 지원이 절실하다고 주장하였다.[209]

(3) 구치소가 없는 지역에 구치소 신설의 필요성

한편, 법무부는 신도시 형성 및 도시화로 인구 집중이 가속화되는 지역에 구치 시설이 없어 교도소에 미결수용자를 함께 수용하다 보니 과밀수용의 원인이 되고, 미결수용자에 맞는 시설과 여건이 부족하여 처우가 미흡하다며, 이들 지역의 미결수용자 처우 향상 및 다른 지역과의 형평성, 과밀수용 해소를 위해 ○○광역시에 700명, ○○시에 500명, 의정부고양시에 500명, ○○광역시에 1,000명, ○○시에 500명을 수용할 수 있는 규모의 구치소 신설이 요구된다고 주장하였다.[210]

다. 결정요지

(1) 과밀수용과 인권침해 논란

국가인권위원회는 과밀수용이 인권을 침해하는지와 관련하여 과밀수용으로 인한 열악한 환경과 처우는 국제 및 국내 기준에 부합하지 않으며, 이는 인간으로서의 존엄과 가치 및 행복추구권을 침해하는 것으로

---

[209] 국가인권위원회, 위의 책, 549면.
[210] 국가인권위원회, 위의 책, 549~550면.

간주할 수 있기에 국가는 사회 변화에 따른 새로운 기준을 적용하여 인권침해 논란을 해소해야 한다고 판단하였다. 즉, 다시 말하자면 국가인권위원회는 이 직권조사 결정문에서 "과밀수용에 따른 열악한 수용 환경과 처우는 '잔인하고도 비인간적인 처우를 금지'하는 국제기준이나 건강하게 생활할 수 있도록 적정한 수준의 공간 등 시설을 규정한 국내기준 등에 부합하지 못하고, 좁은 공간의 거실도 모자라 여기에 정원까지 초과한 과밀수용으로 칼잠을 자야하고, 냉난방, 채광, 통풍, 화장실 등의 열악한 여건 때문에 정신적, 육체적 질병에 과도하게 노출되어 있는 등 좁은 공간에 지나치게 많은 수용자를 구금하는 것은 「헌법」 제10조에서 보장되는 인간으로서의 존엄과 가치 및 행복추구권을 침해하는 것으로 볼 수 있으므로 국가는 사회적·경제적 변화 및 개인의 인권의식 기준 상승에 부합하여 교정시설 수용자들에게도 그에 맞는 환경을 제공해야 하므로 사회변화에 따른 수용생활의 기준도 새롭게 변해야 인권침해 논란에서 자유로울 수 있다."라고 판단하였다.[211]

(2) 과밀수용 해소에 필요한 환경개선

(가) 구치소 신설

국가인권위원회는 과밀수용이 심화된 대도시에 구치소를 신설하여 수용 환경을 개선해야 한다고 언급하였다. 다시 말해, 국가인권위원회는 이 직권조사 결정문에서 "교정시설의 신축은 주민들의 반대여론으로 단기간 해결이 어렵고, 이로 인해 도심지역에서 증가하는 수용인원과 각종 시설 및 처우개선 요구 등 높아지는 수용자들의 인권보호 의식을 제때 따라가지 못하고 있어 대한민국의 국격에 어울리는 수용환경 개선을 위해 과밀수용이 심화된 대도시 지역에 구치소를 신설하는 것이 필요하다."라고 판단하였다.[212]

---

[211] 국가인권위원회, 위의 책, 551면.

(나) 인간의 존엄성을 보장하는 최저수준의 1인당 기준면적

국가인권위원회는 인간의 존엄성을 보장하는 최저수준의 1인당 기준면적과 관련하여 외국의 사례와 비교하여 우리나라은 기준면적은 너무 좁다는 것을 강조하였다. 즉, 국가인권위원회는 이 직권조사 결정문에서 "수용자 1인당 최소 기준면적의 국제사례를 살펴보면 독거실의 경우 유엔규칙에서는 개인의 건강에 필요한 면적, 국제적십자사는 5.40㎡, 유럽고문방지협약위원회는 7㎡, 독일은 6~7㎡, 일본은 10㎡인데 비해 한국은 4.62㎡로 국제적 기준에 비해 협소하고, 혼거실은 국제적십자사는 3.40㎡, 유럽고문방지협약위원회와 독일은 7㎡, 일본은 7.2㎡인데 비해 한국은 2.58㎡로 독일과 일본의 수용자1인당 기준면적 대비 37%정도에 불과하다."라고 판단하였다.213)

한편, 국가인권위원회는 과밀수용으로 인한 열악한 환경과 처우는 국제기준에 부합하지 않으며, 미결수용자를 위한 구치소는 교도소보다 더 나은 시설이 요구되므로, 수용자 1인당 기준면적을 개선할 필요가 있다고 주장하였다. 다시 말해, 국가인권위원회는 "과밀수용에 따른 열악한 수용 환경과 처우는 '잔인하고도 비인간적인 처우를 금지'하는 국제기준 등에 부합하지 못하고, 자유의 박탈과 좁은 공간에서의 생활도 모자라 여기에 정원까지 초과한 과밀수용에서의 집단생활과 노후화된 시설에서 오는 냉난방, 채광, 통풍, 화장실 등의 열악한 여건 때문에 받는 정신적, 육체적 고통이 가중되고, 더 나아가 형이 확정된 기결수형자와 달리 미결수용자를 수용하는 구치소 기능 교정시설은 미결수용자들이 재판에서의 방어권 행사 등 각종 소송준비, 갑작스런 자유의 박탈에서 오는 환경변화 적응 등을 위해 교도소 보다 더 나은 시간적·공간적 여유를 갖춘 시설이 요구된다할 것이므로 수용자 1인당 기준면적을 국제사회의 권장

---

212) 국가인권위원회, 위의 책, 552면.
213) 국가인권위원회, 위의 책, 553면.

사항에 버금가도록 개선할 필요가 있다."라며 이 직권조사 결정문에서 구치소에서의 수용자 1인당 기준면적의 개선 필요성을 밝혔다.214)

(다) 교도관 1인당 담당 수용자 수와 수용자 처우

국가인권위원회는 직권조사 교정시설의 교도관 1인당 담당 수용자 수는 국제 수준에 비해 부족하며, 정부의 공무원 증원 억제 정책으로 인해 결원이 발생하고 있으므로, 과밀수용 비율이 높은 직권조사 교정시설에 교도관을 증원해야 한다고 권고하였다. 즉, 다시 말해 국가인권위원회는 이 직권조사 결정문에서 "직권조사 교정시설의 교도관 1명이 담당하는 수용자 인원은 3.8명으로 캐나다의 1.06명, 호주의 1.61명, 뉴질랜드의 1.93명에 비해 교도관 인원이 절대적으로 부족한데, 정부의 공무원 증원 억제 정책에 따라 새로 개청된 교정시설에도 교도관 정원이 충분히 반영되지 않아 부족한 인원을 기존 인력에서 재배치하다 보니 직권조사 교정시설에만 238명의 결원이 발생하였고, 이로 인해 교도관 1인당 담당 수용자 수도 증가하게 되었다. 따라서 과밀수용 비율이 상대적으로 높고 미결수용자를 수용하는 직권조사 교정시설에 대하여 교도관을 증원하여 교도관 1인당 담당 수용자 수를 국제수준에 버금가는 정도로 유지하는 것이 인권선진국으로 가는 길이라고 본다."라고 판단하였다.215)

종합적으로 국가인권위원회는 법무부장관에게 "대도시 교정시설의 과밀수용 해소 종합대책을 조속히 마련하여 시행할 것"을 권고하였다.216)

---

214) 국가인권위원회, 위의 책, 555면.
215) 국가인권위원회, 위의 책, 555~556면.
216) 국가인권위원회, 위의 책, 551면.

2. 여성수용자 거실 과밀수용 등(16진정 0306000)[217]

가. 사실관계[218]

여성수형자인 진정인은 2015. 7. 6. ○○구치소에서 ○○교도소로 이입되었다. 진정인은 2016. 1. 19. ○○구치소로 이송되었다가 같은 해 2. 29. 다시 ○○교도소로 이입되어 여사1동 상1실에서 수용생활을 하고 있었다. 형이 확정된 여성수형자 중 출역을 하지 않은 미지정 수형자의 거실인 여사1동 상1실은 정원 5명이 생활할 수 있는 4.91㎡의 거실이었다. 그렇지만, 진정 당시 진정인은 9명의 다른 여성수형자와 함께 생활하였다. 한편, 2016. 4. 30. 기준 ○○교도소의 수용자 정원은 1,694명이었지만 실제로는 2,255명이 수용되어 있어서 정원의 133.1%나 초과 수용되어 있었는데, 이중 여성수용자는 71명 정원에 118명이 수용되어 있어서 정원의 166.1%나 초과 수용되어 있었다. 이를 2016. 8. 31. 기준으로 살펴보면, 전체 수용인원은 2,307명으로 정원의 136.1%나 초과 수용되어 있었고, 이중 여성수용자는 107명으로 정원의 150.7%나 초과 수용되어 있었다. 이처럼 ○○교도소의 여성수용자 과밀수용 정도는 남성수용자보다 높은 상태였다. 이러한 과밀수용 환경에서 진정인은 "5명 정원의 거실에서 9명이 생활하며, 특히 공황장애 및 고혈압이 있는 67세 수용자, 허리가 안 좋은 76세 수용자, 아토피가 심한 수용자, 뇌경색, 류머티스성 질환이 있는 수용자 등과의 혼거생활 및 과밀수용으로 취침이 어렵다"고 주장하며 국가인권위원회에 진정을 제기하였다.

---

[217] 국가인권위원회 홈페이지, "여성수용자 거실 과밀 수용 등", https://case. humanrights.go.kr/dici/diciSearchView.do (검색일: 2024. 3. 11.)
[218] 국가인권위원회, 2016. 10. 26. 16진정0306000 결정, 5~8면.

나. 피진정인의 반대의견

이 사건 진정인의 위와 같은 주장에 대하여 피진정인은 ○○교도소 여성 수용동은 수용률이 166%에 달하여 과밀수용으로 인한 불편함이 있으며, 미지정 수형자 거실을 세분하여 지정하는 것은 현실적으로 어렵다는 점을 반대의견으로 제출하였다. 즉, 피진정인은 "○○교도소의 여성 수용동의 경우 정원이 71명이나 2016. 5. 31. 기준 수용인원이 118명으로 수용률이 166%에 달하여 여성수용자들이 과밀수용으로 인한 불편함을 감수할 수밖에 없는 상황이다. 형이 확정된 여성수형자 중 출역을 하지 않는 미지정 수형자의 거실을 2개 운영하고 있는데, 환자·노인·일반 등으로 세분하여 거실을 지정하는 것은, 현재 여성 수용동의 규모·시설 여건·수용인원 등을 고려할 때 현실적으로 곤란하다."라고 주장하였다.[219]

다. 결정요지[220]

이 사건 진정인과 피진정인 양측의 주장에 대하여 국가인권위원회는 ○○교도소는 여성수용자의 과밀수용이 지속되고 있으며, 1인당 기준면적을 충족하지 못하는 좁은 공간에서 환자, 노인, 일반 수형자 구분 없이 수용되고 있어, 인간으로서의 존엄과 가치 및 행복추구권을 침해하는 것으로 판단하고, 법무부장관에게 여성 수용동 과밀수용 방지를 위한 대책을 강구할 것을 권고하였다.

먼저, 국가인권위는 이 진정사건에 대한 결정문에서 "○○교도소는 정원보다 훨씬 많은 수용자를 수용하고 있으며, 특히 여성수용자는 정원의 166.1%, 150.7%로 과밀수용이 지속되고, 5명 정원의 거실에 평균 생활인원은 8명을 초과한다. 이러한 상황에서 출역을 하지 않는 미지정 수형자를 환자, 노인, 일반 등으로 세분하여 거실을 지정하지도 못하고 있다"

---

[219] 국가인권위원회, 위의 결정, 3면.
[220] 국가인권위원회, 위의 결정, 9면.

라며 ○○교도소는 여성수용자의 과밀수용이 심각하며, 미지정 수형자를 세분하여 거실을 지정하지 못하고 있다고 지적하였다.

또한, 국가인권위원회는 "법을 위반하여 교정시설에 수용된 수용자라고 하더라도 최소한 인간으로서의 존엄성이 보장되어야 하는데, ○○교도소의 여성 수용동 수용률이 150% 이상 지속된 점, 수용자 1인당 기준면적을 충족하지 못하고 1명당 0.50㎡에서 0.60㎡까지 좁은 공간에서 생활하고 있는 점, 특히 환자·노인·일반 수형자의 구분없이 수용되고 있는 상황은, 「형집행법」 제6조 제2항 등을 위반하여, 「헌법」 제10조에서 보장하는 인간으로서의 존엄과 가치 및 행복추구권을 침해하는 것으로 판단된다"라며 ○○교도소는 여성수용자에게 과밀수용과 좁은 공간, 구분없는 수용으로 인간의 존엄과 가치 및 행복추구권을 침해하고 있다고 판단하였다.

다만, 국가인권위원회는 "이 사건은 ○○교도소의 여성 수용동 시설여건, 수용인원 등의 한계를 고려해 볼 때, 법무부장관에게 여성 수용동 과밀수용 방지를 위하여 여성 수용거실을 충분히 확보할 수 있도록 여성수용자 보호 대책을 강구할 것을 권고하는 것이 적절하다고 판단된다"라며 법무부장관에게 ○○교도소의 여성수용자 과밀수용 개선대책을 마련할 것을 권고하였다.

3. 과밀수용으로 인한 행복추구권 침해(23진정0394400)[221]

가. 사실관계 및 진정내용[222]

이 사건의 진정인은 피진정기관인 ○○○○소의 수용자이다. 진정인

---

[221] 국가인권위원회 홈페이지, "○○소의 수용자에 대한 과밀수용으로 인한 행복추구권 침해", https://case.humanrights.go.kr/dici/diciSearchView.do (검색일: 2024. 3. 11.)
[222] 국가인권위원회, 2023. 11. 17. 23진정0394400 결정, 9면.

은 피진정기관에 입소한 후 2023. 7. 31.까지 175일간의 수용생활 동안 146여 일을 1인당 수용면적이 2.58㎡ 미만인 수용거실에 수용되었다. 그런데, 진정인이 약 131일 동안 수용되어 있었던 1인당 수용면적 2.29㎡ 이하의 수용거실은 매우 협소하였다. 즉, 이는 2010년 국가기술표준원에서 실시한 '제6차 한국인 인체치수 조사' 결과에 따른 우리나라 성인 남성의 평균인 174cm 전후의 신장을 가진 수용자가 해당 공간에서 팔을 마음껏 펴기가 어렵고, 발을 어느 방향으로든 다 뻗지 못하며, 다른 수용자들과 부딪치지 않기 위해 옆으로 누워 칼잠을 자야 할 만큼 좁은 면적이었다. 이에 진정인은 피진정인이 3인용 수용거실에 진정인을 포함하여 5인을 수용하는 등 과밀수용하여 진정인의 행복추구권을 침해하였다며 국가인권위원회에 진정을 제기하였다.

나. 피진정인의 반대의견[223]

진정인의 주장에 대해 피진정인은 수용거실에서 가로 1m, 세로 2m 정도의 면적이 확보되면 다른 수용자와 부딪히지 않고 수면이 가능하다고 주장하면서, 최근 대법원에서 도면상 면적이 1인당 2㎡ 미만인 공간에 수용자들을 수용한 것은 인간으로서의 존엄과 가치를 침해한 위법행위라는 사유로 국가가 해당 수용자들에게 배상의무가 있다고 판단한 점을 근거로 2㎡ 이상만 확보되면 과밀수용이 아니라고 주장하였다.

또한 피진정인은 "사회적 상황, 범죄의 증감 등 요인으로 교정시설 수용인원의 사전 예측이 불가하고 추가 입소를 거부하거나 제한할 수도 없으며, 현재 교정시설 수용자들의 공간적 불편을 최소화하기 위해 거실 현황을 지속적으로 모니터링하고 있을 뿐만 아니라 과밀수용으로 인한 수용자 불편을 최소화하기 위해 규정에 따라 거실지정을 철저히 하고 있고, 취침자리지정제 및 혹서기 특별 수용관리 등을 시행하여 수용자의

---

[223] 국가인권위원회, 위의 결정, 9면.

불편 사항을 해소하고 있으며, 장기적인 관점에서 헌법재판소의 판단을 존중하여 유관기관과 협력하여 위 기준을 충족하기 위해 노력 중이다" 라고 주장하였다.

다. 결정요지

국가인권위원회는 진정인은 인간의 기본 생활에 필요한 최소한의 공간조차 확보되지 못한 협소한 공간에서 생활해야 했으며, 피진정인은 1인당 도면상 면적이 2㎡ 이상의 공간이면 과밀수용이 아니라고 주장하지만, 국제 기준에 비해 현저하게 낮은 2.58㎡을 기준으로 삼고 있는 법무부 지침 조차도 준수되고 있지 않은 것은 과밀수용으로 인한 인간으로서의 존엄과 가치를 침해하고 있는 것이라고 판단하였다.

먼저, 국가인권위원회는 "진정인은 일반적인 성인 남성이 다른 수용자들과 부딪치지 않기 위하여 수면 시에도 주의를 기울여야 할 만큼 협소한 공간에서 생활하여야 했는데, 이는 인간으로서의 기본 생활에 필요한 최소한의 공간조차 확보되지 못한 상황이라고 볼 수 있다"라고 지적하였다.[224]

다음으로, 피진정인이 대법원 판례를 근거로 1인당 도면상 면적이 2㎡ 이상만 확보되면 과밀수용이 아니라고 주장하고 있는 것에 관하여서는 "이는 수용자들의 정신적 손해에 따른 국가배상 의무가 발생하는 수준을 판단한 것으로 2㎡ 이상만 확보되면 과밀수용에 해당하지 않는다는 기준을 설정한 것이 아닐뿐더러, 무엇보다 1인당 수용면적에 관한 국제 기준에 비하여 현저하게 낮은 2.58㎡을 기준으로 삼고 있는 법무부 「수용구분 및 이송·기록 등에 관한 지침」 조차도 준수되고 있지 않는 것은 과밀수용으로 인한 인간으로서의 존엄과 가치를 침해하고 있다고 충분히 판단할 수 있다."라고 지적하였다.[225]

---

[224] 국가인권위원회, 위의 결정, 9면.

한편, 국가인권위원회는 과밀수용 여부는 1인당 수용거실 면적, 시설 운영 실태, 생활 여건, 접견 및 운동 시간 등을 종합적으로 고려해야 하며, 1인당 면적이 과도하게 좁다면 그 자체로 인간의 존엄성과 가치를 침해한다고 판단하였다. 즉, 국가인권위원회는 이 사건 결정문에서 "과밀수용으로 인하여 수용자의 기본권이 침해당하였는지 여부를 판단하기 위해서는 1인당 수용거실의 면적뿐만 아니라 수용시설 전반의 운영 실태와 수용자들의 생활여건 등 수용거실 현황, 과밀수용의 기간, 접견 및 운동 기타 편의제공 여부 등 여러 사정을 종합적으로 고려하여야 한다. 그러나 다른 수용시설 기준이 충족되고 운동시간 확보, 접견교통 허용 등 다른 기준을 아무리 충족되었다고 하더라도, 그 이전에 1인당 수용거실 면적이 인간으로서의 기본 욕구에 따른 생활조차 어렵게 할 만큼 지나치게 협소하다면 그 자체만으로도 이미 국가형벌권 행사의 한계를 넘은 처우라고 볼 수 있는바, 이는 「헌법」 제10조의 인간으로서의 존엄과 가치를 가지며 행복을 추구할 권리에 반한다"라고 결정하였다.[226]

이러한 결정요지를 근거로 국가인권위원회는 이 사건 주문에서 "법무부장관에게, 수용자에 대한 과밀수용은 인간의 존엄성에 반하는 비인도적인 처우인바, ○○○○소에서 과밀수용이 발생하지 않도록 개선방안을 마련할 것"을 권고하였다.[227]

4. 국가인권위원회 결정의 의의와 법무부의 수용 여부

가. 국가인권위원회 결정의 의의

위에서 살펴본 바와 같이 국가인권위원회는 교정시설 과밀수용과 관

---

225) 국가인권위원회, 위의 결정, 9~10면.
226) 국가인권위원회, 위의 결정, 10~11면.
227) 국가인권위원회, 위의 결정, 1면.

련하여 2016년 헌법재판소 결정이나 2022년 대법원 판결이 선고되기 이전부터 과밀수용은 「헌법」 제10조에서 보장하는 인간의 존엄성과 가치, 행복추구권을 침해한다는 판단을 지속해서 내려왔다. 국가인권위원회의 이러한 일관된 결정들은 교정시설 과밀수용과 관련한 위 헌법재판소 결정과 대법원 판결에 많은 영향을 미친 것으로 보인다.

국가인권위원회는 2016년 헌법재판소 결정 이후에도 수용자에 대한 과밀수용은 인간의 존엄성에 반하는 비인도적인 처우이므로 조속한 시일내에 개선대책을 마련할 것을 권고하여 왔으며, 2022년 대법원 판결 이후에는 과밀수용 국가배상소송 판결의 $2m^2$ 기준은 수용자의 정신적 손해에 따른 국가배상 의무 발생 수준을 판단할 것일 뿐이라며, $2m^2$ 이상만 확보되면 과밀수용에 해당하는 것이 아니라고 볼 수 없다고 판단하였다. 이는 국가가 교정시설 과밀수용 해소를 위하여 보다 적극적으로 대응하여야 한다는 것을 밝힌 것으로 해석할 수 있겠다.

나. 법무부의 수용 여부

위에서 살펴본 바와 같이 국가인권위원회는 교정시설 과밀수용과 관련한 여러 진정사건의 결정에서 법무부장관에게 수용자에 대한 과밀수용은 인간의 존엄성에 반하는 비인도적인 처우이므로 과밀수용이 발생하지 않도록 개선방안을 마련할 것을 권고하였다. 이러한 권고 결정에 대하여 법무부는 대부분 이를 수용하였고, 「국가인권위원회법」 제25조에 따라 이행 계획을 국가인권위원회에 통지하는 등 국가인권위원회의 권고사항을 존중하고 이행하기 위하여 노력하고 있다. 즉, 법무부는 교정시설의 신축과 증축, 개축을 통하여 2016년 46,600명이던 전체 교정시설의 수용정원을 2023년에는 49,922명으로 증가시켜, 수용자 3,322명을 추가 수용할 수 있는 공간을 확보하였다.[228]

---

[228] 법무부 교정본부, 「교정통계연보」, 2024, 60면.

Ⅳ. 소 결

위에서 살펴본 바와 같이 2016년 12월 헌법재판소는 2013헌마142결정에서 수용시설 과밀수용이 인간의 존엄과 가치를 침해한다고 전원 일치로 위헌 결정을 하였다. 결정 당시인 2016년 기준 전국 교정시설의 1일 평균 수용인원은 55,695명으로 수용정원인 46,600명을 121.2% 초과하고 있었다. 헌법재판소 결정 이후 과밀수용으로 인권을 침해당했다고 주장하는 수용자들의 국가배상청구소송이 줄을 이었다.[229] 2017년 8월에는 1인당 수용면적 $2m^2$ 이하의 수용거실에 수용된 기간이 186일인 A씨에게는 위자료 150만 원, 그 기간이 323일인 B씨에게는 300만 원을 각각 배상하라는 부산고등법원의 판결이 나왔는데 이는 과밀수용에 대하여 국가의 책임을 인정한 최초의 판결이었다. 2022년 7월 14일 대법원은 원고일부승소 판결한 원심을 확정하고 국가의 책임을 최종적으로 인정하였다.

먼저, 위 헌법재판소 결정은 교정시설 내에서의 과밀수용이 인간으로서의 존엄과 가치를 침해한다는 것을 확인하여 국가형벌권 행사의 한계를 명확히 하고, 수용자의 인권 신장에 이바지하여 이에 관한 국제적 스탠다드에 보조를 맞추었다는 데 의의가 있다. 그뿐만 아니라, 이 결정은 인간으로서의 존엄과 가치가 단순한 객관적인 헌법원리에 그치지 않고 주관적 권리로서 구체적 기본권이라는 점을 훨씬 명확히 재확인하고, 「헌법」 차원에서 교정시설에서의 수용자 1인당 수용면적이 가지는 중요

---

[229] 2023. 10. 31. 현재 교정시설 과밀수용을 이유로 국가배상소송 청구는 모두 270건이 제기되었으며, 이 중 100건이 진행 중이고, 170건은 종결되었는데 그 내용은 일부인용 15건, 취하·각하 83건, 기각 72건이다. 김학성, "한국 감옥의 현실과 과밀수용 해소방안" 토론회 토론문, 인권평화연구원, 2023, 61면. 한편, 이들 사건 중 대법원에서 최종 일부 인용한 1일 평균 배상금액은 최저 1,901원(대법원 2022. 8. 11 선고 2021다300890 판결)에서 최고 9,288원(대법원 2022. 7. 14. 선고 2017다266771 판결)까지 다양하게 나타난다.

성을 새롭게 인식시키는 계기를 만들어 준 최초의 사법적 결정으로 평가할 수 있다. 또한 이 결정은 보충의견을 통해 수형자가 수용생활 중에도 인간의 존엄과 가치를 유지할 수 있도록 국가는 교정시설 내에 수형자 1인당 최소 2.58㎡ 이상의 수용면적을 상당한 기간 내에 확보할 것을 밝히면서 교정시설 내에서 보장되어야 하는 1인당 수용거실 면적에 대한 기준을 적극적으로 제시하였다는 점에서 중요한 의미를 가진다.

한편, 위 대법원 판결에서도 관계 법령에 따라 수용자에게 제공되는 일반 매트리스의 면적인 약 1.4㎡를 수면에 필요한 수용자 1인당 최소한의 면적으로 볼 수 있다며, 도면상 면적이 수용자 1인당 2㎡ 미만인 수용거실에 수용되었는지를 위법성의 판단 기준으로 하여 원고들에 대한 국가의 배상책임을 인정함으로써 교정시설에서 수용자 1인당 보장되어야 할 최소한의 수용면적 기준을 구체적으로 제시하였다는 점에서 큰 의의가 있다. 하지만 대법원이 제시한 1인당 수용면적 기준인 2㎡가 적정한 면적인지에 관해서는 후술하는 바와 같이 추가적인 검토가 필요하다.

아울러, 국가인권위원회에서도 헌법재판소 결정이나 대법원 판결 이전부터 과밀수용에 관한 권고 결정을 내려왔다. 특히, 최근에는 대법원 과밀수용 국가배상소송 판결의 2㎡ 기준은 수용자의 정신적 손해에 따른 국가배상 의무 발생 수준을 판단할 것일 뿐이라며 2㎡ 이상만 확보되면 과밀수용에 해당하는 것이 아니라고 볼 수 없다고 결정하였는데, 이는 국가가 과밀수용 해소를 위해 보다 적극적으로 대응하여야 한다는 것을 명확히 한 것으로 평가할 수 있겠다.

제3절 최소 수용면적 기준에 관한 비교법적 고찰

I. 서 설

　앞에서 살펴본 바와 같이 교정시설에서의 과밀수용은 수용자의 기본적인 인권을 침해한다. 수용자의 인권침해를 금지하는 국제인권규범으로 시민적·정치적 권리에 관한 국제규약(자유권규약) 및 유엔 피구금자 처우에 관한 최저기준 규칙(넬슨 만델라 규칙) 등이 있다.
　자유권규약 제7조에는 "어느 누구도 고문 또는 잔혹한, 비인도적인 또는 굴욕적인 취급 또는 형벌을 받지 아니한다. 특히 누구든지 자신의 자유로운 동의 없이 의학적 또는 과학적 실험을 받지 아니한다"라고 규정되어 있으며, 동 규약 제10조 제1항에는 "자유를 박탈당한 모든 사람은 인도적으로 또한 인간의 고유한 존엄성을 존중하여 취급된다"라며 피구금자의 인도적 처우에 대한 국가의 의무를 선언하고 있다. 교정시설에서의 지나친 과밀수용은 동 규약 제7조가 금지하고 있는 잔혹하고 비인도적이며 굴욕적인 취급 또는 형벌의 수준에 해당한다고 볼 수 있고, 제10조 제1항의 자유를 박탈당한 사람에 대한 인도적 처우에 관한 의무를 위반한다고 할 수 있다. 그러나 이 규정들은 피구금자에 대한 인도적인 처우와 관련하여 추상적인 개념을 사용하고 있을 뿐 과밀수용과 관련하여 구체적인 기준을 적시하지 않고 있다.
　이에 반하여 넬슨 만델라 규칙은 제12조부터 제17조에 이르기까지 피구금자의 거주시설에 대하여 구체적인 기준을 제시하고 있다. 특히, 동 규칙 제12조 제1항에서는 "취침설비가 각 방에 설치되어 있을 경우, 개개의 피구금자마다 야간에 방 한 칸이 제공되어야 한다. 일시적인 과잉수용 등과 같은 특별한 이유로 중앙교정당국이 이 규정에 대한 예외를 둘 필요가 있을 경우에도 방 한 칸에 2명의 피구금자를 수용하는 것은 바람직하지 않다."라고 규정하고 있고, 동 규칙 제13조에서는 "피구금자가 사용하도록 마련된 모든 거주설비, 특히 모든 취침 설비는 기후상태와 특히 공기의 용적, 최소건평(최소 바닥면적), 조명, 난방 및 환기에 관하여 적절한 고려를 함으로써 건강유지에 필요한 모든 조건을 충족하여야 한다."라고 규정하고 있는데 이 규정은 피구금자의 건강유지를 위하여 지나친 과밀수용을 금지하는 명시적인 근거라고 볼 수 있을 것이다. 특히 동 규칙 제13조에서 취침 설비와 관련하여 최소 바닥면적을 언급한 것은 구금되어 있는 인간이 건강유지를 위해서는 적정한 수면을 취할 수 있는 최소한의 공간, 즉 최소 바닥면적이 필요하다는 점을 강조한 것으로 보인다. 그러나 이 규칙에서도 피구금자의 건강유지를 위한 적절한 최소 바닥면적이 어느 정도인지에 대해서는 별도의 규정을 두고 있지 않다.

아래에서는 교정시설 내 1인당 적정한 수용 면적에 관하여 국제사회에서는 어떠한 기준을 가지고 있는지에 대하여 비교법적인 연구를 진행하기로 한다.

Ⅱ. 국제적십자위원회의 최소 수용면적 지침

국제적십자위원회(International Committee of the Red Cross, ICRC)는 1863년 2월 제네바협약에 따라 설립된 국제 인도주의 기구로 국제적 및 비국제적 무력충돌, 내란 및 긴장 상황에서 자발적 또는 제네바협약을 바탕으로 피해자들을 보호, 지원하는 단체이다.[230]

---

[230] 국제적십자위원회(The International Committee of the Red Cross) 홈페이지, https://www.icrc.org/en/who-we-are (검색일: 2024. 3. 23.)

국제적십자위원회는 2013년 '교정시설내 식수, 용변, 위생 및 거주에 관한 핸드북(Water, Sanitation, Hygiene and Habitat in Prisons)'을 발간하여 교정시설에 대한 인도주의적 기준을 제시하고 있다. 이 핸드북에서는 구금자 1인당 전체 교도소 내 사용 가능 면적은 20~30m^2정도 되어야 하고, 수용을 위한 최소공간으로 독거수용의 경우 1인당 5.4m^2, 혼거수용의 경우 3.4m^2이어야 하며, 수면을 위한 공간으로 침대의 최소면적은 1.6m^2 (길이 2m × 너비 0.8m) 이어야 하고, 벙커 침대의 경우에는 바닥에서 침대까지의 최소 높이가 0.2 m, 층간 최소 수직 공간은 1.2m, 최대 층수는 3층, 벙커 침대 사이의 최소 수평 공간은 1.5m가 되어야 한다고 규정하고 있다.[231]

Ⅲ. 유럽인권재판소 및 유럽고문방지위원회의 최소 수용 면적 기준

1. 유럽인권재판소의 수용면적 기준

유럽인권재판소(European Court of Human Rights)는 유럽인권협약(Convention for the Protection of Human Rights and Fundamental Freedoms)에 따라 1959년 설립된 인권에 관한 재판소로 교정시설의 과밀수용과 관련한 여러 판결을 통하여 1인당 최소 수용면적 기준을 제시하고 있다. 아래에서는 유럽인권재판소가 1인당 최소 수용면적의 기준을 제시한 것으로 평가받고 있는 대표적인 판례로 Mandić and Jović v. Slovenia 사건과 Muršić v. Croatia 사건을 간략히 소개하기로 한다.

---

[231] Nembrini, Pier Giorgio. *Water, Sanitation, Hygiene and Habitat in Prisons*, International Committee of the Red Cross, 2013, pp.18-24.

가. Mandić and Jović v. Slovenia 사건232)

(1) 사실관계

이 사건의 원고들인 슬로베니아 국적의 페타르 만디치(Petar Mandić)와 세르비아 국적의 블라단 요비치(Vladan Jović)는 각각 1959년과 1963년에 태어나 슬로베니아(Slovenia)의 류블랴나(Ljubljana)와 트르보블예(Trbovlje)에 거주하고 있다. 만디치(Mandić) 씨는 2009년 7월 10일부터 2010년 2월 2일까지, 요비치(Jović) 씨는 2009년 6월 5일부터 2010년 1월 13일까지 약 7개월 동안 재판이 진행될 때까지 류블랴나 교도소(Ljubljana Prison)의 미결구금 구역에 수용되어 있었다. 그들은 6개의 수면 공간이 있는 16.28㎡ 규모의 감방에 다른 수용자 4명과 함께 수용되었다. 감방에는 바닥에서 천장까지 벽으로 분리된 세면대와 화장실이 있는 위생 별관이 갖춰져 있었고, 감방과 같은 층에 있는 샤워실은 매일 사용할 수 있었다. 구금 구역과 폐쇄 구역 모두 하루 종일 감방이 잠겨 있었고, 이들은 면회나 운동과 같은 예정된 활동을 위해서만 감방을 떠날 수 있었으며, 하루 평균 2시간 30분을 감방 밖에서 보낼 수 있었다. 이들은 한 번에 평균 30명 이상이 사용하는 운동장을 하루 2시간씩 이용할 수 있었고, 일주일에 두 시간은 오락실도 이용할 수 있었다.

한편, 슬로베니아 정부가 제공한 정보에 따르면 2009년 7월 하반기와

---

232) 이하 내용은 The European Court of Human Rights, *Conditions in Ljubljana Prison amounted to degrading treatment of prisoners*, Press Release, 2011. 10. 20. 및 The European Court of Human Rights, *Mandic and Jovic v Slovenia [2011] ECHR Application Nos. 5774/10 and 5985/10 (20 October 2011)*. JUDGMENT, STRASBOURG, 20 October 2016. 참조.
이 판결에 대한 원문자료는
https://hudoc.echr.coe.int/eng#{%22itemid%22:[%22001-167483%22]} (검색일: 2022. 11. 30.) 참조. 이 판결에 대한 요약자료는https://www.hrlc.org.au/human-rights-case-summaries/systemic-overcrowding-in-prisons-may-amount-to-inhuman-and-degrading-treatment-2 (검색일: 2022. 11. 30.) 참조.

8월 오후 평균 기온은 약 섭씨 28도로 7일 동안 섭씨 30도를 넘었다. 그리고 슬로베니아 교정국에 따르면, 류블랴나 교도소의 공식 수용 정원은 128명이나, 이들이 구금된 기간인 2009년과 2010년에는 각각 261명과 245명의 수용자를 수용하여 공식 수용 정원을 2배나 초과하였다고 한다. 특히 유럽고문방지위원회(European Committee for the Prevention of Torture and Inhuman or Degrading Treatment or Punishment, CPT)가 2006년에 류블랴나 교도소의 과밀화를 비판하면서 $18m^2$ 규모의 감방에 수용되는 수감자 수를 최대 4명으로 줄이고, $8m^2$ 규모의 각 감방에 한 명의 수감자만 수용할 수 있도록 노력할 것을 재차 권고한 바 있다. 슬로베니아 인권 옴부즈맨 역시 과밀수용에 대해 우려를 표명했으며, 2007년 연례보고서에서 "류블랴나 교도소를 방문하는 동안 공식 수용 정원의 거의 95%가 초과되었다 … 방문 당시는…전형적인 여름 날씨였기 때문에 감방 안의 공기는 덥고 습했다. 방문 3일째(2007년 7월 19일) 정오쯤 일부 감방에서의 온도가 섭씨 31.9도로 측정되었다. 수감자들은 방에 갇혀 있어 공기가 순환되지 않기 때문에 자체 환풍기를 사용하고 창문에 차양을 치는 등 찌는 듯한…더위의 영향을 줄이기 위해 노력했다. 우리가 여름에 관찰한 바와 같이 생활 환경은 비인간적이라고 판단했다."고 지적한 바 있다.

원고들은 류블랴나 교도소의 구금 조건이 유럽인권협약 제3조(비인도적이고 굴욕적인 대우 금지) 및 제8조(사생활 및 가족생활을 존중받을 권리)의 위반에 해당하고, 특히 심각한 과밀수용, 부적절한 환기, 열악한 위생 상태, 감방 밖에서 보낼 수 있는 시간에 대한 과도한 제한 등을 호소하며 유럽인권협약 제13조(효과적인 구제에 대한 권리)에 근거하여 해당 불만 사항에 대해 효과적인 구제 수단이 없었다고 주장하면서 2009년 12월 24일 유럽인권재판소에 소송을 제기하였다.

(2) 유럽인권재판소의 판단

이 사건에 대하여 유럽인권재판소는 2011년 10월 20일 원고들이 1인당 수용면적이 2.7㎡인 감방에 수개월 동안 갇혀 있었다고 지적하며, 이러한 상황 자체가 유럽인권협약 제3조와 관련한 문제를 일으키는 것이고, 게다가 만디치(Mandić) 씨와 요비치(Jović) 씨의 경우 하루에 두 시간의 운동 시간을 제외하고는 밤낮으로 감방에 갇혀 있어야 했기 때문에 상황이 더욱 악화되었다고 판단하였다.

또한 유럽인권재판소는 슬로베니아 인권 옴부즈맨의 보고서에 의해 뒷받침되는 감방의 높은 온도에 대한 원고들의 불만 사항에 주목했으며, 시설이 과밀하다는 사실로 인해 위생 상태가 영향을 받았을 수 있다는 점을 인정할 수 있었지만, 이전 자료에 근거하여 교도소 관련 구역의 청결도가 부적절하다고 판단하지는 않았다.

그리고 유럽인권재판소는 해당 교도소가 원고들을 비하하거나 모욕하려는 의도가 있었다는 증거는 전혀 없었지만, 구금 기간 대부분의 시간 동안 거의 하루 종일 감방 내 개인 공간이 3㎡ 미만인 점을 고려하여, 이들이 겪은 고통과 고난은 구금에 내재된 불가피한 수준의 고통을 초과하였으며 이는 유럽인권협약 제3조의 심각성 기준을 넘어섰다고 판단하였다. 유럽인권재판소는 따라서 이는 유럽인권협약 제3조를 위반한 굴욕적인 대우에 해당한다고 판결하였다.

또한 유럽인권재판소는 관련 법률에 규정된 전화 통화 제한과 방문 횟수 및 기간 제한이 교도소 체제를 유지하기 위한 필요성을 고려할 때 그 자체로는 불합리하지 않은 것으로 보인다고 판단하고, 원고들이 법률에서 요구하는 것보다 더 많은 전화나 방문을 통해 다른 사람들과의 접촉이 제한되었다고 불만을 제기하는 것으로 이해되는 한, 2006년 방문 시 CPT가 이 분야에서 일부 우려를 제기한 것을 언급하면서도, 법원은 신청인들이 법률에 따라 문제의 시설을 사용할 수 없었다는 증거 또는 구체적인 정보를 제출하지 않았으므로 이 부분은 입증되지 않았고, 이는 명백히 근거가 부족한 것으로 간주되므로 원고들의 유럽인권협약 제8조 위반 주장은 기각하였다.

다만, 유럽인권재판소는 슬로베니아 정부가 신뢰하는 구제책 중 어느 것도 원고들에 대한 효과적인 구제책이 될 수 없다고 판단하며, 구금 조건과 관련하여 원고들의 불만 사항에 대한 국내법상 효과적이고 접근 가능한 구제 수단이 부족하여 유럽인권협약 제13조를 위반했다고 판결하였다.

한편, 유럽인권협약 제41조의 정당한 구제조치와 관련하여 유럽인권재판소는 슬로베니아 정부가 원고들에게 각각 8,000유로(EUR)의 비금전적 손해와 비용에 대해 공동으로 2,000유로를 지급해야 한다고 판결했다.

(3) 이 판결의 의의

위에서 살펴본 바와 같이 2011년 유럽인권재판소는 이 사건에서 교도소 내 부적절한 구금 환경, 특히 체계적인 과밀수용으로 인한 수용자의 개인 공간 부족은 유럽인권협약 제3조를 위반하는 비인간적이고 굴욕적인 대우에 해당할 수 있다고 확인하였다. 즉, 유럽인권재판소는 이 판결에서 1인당 수용거실 면적이 $2.7m^2$인 교도소에서 수개월 동안 수용되었던 청구인의 사례는 유럽인권협약 제3조(고문의 금지)[233] 위반이라고 판결하면서 $3m^2$의 수용거실 면적이 유럽인권협약 심사의 최저기준이라는 것을 확인하였다. 또한 교정시설이 일정한 최소 기준을 충족하지 못하는 경우, 수용자를 모욕하거나 비하하려는 적극적인 의도가 없더라도 유럽인권협약 제3조 위반에 해당하는 심각성의 기준을 초과할 수 있다는 점도 이 사건에서 주목할 부분이라고 하겠다.

---

[233] 유럽인권협약 제3조(고문의 금지) : 어느 누구도 고문, 비인도적인 또는 굴욕적인 취급이나 형벌을 받지 아니한다. https://www.echr.coe.int/Documents/Convention_ENG.pdf, (검색일: 2022. 11. 30.)

나. Muršić v. Croatia 사건[234]

(1) 사실관계 및 소송의 경과

이 사건의 원고인 크리스티안 무르시치(Kristijan Muršić)는 1987년생으로 크로아티아(Croatia) 쿠르샤네츠(Kuršanec)에 거주하는 크로아티아 국민이다. 2009년 2월 원고는 무장강도 혐의로 징역 2년 형을 선고받았고, 2010년 7월에는 절도 혐의로 징역 1년 형을 추가로 선고받았다. 2011년 8월 26일, 차코베츠(Čakovec) 카운티 법원은 두 기간을 합쳐 원고에게 2년 11개월의 징역형을 선고했다. 2009년 10월 16일 원고는 투로폴레(Turopolje) 주립 교도소의 반개방형 체제에서 벨루바르(Bjelovar) 카운티 교도소로 이송되어 2011년 3월 16일까지 그곳에 수용되어 있었다. 원고는 그곳에 수용되었던 동안 과밀한 환경의 감방에 갇혀 있었는데, 연속 27일을 포함해 총 50일 동안 그는 개인 공간이 $3m^2$도 안 되는 감방에 갇혀 있었으며, 그 감방은 제대로 관리되지 않았고 축축하고 더러웠다고 주장하였다. 또한 원고는 교도소에서 일할 기회가 전혀 주어지지 않았으며 일반적으로 오락 및 교육 활동에 대한 충분한 접근권도 없었다고 불만을 호소하였다. 2010년 3월 24일 원고는 개인 및 가족을 이유로 벨루바르 교도소 행정 부서에 바라즈딘(Varaždin) 교도소로의 이송을 요청하였고, 2010년 5월에도 가족의 재정적 어려움으로 인해 벨루바르(Bjelovar) 교도소를 방문하기 어렵다는 점을 들어 개인적인 사유와 가족문제를 다시 한번 언급하며 자신의 요청을 반복하였다.

---

[234] 이하 내용은 The European Court of Human Rights, *CASE OF MURŠIĆ v. CROATIA (Application no. 7334/13)*, JUDGMENT, STRASBOURG, 20 October 2016 및 The European Court of Human Rights, *Detention for 27 days in personal space of less than 3 square metres was inhuman and degrading treatment*, Press Release, 2016. 10. 20. 참조.
https://johan-callewaert.eu/wp-content/uploads/2019/12/CASE-OF-MURSIC-v.-CROATIA.pdf. (검색일: 2022. 11. 30.)

2010년 8월 그는 형 집행 판사에게 자신의 구금 조건에 대해 진정을 제기하였으나, 형 집행 판사는 구금 조건에 대해 교도소로부터 자세한 보고서를 받고 원고를 직접 심리한 후, 그의 진정이 근거가 없다고 기각하였다. 원고는 이 결정에 불복하여 항소하였고, 2010년 10월 벨루바르 지방법원의 3인 재판부는 그의 항소를 기각하고 형집행 판사의 판결 이유를 지지하였다. 그는 벨루바르 지방법원의 결정에 이의를 제기하고 벨루바르 교도소의 개인 공간 부족과 작업 기회 부족 등 일반적인 사항에 대해 헌법 소송을 제기하였다. 2012년 6월 5일, 헌법재판소는 원고의 헌법 소송을 명백하게 근거 없는 것으로 판단하여 부적법하다고 선언하였다.

이에 원고는 2012년 12월 17일 유럽인권재판소에 유럽인권협약 제3조(비인도적이거나 굴욕적인 대우 금지)에 근거하여 자신이 벨로바르 교도소에 열악한 환경에 갇혀 있었다고 소송을 제기하였다. 원고는 총 50일의 기간 동안 여러 차례에 걸쳐서 3m² 미만의 감방 내 개인 공간을 사용했으며, 다른 기간에는 3~4m²의 개인 공간을 사용했다고 주장하였다. 원고는 또한 위생 시설, 위생 조건, 음식, 교도소 업무에 참여할 가능성, 교도소 내 레크리에이션 또는 교육 활동에 대한 접근이 불충분하다고 주장하였다.

이에 대하여 유럽인권재판소는 2015년 3월 12일 6대 1의 표결로 신청인이 수용되었던 환경이 비인간적이거나 모욕적인 대우로 간주되기 위한 심각성의 기준에 도달하지 못했기 때문에 유럽인권협약 제3조를 위반하지 않았다고 판결하였다. 원고는 2015년 6월 10일, 유럽인권재판소 규정 제43조(대재판부 회부)에 따라 이 사건을 대재판부(Grand Chamber)에 회부해 줄 것을 요청하였고, 2015년 7월 6일 대재판부의 합의체는 그 요청을 받아들였다.

(2) 유럽인권재판소 대재판부의 판단

유럽인권재판소 대재판부는 2016년 10월 20일 이 사건에 대하여 다음과 같이 판결하였다.

먼저, 유럽인권재판소 대재판부는 만장일치로 원고가 2010년 7월 18일~2010년 8월 13일까지 벨루바르 교도소에서 3㎡ 미만의 개인 공간을 사용한 기간은 유럽인권협약 제3조(비인간적이거나 모욕적인 대우 금지)를 위반하였다고 판결하였다. 그리고 유럽인권재판소 대재판부는 10대 7의 표결로 그가 3㎡ 미만의 개인 공간을 사용한 다른 비연속적인 구금 기간에 대해서는 유럽인권협약 제3조를 위반하지 않았다고 판결하였다. 아울러, 유럽인권재판소 대재판부는 13대 4의 표결로 그가 벨루바르 교도소에서 3㎡에서 4㎡ 사이의 개인 공간을 사용한 기간에 대해서는 제3조를 위반하지 않았다고 판결하였다.

또한, 유럽인권재판소 대재판부는 여러 명이 함께 사용하는 감방에서 수용자 1인당 3㎡의 바닥면적이 판례상 일반적인 기준이며, 유럽인권협약 제3조의 목적상 적용할 수 있는 최소 기준이라고 확인하였다. 이 면적이 3㎡ 미만으로 떨어지면 개인 공간의 부족이 매우 심각하여 유럽인권협약 제3조 위반의 강력한 추정이 발생한다고 보았다.

그리고 유럽인권재판소 대재판부는 크로아티아 정부가 제출한 문서와 원고의 진술을 고려할 때, 원고가 벨루바르 교도소에서 구금되었던 환경은 일반적으로 적절하였으나, 그가 3㎡ 미만의 개인 공간에 27일 연속으로 수용되었던 기간에는 유럽인권협약 제3조를 위반하였다고 판단하였다.

마지막으로, 유럽인권재판소 대재판부는 원고가 3㎡ 미만의 개인 공간을 사용한 다른 기간은 개인 공간의 일시적이고 경미한 감소로 볼 수 있으며, 동시에 원고는 감방 밖에서 충분한 이동의 자유와 활동을 할 수 있었고, 일반적으로 적절한 구금시설에 구금되어 있었다고 판단하였다.

한편, 유럽인권재판소 대재판부는 유럽인권협약 제41조의 정당한 구제조치와 관련하여 크로아티아 정부가 원고에게 비금전적 손해에 대해 1,000유로(EUR), 비용 및 지출에 대해 3,091.50유로(EUR)를 지급해야 한다고 판결하였다.

(3) 이 판결의 의의

유럽인권재판소 대재판부의 이 판결은 앞에서 살펴본 2011년 Mandić and Jović v. Slovenia 사건에 대한 유럽인권재판소의 판결과 같이 여러 명이 함께 사용하는 감방에서 수용자 1인당 3㎡의 바닥면적이 판례상 일반적인 기준이며, 유럽인권협약 제3조의 목적상 적용 가능한 최소 기준이라고 재차 확인하였다. 이 재판에서 유럽인권재판소 대재판부는 교도소 감방의 수용자 1인당 바닥면적이 3㎡ 미만으로 떨어지면 개인 공간의 부족이 매우 심각하여 유럽인권협약 제3조 위반의 강력한 추정이 발생한다고 판결한 것은 수용자에 대한 기본적인 인권보호의 측면에서 교정시설의 1인당 수용면적 기준의 중요성을 강조한 것으로 평가할 수 있겠다.

2. 유럽고문방지위원회의 수용면적 기준

우리나라에서 지금까지 권고된 다수의 국가인권위원회 결정례에 의하면 유럽고문방지위원회(European Committee for the Prevention of Torture and Inhumane or Degrading Treatment or Punishment, CPT)는 최소 수용면적 기준으로 7㎡를 제시한 것으로 알려졌다.[235] 또한 헌법재판소 결정례에 따르면 유럽고문방지위원회는 혼거 수용실의 경우 4㎡의 면적을 1인당 최소 수용면적 기준으로 제시한 것으로 나타났다.[236]

---

[235] 국가인권위원회 결정. 2018. 11.5., 17직권0002100·16진정0380801 등 25건(병합) 구금시설 과밀수용으로 인한 수용자 인권침해 직권조사 등 결정.
[236] 헌법재판소 결정. 2016. 12. 29. 2013헌마142.

그러나, 유럽고문방지위원회는 2015년 12월 15일 펴낸 "교도소 내 수용자 1인당 생활 공간: 유럽고문방지위원회 표준(Living space per prisoner in prison establishments: CPT standards)"을 통해 밝히고 있듯이 독거 수용실의 경우 $6m^2$의 생활 공간을 최소 기준으로 하고 있으며, 혼거 수용실의 경우 수용자 1인당 생활 공간을 $4m^2$를 최소 수용면적 기준으로 정하고 있다.237)

아울러, 유럽고문방지위원회는 최근 몇 년간 분명히 밝혔듯이 생활 공간의 최소 기준은 독방 내 위생시설을 제외해야 하므로, 결과적으로, 독거 수용실은 $6m^2$에 위생 별관(화장실)에 필요한 공간(보통 $1m^2 \sim 2m^2$)을 더한 크기여야 하고, 마찬가지로, 위생 별관이 차지하는 공간은 혼거 수용실의 1인당 $4m^2$의 계산에서 제외되어야 하고, 한 명 이상의 수용자를 수용하는 감방에서는 위생 별관이 완전히 분리되어야 한다고 적시하고 있다.238) 추가적으로, 유럽고문방지위원회는 수용자의 수용을 위해 사용되는 모든 거실은 벽 사이가 최소 2m, 바닥과 천장 사이는 최소 2.5m 이상으로 측정되기를 고려한다고 규정하고 있다.239)

---

237) European Committee for the Prevention of Torture and Inhuman or Degrading Treatment or Punishment(CPT), *Living space per prisoner in prison establishments: CPT standards*, 2015. 12. 15., para.9.
238) European Committee for the Prevention of Torture and Inhuman or Degrading Treatment or Punishment(CPT), ibid., para.10.
239) European Committee for the Prevention of Torture and Inhuman or Degrading Treatment or Punishment(CPT), ibid., para.11.

Ⅳ. 기타 국가들의 최소 수용면적 기준

1. 선행 연구에서의 최소 수용면적 기준 개관

가. 미국

미국의 경우 주(州, state)에 따라 1인당 최소 수용면적의 기준이 각자 다르기 때문에 일률적으로 판단하기는 쉽지 않다. 일찍이 미국은 1829년 펜실베니아주에서 필라델피아 동부주립감옥(East State Penitentiary)을 설립하면서 주야로 완전히 독거하는 형태를 구현하기 위해 길이 3.6m, 폭 2.4m의 독거실을 마련하였는데,[240] 이에 의하면 수용면적은 8.64m^2에 이를 정도로 넓은 공간을 수용자에게 허용한 바 있다.

미국 법무부(U.S. Department of Justice)의 국립교정연구소(National Institute of Corrections)에서는 구치소의 수용면적(바닥면적)은 독거실의 경우 50~70평방피트(4.65m^2~6.50m^2)이며, 혼거실의 경우 최소 60평방피트(5.57m^2)의 수용면적을 기준으로 추가 인원은 1인당 12.5평방피트(1.16m^2)를 더하도록 각 주(state)에 권장하고 있다.[241] 또한 미국 교정협회(American Correctional Association, ACA)에서는 성인교도소의 수용거실은 1인당 최소 25평방피트(2.32m^2)의 방해받지 않는 공간을 제공하고, 심각한 의료장애나 정신질환이 있는 수용자나 성범죄자, 타인에 의해 착취당하거나 피해를 입을 가능성이 있는 수용자, 그 외 독거수용이 필요한 수용자의 경우에는 독거실에 수용할 수 있는데, 구금이 하루 10시간을 초과하는 경우 총 바닥면적이 최소 80평방피트(7.43m^2) 이상이고 그 중

---

[240] 한인섭, 「형벌과 사회통제」, 박영사, 2006, 189면.
[241] Kimme, Dennis A. & Gary M. Bowke & Robert G. Deichman, *Jail Design Guide-third edition*, National Institute of Corrections(NIC), March 2011, p.140.

35평방피트(3.25㎡)는 방해받지 않는 공간을 제공하도록 규정하고 있다.242) 또한 특별관리 수용동(special management housing)과 엄중격리 수용동(restrictive housing)의 독거실은 최소 80평방피트(7.43㎡)의 면적을 제공하여야 하고, 혼거실의 경우 최소 35평방피트(3.25㎡)를 제공하되 추가 인원에 대해서는 25평방피트(2.32㎡)의 방해받지 않는 공간을 제공하도록 규정하고 있다.243)

이러한 기준에 따라 알래스카주(State of Alaska)는 독거실의 경우 5.57㎡, 2인실은 7.43㎡, 3인실은 14㎡의 수용면적 기준을 가지고 있다.244) 콜로라도주(State of Colorado)의 경우에는 독거실의 경우 최소 70평방피트(6.50㎡), 혼거실의 경우 최소 50평방피트(4.65㎡)의 바닥면적 기준을 규정하고 있다.245)

한편, 앞서 살펴본 우리나라 헌법재판소 결정의 보충의견에서는 "미국의 경우 수형자에 대하여는 수용시설 환경이 지나치게 열악하여 수정헌법 제8조의 '잔혹하고 이상한 형벌(cruel and unusual punishment)의 금지'에 위배되는지 여부를 판단하는바, 연방대법원이 약 6.3㎡에 2인을 수용한 것이 헌법의 위반에 이르는 정도가 아니라고 한 예가 있으나(Rhodes v. Chapman, 452 U.S. 337, 1981), 제7연방항소법원은 1인당 수용면적이 2.2㎡인 경우(실제 사용가능면적은 그 절반이었음) 위헌이라고 판단하였고(French v. Owens, 777 F.2d 1250, 1985), 제8연방항소법원은 1인당 2.5~3㎡의 경우 그 수용조건이 위헌적이라고 판단하였다(Cody v. Hillard, 799 F.2d 477, 1986)."라고 미국의 1인당 최소 수용면적 기준을 소

---

242) American Correctional Association, *Performance-Based Standards, Expected Practices, Adult Correctional Institutions Fifth Edition*, 2021, p.55.
243) American Correctional Association, ibid., p.112, p.123.
244) 안성훈, 앞의 책, 18면.
245) Colorado Jail Standards Commission, *Report to the Legislative Oversight Committee Concerning Colorado Jail Standards - Recommended Standards for Colorado Jails*, November 15, 2023, p.108.

개하고 있다.246) 다만, 미국의 경우에 연방법이나 주법에서 교정시설의 1인당 최소 수용면적 기준을 직접 규정하기 보다는 주법의 위임을 받아 미국 법무부의 국립교정연구소(National Institute of Corrections, NIC)나 미국 교정협회(American Correctional Association, ACA) 그리고 국립 교정의료위원회(National Commission on Correctional Healthcare, NCCHC)에서 권장하는 기준을 참고하여 업무 매뉴얼 형식으로 이를 규정하고 있다.

나. 독일

독일의 경우 연방정부는 1인당 $9m^2$의 면적을 최소 수용면적 기준으로 권고하고 있고, 연방헌법재판소도 독거실의 경우 $9m^2$ 혼거실의 경우 $7m^2$를 1인당 최소 수용면적으로 보장하여야 한다고 판시하였다.247) 한편, 앞에서 살펴본 우리나라 헌법재판소 결정의 보충의견에서도 "독일의 경우 연방헌법재판소는 $7.6m^2$ 내지 $8m^2$의 독거실에 2인이 수용된 경우 인간의 존엄성을 침해한다고 판단하였고(BVerfG, NJW 2002. 2699 f.), 프랑크푸르트 주 상급법원이 $11.54m^2$(화장실 포함)의 방에 3인이 수용된 경우 인간의 존엄성을 침해한다고 판단한 바 있다(OLG Frankfurt a.M., NStZ-RR 2009, 326)."라고 소개하고 있다.248)

다만, 독일도 미국과 마찬가지로 1인당 수용면적 기준을 법률에 명확히 규정하고 있지는 않다. 즉, 우리가 흔히 독일 '행형법'이라고 부르고 있는 독일 '구금형 집행과 자유 박탈을 수반하는 교정 및 보안 조치에

---

246) 헌법재판소 2016. 12. 29. 2013헌마142 결정; 헌법재판소, 「헌법재판소 판례집」 제28권 2집(하), 헌법재판소, 2017, 663~664면.
247) 이승택, "수용시설 과밀수용 최저기준에 관한 국제적 기준과 헌법재판소의 결정 : 헌법재판소 결정. 2016. 12. 29. 2013헌마142에 대한 분석을 중심으로", 「국제법 동향과 실무」 Vol.16, No.4(통권 제47호), 외교부 국제법률국, 2017, 120면.
248) 헌법재판소 2016. 12. 29. 2013헌마142 결정; 헌법재판소, 「헌법재판소 판례집」 제28권 2집(하), 헌법재판소, 2017, 664면.

관한 법률(Gesetz über den Vollzug der Freiheitsstrafe und der freiheitsentziehenden Maßregeln der Besserung und Sicherung (Strafvollzugsgesetz-StVollzG))' 제144조와 제146조에서는 아래와 같이 수용거실의 크기와 구조, 과밀수용 금지에 대하여 규정하고 있다.[249] 그러나 구체적인 수용면적(바닥면적) 기준은 법무소비자보호부에서 연방평의회의 동의를 받아 법규명령으로 정하도록 위임하고 있다.

> 제144조 거실의 크기와 구조(Größe und Ausgestaltung der Räume)
> ① 휴식 및 여가 시간 동안의 체류 공간과 공동 휴게실 및 면회실은 주거용 또는 그 목적에 맞게 구성되어야 한다. 충분한 공기량을 가지고 있어야 하며 건강한 생활을 영위하기에 충분하도록 난방 및 환기, 바닥 및 창문 면적이 갖추어져 있어야 한다.
> ② 연방 법무·소비자보호부는 연방평의회의 동의를 받아 법규명령에 따라 공기량, 환기, 바닥 면적 및 창문 면적, 난방 및 시설에 관한 세부사항을 정할 수 있다.
>
> 제146조 과밀수용 금지(Verbot der Überbelegung)
> ① 수용거실에는 허용된 인원 이상을 수용할 수 없다.
> ② 이에 대한 예외는 일시적이며 감독기관의 동의가 있는 경우에만 허용된다.

---

[249] 독일 법무·소비자보호부(Bundesministerium der Justiz und fuer Verbraucherschutz) 홈페이지, Gesetz über den Vollzug der Freiheitsstrafe und der freiheitsentziehenden Maßregeln der Besserung und Sicherung (Strafvollzugsgesetz-StVollzG),
https://www.gesetze-im-internet.de/stvollzg/BJNR005810976.html (검색일: 2024. 6. 10.)

그리고 대부분의 주에서도 주 행형법에 1인당 최소 수용면적을 규정하고 있지 않지만, 바덴-뷔르템베르그(Baden-Württemberg)주의 행형법 제7조는 2010. 1. 10. 동법 시행을 기준으로 그 이전에 착공된 교정시설의 경우 2인 혼거실은 1인당 4.5m^2, 그 이상 혼거실은 1인당 6m^2, 동법 시행 이후에 착공된 교정시설의 경우에는 독거실 9m^2, 혼거실 1인당 7m^2를 최소 수용면적 기준으로 규정하고 있다.[250]

다. 영국

영국의 경우 1842년 모델감옥으로 불리우는 팬턴빌 감옥이 설립되었을 당시 각 독거실은 길이가 4.1m, 폭이 2.3m, 높이 2.7m였는데[251] 수용면적을 계산해보면 9.43m^2로 제법 넓은 편이라고 볼 수 있다. 한 연구에 의하면 현재 영국은 개인당 5.40m^2를 기준으로 독거실은 6.80m^2~7.20m^2의 면적을 기준으로 제시하고 있고, 2인실은 9.80m^2~10.60m^2를 최소 수용면적 기준으로 제시하고 있다.[252] 영국의 경우에도 1인당 최소 수용면적 기준을 법률에 규정하고 있지는 않은 것으로 조사되었다.

라. 일본과 기타 국가

일본은 '구치소, 형무소, 소년원, 소년감별소 기준면적표('91)'에 독거실 10m^2, 혼거실 7.2m^2의 최소 수용면적 기준을 규정하고 있으나, '일본의 교도소 환경(Prison Conditions in Japan('95. 3. 8))'에는 독거실 4.65m^2 (50ft2)~5m^2, 혼거실 2.42m^2로 기준을 정하여 13m^2~16m^2에 6인~10인이 수용된다고 하며, 그 외에 폴란드 2.97m^2, 태국 2.25m^2 등의 최소 수용면

---

[250] 이봉민, "과밀수용에 대한 국가배상책임", 「대법원판례해설」 제133호, 법원도서관, 2023, 59~60면.
[251] 한인섭, 위의 책, 190~191면.
[252] 안성훈, 위의 책, 18면.

적 기준을 가지고 있다고 한다.253) 위에서 살펴본 다른 나라와 마찬가지로 일본을 비롯한 기타 국가에서도 1인당 수용면적 기준을 법률에 규정하고 있지는 않고 있는 것으로 조사되었다.

2. 최근 연구에 의한 최소 수용면적 기준

교정시설 내의 1인당 수용 공간의 밀도에 대한 현재의 국제적, 지역적 및 국가별 표준을 조사하고, 코로나19 감염과 교정시설 과밀수용 간의 연관성에 관한 증거를 설명하면서 포스트 팬데믹 시대에 있어서 세계 여러 나라에 교정시설 수용 공간 밀도 표준에 대한 권장 사항을 제공하기 위하여 2023년에 수행된 한 연구에 의하면 국가별 최소 수용면적 기준은 아래 〈표 3-3〉과 같다.

〈표 3-3〉 국가별 최소 수용면적 기준254)

(단위: m²)

국가/관할권	독거실 면적	2인 거실 면적	혼거실 면적
오세아니아			
오스트레일리아 수도주*	8.9	5.35	
빅토리아255)	6.5	6.0	
뉴사우스웨일즈	8.5	5.25	
뉴질랜드*	7.6		3.9
피지*	5.6		3.7
아프리카			
케냐*		3.7	

---

253) 안성훈, 위의 책, 18~19면.
254) Dahiya, Simran & Paul Leslie Simpson & Tony Butler. "Rethinking standards on prison cell size in a (post)pandemic world: a scoping review", *BMJ open*, 2023, 13.4, pp.3-4.

국가/관할권	독거실 면적	2인 거실 면적	혼거실 면적
세네갈*		3.55	
기니*		2	
말라위*		2-4	
모리셔스*		4.08	
남아프리카공화국*	5.5		3.5
북아메리카			
캐나다*	6.5		
미국	5.57		
남아메리카			
칠레*	6		
과테말라*	11.52	6.98-7.46	
유럽			
아일랜드	7	4	
스위스*	16	8	7.3
이탈리아*	9	7	
리히텐슈타인*	11.27		
스페인*	13		
핀란드*	7	5	
네덜란드*	10		
노르웨이*	10		
오스트리아*	9.4		
키프로스*	7	4	
스코틀랜드	7	4.5	
슬로바키아*	3.5		
프랑스	9	5.5	4.67
잉글랜드	5.5	7.15	
알바니아*	4		
불가리아*	4		
크로아티아*	4		

국가/관할권	독거실 면적	2인 거실 면적	혼거실 면적
루마니아*	4		
체코공화국*	4		
몰도바*	4		
아제르바이잔*	4		
튀르키예*	11.5-12.45		
헝가리*	6	3	
폴란드*	3		
러시아*	2.5		
라트비아*	9	2.5	
에스토니아*	2.5		
아시아			
일본*		2.5	
대한민국*	2.4		
태국*		2.25	
대만*		2	
인도*	8.92		3.71
파키스탄*			1.25
필리핀*		4.7	
홍콩*	4.6		

- 이탈리아, 리히텐슈타인은 화장실/욕실 면적 미포함.
- 파키스탄은 사형수를 대상으로 한 거실면적임.
- * 표시한 국가의 자료는 국제적십자사가 2014년 발간한 교도소 수용 거실의 공간 기준 검토 (International Committee of the Red Cross, *Review of space accommodation standards in prison cells*, Geneva : International Committee of the Red Cross, 2014.)를 참조하였음.

이 연구에 따르면 국제 표준은 혼거실의 경우 1인당 3.4m² 및 3.5m², 지역 표준은 유럽의 경우 1인당 4m² 및 1인당 5.75m², 호주 및 뉴질랜드의 경우 1인당 4m²라는 것을 발견할 수 있고, 국가별 표준은 파키스탄의

---

255) International Committee for the Red Cross, *Water, sanitation, hygiene, and habitat in prisons : supplementary guidance*, 2012.

1인당 1.25㎡부터 네델란드의 1인당 10㎡까지 다양하다는 것을 알 수 있다.

특히, 이 연구에서 우리나라의 독거실 수용면적은 2.4㎡으로 조사되었고, 혼거실의 1인당 수용면적은 기록되어 있지 않다. 이러한 결과는 우리나라에 대한 통계 조사가 정확하지 않아서 그렇겠지만, OECD(경제협력개발기구, Organization for Economic Cooperation and Development) 회원국으로서 세계의 경제발전을 선도하고 있는 우리나라의 국격을 고려할 때 1인당 수용면적이 세계에서 가장 낮은 순위를 기록하고 있다는 점은 부끄러운 일이 아닐 수 없다. 사실, 이 연구에서는 국제적십자위원회가 2014년 발간한 자료를 많이 인용한 것으로 나타났는데, 이 당시 우리나라의 1인당 수용면적은 「법무시설기준규칙」(2011. 12. 29. 법무부훈령 제848호) 제3조에 따라 독거실의 기준면적은 4.62㎡이었고 혼거실의 기준면적은 2.58㎡이었지만 관물대, 싱크대 설치공간을 포함하고 화장실 면적은 포함하지 않도록 규정하고 있었다.[256] 이후 우리나라는 2014. 12. 29. 법무부훈령 제971호로 독거실의 경우 수용자 1인당 기준면적을 5.4㎡로, 혼거실의 경우 화장실 면적을 제외하고 1인당 기준면적을 3.4㎡로 규정함으로써 국제적십자위원회 기준으로 상향 조정한 바 있으며, 다시 2017년 12월 29일 혼거실의 1인당 기준면적을 화장실 포함 3.4㎡로 개정하였다.[257]

아래 〈그림 3-1〉은 위 〈표 3-3〉에서 국제 표준에 따른 국가별 독거실의 권장 바닥 면적을 그래프로 나타내 비교한 것이다.[258]

---

[256] 국가인권위원회, 2013.9.11. 13직권0000100 교정시설 과밀수용 환경개선, 4면.
[257] 국가인권위원회 결정, 2018. 11.5. 17직권0002100·16진정0380801 등 25건(병합) 구금시설 과밀수용으로 인한 수용자 인권침해 직권조사 등 결정.
[258] Dahiya, Simran & Paul Leslie Simpson & Tony Butler. ibid., p.6.을 참고하여 재구성한 것임.

〈그림 3-1〉 국가별 독거실 최소 면적 기준 비교

(단위: m²)

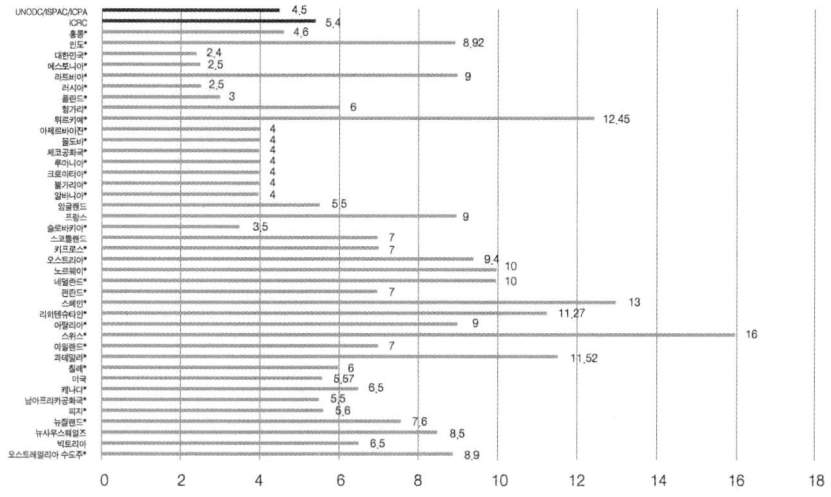

* ICPA, 국제 교정 및 교도소 협회; ICRC, 국제적십자위원회; ISPAC, 국제 과학 및 전문 자문위원회; UNODC, 유엔마약범죄사무소.

3. 국가인권정책기본계획에 나타난 주요 국가의 최소면적 기준

우리나라 국가인권위원회가 2022년에 펴낸 "2023~2027 제4차 국가인권정책기본계획(인권NAP) 권고"에서는 아래 〈표 3-4〉와 같이 외국 교정시설 수용거실의 1인당 최소면적 기준을 소개하고 있다.[259] 다만, 국가인권위원회에서 소개하고 있는 외국 교정시설의 최소면적 기준은 본 연구에서 조사한 내용과 비교하여 다소 정확하지 않은 면이 있다.

---

[259] 국가인권위원회, 「2023~2027 제4차 국가인권정책기본계획(인권NAP) 권고」, 국가인권위원회 인권정책과, 2022, 91면.

〈표 3-4〉 외국 교정시설 수용거실 최소면적 기준

구 분		최소 수용거실 면적
유엔 피구금자 규칙	독거실	개인의 건강에 필요한 면적
	혼거실 개인당	
국제적십자사	독거실	5.4m^2(화장실 제외)
	혼거실 개인당	3.4m^2(화장실 포함)
미 국	독거실	5.57m^2
	2인실	7.43m^2
	3인실	14m^2
독 일	개인당	9m^2(연방정부 권고사항)
	개인당	7m^2
일 본	독거실	10m^2
	혼거실	7.2m^2
유럽인권재판소	독거실	
	혼거실	3m^2
유럽고문방지위원회	독거실	
	혼거실	4m^2

V. 소 결

지금까지 교정시설 1인당 수용면적 기준과 관련하여 국제 인권 기구와 주요 국가의 현황을 비교법적으로 살펴보았다. 국제적십자위원회는 교정시설에 대한 인도주의적인 기준으로 독거수용의 경우 1인당 5.4m^2, 혼거수용의 경우 1인당 3.4m^2을 제시하고 있다. 유럽인권재판소는 교정시설의 수용자 1인당 바닥면적이 3m^2 미만으로 떨어지면 개인 공간의 부족이 매우 심각하여 유럽인권협약 제3조(비인간적이거나 모욕적인 대우 금지)를 위반한다고 판결하였다. 유럽고문방지위원회는 독거 수용실의 경우 6m^2의 생활 공간을 최소 기준으로 하고 있으며, 혼거 수용실의 경우 수용자 1인당 생활 공간을 4㎡를 최소 면적 기준으로 정하고 있다. 이러한 국제 인권 기구와는 달리 미국, 독일, 영국, 일본을 비롯한 세계 각국은 교정시설에서의 1인당 수용면적 기준을 1.25㎡에서 10㎡까지 다양하게 정해두고 있었다. 다만, 이러한 수용면적 기준은 그 나라의 법률에 규정된 것이 아니라 대부분 하위 법령이나 업무 매뉴얼에 규정되어 있는 것으로 분석되었다.

위에서 살펴본 바와 같이 국제 인권 기구 및 외국의 혼거실 수용자 1인당 수용면적은 다양하지만 대체로 우리나라 법무부의 기준인 2.58㎡나 대법원이 제시한 2㎡보다는 훨씬 넓다고 할 수 있다. 국가인권위원회의 결정문에 따르면, 1인당 수용면적을 외국의 기준으로 계산할 경우, 우리나라의 수용률은 국제적십자위원회 기준(3.40㎡)으로는 152%, 유럽고문방지위원회 기준(7㎡)으로는 무려 300%를 넘게 된다.[260] 이처럼 국내 교정시설이 과밀수용에 허덕이고 있는 현실은 세계의 경제발전을 선도하고 있는 OECD 회원국으로서 우리나라의 국격 수준과도 맞지 않는 것이다. 이러한 점에서 우리나라 교정시설의 수용자 1인당 최소 수용면적 기준을 국제 인권 기구나 해외 국가의 사례를 참고하여 선진국 수준의 국격에 맞게 대폭 높여야 할 필요성이 있다.

---

[260] 국가인권위원회 결정, 2018. 11.5. 17직권0002100·16진정0380801 등 25건(병합) 구금시설 과밀수용으로 인한 수용자 인권침해 직권조사 등 결정.

제4절 1인당 최소 수용면적 기준의 법률화 방안

I. 서 설

위에서 우리나라 교정시설의 과밀수용 실태를 살펴보고 이에 대한 헌법재판소 결정례, 대법원 판결례, 국가인권위원회 결정례와 비교법적으로 외국의 판례와 사례 등을 검토하면서 교정시설에서 필요한 적정한 수용 면적에 대하여 알아보았다.

우리나라의 현행 형사사법체계에서 교정시설이 지속적인 과밀현상과 마주하고 있는 이유는 교정시설에서의 1인당 최소수용 면적 기준이 법무부훈령이나 예규 등 행정규칙에나 존재할 뿐이고, 관련 법률에는 전혀 규정되어 있지 않기 때문이라고 볼 수 있다. 이러한 점에서 국제 기준에 맞는 1인당 최소수용 면적 기준을 정해서 법률화할 필요가 있다. 1인당 최소수용 면적 기준의 법률화는 입법, 수사, 재판 단계에서 국회·검찰·법원이 수용면적 기준을 고려하게 하여 국회가 엄벌주의 유혹에 빠지지 않게 하는 안전장치가 될 것이고, 수사와 재판 단계에서 불구속 수사와 재판의 원칙이 철저히 준수되어 미결구금 인원이 최소화되게 하며, 검찰·법원이 중형을 구형하거나 선고하고자 하는 경향에서 벗어나게 해줄 것으로 생각한다.

아래에서는 우리나라의 교정시설 1인당 수용면적 기준에 대한 변화 과정을 살펴보고, 적정한 1인당 수용면적 기준을 어느 정도로 정할 것인지를 분석한 후에 이를 「형집행법」에 규정하여 법률화하는 방안을 검토하기로 한다.

Ⅱ. 우리나라 교정시설 1인당 수용면적 기준 개관

1. 근대 시기의 1인당 수용면적 추산

우리나라에서 근대적인 행형이 시작되었던 19세기 후반에서 20세기 초반의 감옥 내의 1인당 수용면적에 대해서는 별로 알려진 내용이 없다. 다만, 일제의 통감부시대부터 감옥관리로 종사한 나까하시 마사요시(中橋政吉)가 쓴 "조선구시(朝鮮舊時)의 형정(刑政)"을 근거로 대한제국 시대인 융희 2년(1908년) 4월 새로운 감옥관제(監獄官制)에 의해 전국에 8개소의 감옥을 설치했을 때의 전체 감방 면적을 집계하면 298.3평(984.39m^2)에 불과하였다.[261] 이후 조선총독부 감옥관제의 시행일인 1910년 10월 1일부터 만 3개월이 지난 1910년 12월 31일 기준으로 전국 감옥 내의 감방 총면적은 1,470평 4홉(4,852.32m^2)에 수용인원은 7,021명으로 수용밀도는 3.3m^2(1평)당 4.7명이었다.[262]

또한 1939년 조선총독부 행형과에서 편찬한 "조선의 행형제도"의 기록에 의하면 일제 강점기 초기의 수용밀도는 3.3m^2(1평)당 7.9명에 이르렀고, 계속된 감옥시설의 확장으로 1920년 전체 감방 면적은 7,603m^2(2,300평)에서 1923년까지 17,521m^2(5,300평)로 증설되었으나 수용밀도는 3.3m^2(1평)당 2.9명이었다고 한다.[263] 이를 환산하여 정리하면 일제 강점기 초기에는 1인당 수용면적이 0.42m^2였다가 1910년 12월 31일에는 0.70m^2로 늘어났고, 1923년에는 1.14m^2까지 늘어났다. 그러나, 우리나

---

[261] 법무부 교정본부, 「대한민국교정사 (Ⅰ)」, 2010, 233면; 나까하시 마사요시(中橋政吉), 금용명 역, 「전근대 한국의 감옥과 행형(朝鮮舊時の 刑政)」, 교도소연구소, 민속원, 2023, 119면. 이 책에서는 1908년 6월을 기준으로 한다.
[262] 법무부 교정본부, 위의 책, 235면; 나까하시 마사요시(中橋政吉), 금용명 역, 위의 책, 159면.
[263] 법무부 교정본부, 위의 책, 286면.

라가 일제로부터 국권을 회복한 이후부터는 교정시설의 1인당 수용면적을 추산할 수 있는 자료를 찾지 못하였다.

2. 현대의 1인당 수용면적 기준

우리나라 교정시설의 수용정원은 법무부훈령인「법무시설기준규칙」에 따라 거실면적의 기준을 적용하고 있다. 앞에서도 살펴본 바와 같이 법무부는 1992년 10월 6일 법무부훈령 제271호로「법무시설기준규칙」을 제정하였다. 이에 따라 교정시설의 수용거실 중 혼거실의 경우 1.65㎡당 1명을 기준면적으로 제시하였다가 2002년 12월 30일 법무부훈령 제475호에서 동 훈령을 개정하여 혼거실의 1인당 수용면적 기준을 2.48㎡로 확대하였고, 이후 2006년 9월 29일 다시 동 훈령을 개정한 법무부훈령 제565호에서 혼거실 1인당 수용면적 기준을 2.58㎡(일본 교정시설 수용 면적기준)로 다시 확대하였고, 2014년 12월 29일 동 훈령을 또다시 개정한 법무부훈령 제971호에 혼거실 1인당 면적 기준을 3.4㎡(화장실 제외, 국제적십자사 기준)로 확대하였으며, 다시 2017년 12월 29일 화장실 포함 3.4㎡로 개정하였다.[264] 이에 따라 2015년 이후 설계된 서울동부구치소와 증축시설들은 3.4㎡를 기준으로 하며 그 외 나머지 시설은 2.58㎡를 기준으로 하고 있고, 여자 혼거실은 1인당 3.3㎡를 기준 면적으로 하고 있다.[265]

위에서 살펴본 법무부훈령인「법무시설기준규칙」의 개정에 따른 우리나라 혼거실 수용자 1인당 수용면적의 변화를 표로 정리하면 아래 〈표 3-5〉와 같다.

---

[264] 국가인권위원회 결정, 2018. 11.5. 17직권0002100·16진정0380801 등 25건(병합) 구금시설 과밀수용으로 인한 수용자 인권침해 직권조사 등 결정.
[265] 국가인권위원회 결정, 2018. 11.5. 17직권0002100·16진정0380801 등 25건(병합) 구금시설 과밀수용으로 인한 수용자 인권침해 직권조사 등 결정.

〈표 3-5〉 우리나라 혼거실 수용자 1인당 수용면적의 변화

「법무시설기준규칙」 공포번호	개정일	혼거실 수용자 1인당 수용면적	비고
법무부훈령 제272호	1992. 10. 6.	1.65㎡	
법무부훈령 제475호	2002. 12. 30.	2.48㎡	
법무부훈령 제565호	2006. 9. 29.	2.58㎡	▶ 일본 교정시설 면적기준 ▶ 화장실 면적 제외
법무부훈령 제971호	2014. 12. 29.	3.4㎡	▶ 국제적십자사 기준 ▶ 화장실 면적 제외
법무부훈령 제1133호	2017. 12. 29.	〃	▶ 화장실 면적 포함

한편, 법무부예규인 「수용구분 및 이송·기록 등에 관한 지침」 제82조에서는 다음과 같이 규정하고 있다.[266]

제82조(수용정원 산정 기준) ① 수용정원 산정은 다음 기준에 의한다.
1. 수용거실의 기준 면적은 벽·기둥 기타 유사한 구획의 중심선으로 둘러싸인 부분의 수평 투영면적으로 한다. 다만, 혼거실 기준 면적에는 관물대, 싱크대 설치 공간이 포함되고 화장실 면적은 포함되지 아니한다.
2. 교정시설별 수용정원 산정 기준은 독거실 1실당 1명, 혼거실 2.58㎡당 1명, 장애인 혼거실 3.3㎡당 1명(신축예정시설의 경우 4.3㎡당 1명), 외국인 수형자, 여자 수용자 및 직업훈련 수형자 혼거실 3.3㎡당 1명, 병수용동 혼거실 4.3㎡당 1명으로 한다.

지금까지 살펴본 「법무시설기준규칙」과 「수용구분 및 이송·기록 등에 관한 지침」에 규정된 수용거실의 독거실과 혼거실별 면적 기준을 종합하여 표로 정리하면 다음 〈표 3-6〉과 같다.[267]

---

[266] 국가인권위원회 결정, 2023.11.17. 23진정0394400.
[267] 국가인권위원회 결정, 2023.11.17. 23진정0394400.

〈표 3-6〉 법무부 행정규칙상 수용거실 면적 기준

구분		법무시설기준규칙	수용지침	비고
독거실	남녀 일반	5.4m²	기준 없음	화장실 면적 포함
	구금			
	의료수용동	6.3m²		
혼거실	남자 일반	3.4m²(화장실 포함)	2.58m²	화장실 면적 제외
	직업훈련, 장애인, 여자수용자	3.4m²	3.3m²	
	의료 수용동	4.3m²	4.3m²	

Ⅲ. 현행 법무부 행정규칙의 문제점

우리나라에서 수용자 1인당 최소 수용면적을 규정하고 있는 법령은 없다. 다만, 앞에서 살펴본 바와 같이 법무시설의 신축 및 증축과 관련하여 설계와 시공 등에 관해 적정한 시설기준을 정하고 있는 법무부훈령인 「법무시설기준규칙」은 국제적십자사 기준으로 독거실의 경우 수용자 1인당 기준면적을 5.4m²로, 혼거실의 경우 1인당 기준면적을 3.4m²로 상향 조정한 바 있다.

그러나 같은 법무부 행정규칙인 법무부예규로서 교정시설 수용자의 수용 구분 등에 관하여 세부 사항을 정하는 것을 목적으로 하는 「수용구분 및 이송·기록 등에 관한 지침」 제82조 제1항 제2호에는 혼거 수용거실의 정원 산정 기준이 아직도 1인당 2.58m²로 규정되어 있다.

이처럼 「법무시설기준규칙」과 「수용 구분 및 이송·기록 등에 관한 지침」의 수용정원 산출 기준이 다른 이유에 대해서는 「법무시설기준규칙」은 미래지향적 성격을 가진 규칙인 반면 「수용 구분 및 이송·기록 등에 관한 지침」은 현재적인 성격을 가진 규정이라고 분석된다는 연구가 있다.[268] 그러나 한 국가의 교정시설에서 1인당 최소 수용면적 기준이

행정규칙마다 다르게 규정되어 있다는 것은 여러 면에서 문제가 있다. 아마 이것은 1인당 최소 수용면적 기준을 법령화하지 않고 행정규칙으로 규정하고 이 또한 비공개하는 데에 그 원인이 있다고 생각한다.

그리고, 위에서 살펴본 바와 같이 「법무시설기준규칙」이나 「수용구분 및 이송·기록 등에 관한 지침」은 교정시설을 신축하거나 수용정원을 산정할 때 그 기준이 되는 행정규칙으로 법무부 내부 지침에 불과하다. 이는 국가가 수용자에게 독거실의 경우 5.4㎡, 혼거실의 경우 1인당 2.58~3.4㎡의 면적을 반드시 보장하는 법령이 아니기 때문에 과밀수용으로부터 수용자의 인권을 보장하는데 한계가 있을 수밖에 없다. 그러므로 이러한 문제를 해결하기 위해서는 최소한 법률이나 대통령령, 또는 법무부령 등 법규명령 이상의 법령에 1인당 최소 수용면적 기준을 명확하게 규정하도록 할 필요가 있다고 본다. 이에 관하여서는 후술하기로 한다.

Ⅳ. 적정한 1인당 최소 수용면적 기준의 도출

우리나라 교정시설에서의 적정한 1인당 최소 수용면적 기준을 도출하기 위해서는 우리나라의 문화, 경제적 여건 등을 고려하여야 하겠으나, 앞에서 살펴본 바와 같이 2015년 12월에 유럽고문방지위원회(CPT)가 제시한 안을 따르는 것이 합리적이라고 생각한다.

유럽고문방지위원회가 제시한 기준에 따르면, 독거실은 위생시설(화장실 등)을 제외한 6㎡, 혼거실은 위생시설을 제외한 수용자 1인당 4㎡, 벽 사이는 최소 2m, 바닥과 천장 사이는 최소 2.5m가 확보되어야 한다. 혼거실은 4명의 수용자까지 최소 6㎡ 면적에 추가 수용자 수만큼 1인당

---

268) 이봉민, "과밀수용에 대한 국가배상책임", 「대법원판례해설」 제133호, 법원도서관, 2023, 41면.

4m² 면적이 추가로 확보되어야 한다.

그러므로 2인실의 경우는 위생시설(화장실 등)을 제외한 기본 6m²에 4m²를 더한(6m² + 4m²) 최소 10m²의 바닥면적이 필요하고, 3인실의 경우는 위생시설(화장실 등)을 제외하고 기본 6m²에 8m²를 더한(6m² + 8m²) 최소 14m²의 바닥면적이 필요하며, 4인실의 경우에는 마찬가지로 위생시설(화장실 등)을 제외하고 기본 6m²에 12m²를 더한(6m² + 12m²) 최소 18m²의 면적이 필요하게 되는 것이다.

V. 적정한 1인당 최소 수용면적 기준의 법률화 추진

앞에서 살펴본 바와 같이 우리나라의 경우 법무부훈령인 「법무시설기준규칙」과 또 다른 법무부예규인 「수용 구분 및 이송·기록 등에 관한 지침」의 수용정원 산출 기준이 서로 다르다. 물론 이 두 행정규칙의 제정 목적이 서로 다르다고 하더라도 같은 수용면적 기준을 달리 정하는 것은 행정의 통일성을 위해 제정하는 행정규칙의 원래 목적과도 배치되는 점을 감안하면 바람직하지 않은 태도라고 할 수 있다.

여기에서, 교정시설 내 수용거실의 면적과 함께 그 정원을 어느 정도로 정하는 것이 바람직할지는 입법자가 구금의 목적과 국가형벌권의 행사를 고려하여 정책적으로 결정할 사항이라는 점을 상기할 필요가 있다. 특히, 교정시설의 1인당 최소 수용면적 기준은 국민의 기본권인 신체의 자유를 제한하는 인신구속과 관련된 중요한 사안이므로 일반적 법률유보 원칙이 규정되어 있는 「헌법」 제37조 제2항에 따라 법률로 정하는 것이 타당하다고 생각한다.

물론, 이에 대해서는 비교법적으로 보더라도 교정시설의 1인당 최소 수용면적 기준을 법률로 규정한 사례가 다른 나라에서 찾아보기 힘들고,

독일의 행형법과 같이 법률에 수용거실의 규모와 구조, 과밀수용의 금지 조항을 두고 대통령령이나 법무부령 등 하위 법령에 이를 자세하게 규정하는 것이 옳다는 반론도 있을 수 있다. 그러나, 우리나라「헌법」제10조에서 보장하는 인간으로서의 존엄과 가치는「헌법」의 근본규범으로서 "다른 기본권의 이념적 출발점"이자 동시에 "기본권보장의 목표"이므로 그 기본권성을 인정하여야 하고,[269] 헌법재판소도「헌법」제10조가 우리 헌법질서와 기본권보장의 가치지표임을 확인하고 있으며,[270] 2016년 헌법재판소의 2013헌마142 결정 또한 구치소 내 과밀수용행위가 청구인의 인간의 존엄과 가치를 침해한다고 결정함으로써 '인간의 존엄성'을 개별적 기본권으로 다루는 결정을 내렸다는 점에서[271] 교정시설의 1인당 최소 수용면적 기준은 법률로 규정하는 것이 타당하다고 생각한다. 그뿐만 아니라, 인간의 존엄성을 보장하기 위한 자유권규약, 세계인권선언 등 국내법과 동등한 효력을 가지고 있는 국제법을 준수하기 위해서라도 교정시설의 1인당 최소 수용면적 기준은 법률로 정하는 것이 옳다고 본다.

이러한 취지에 따라 교정시설의 규모 및 설비에 관해 규정하고 있는 현행「형집행법」제6조를 개정하여 1인당 최소 수용면적은 화장실 면적을 제외하고 독거실의 경우 $6m^2$ 이상, 혼거실의 경우 $4m^2$ 이상으로 하도록 의무화하되, 현실적인 문제인 기존 시설의 리모델링에 소요되는 예산을 감안하여 신설 또는 증축하는 교정시설에 대하여만 적용하도록 하는 것이 바람직하다고 본다.

이에 따른「형집행법」개정안의 신·구조문대비표는 아래 〈표 3-7〉과 같다.

---

[269] 성낙인,「헌법학」제24판, 법문사, 2024, 1114~1115면.
[270] 허영, 앞의 책, 368면.
[271] 조소영, "기본권 규범구조에서의 '인간의 존엄성'의 지위-헌재 2016. 12. 29. 2013헌마142 결정에 대하여",「공법연구」제48집 제1호, 2019, 120면.

〈표 3-7〉「형집행법」 개정안 신·구조문대비표

현행	개 정 안
제6조(교정시설의 규모 및 설비) ① (생략) ② 교정시설의 거실·작업장·접견실이나 그 밖의 수용생활을 위한 설비는 그 목적과 기능에 맞도록 설치되어야 한다. 특히, 거실은 수용자가 건강하게 생활할 수 있도록 적정한 수준의 공간과 채광·통풍·난방을 위한 시설이 갖추어져야 한다. ③ (생략)	제6조(교정시설의 규모 및 설비) ① (현행과 같음) ② ─── 하며, 신설 또는 증축하는 교정시설의 경우 1인당 최소 수용면적은 화장실 면적을 제외하고 독거실의 경우 6㎡ 이상, 혼거실의 경우 4㎡ 이상으로 하여야 한다.〈신설〉 ③ (현행과 같음)

다만, 이처럼 1인당 최소 수용면적 기준이 행정규칙에서 법률로 격상되어 규정된다면 어떤 정책적 뒷받침이 요구되는지에 대하여 검토할 필요가 있다. 법정 기준을 신설 또는 증축하는 교정시설에 대하여만 우선 적용하더라도 기존 교정시설에 수용된 다른 수용자에 대한 차별 문제가 대두될 수 있고, 이로 인한 법적 분쟁이 발생할 수도 있기 때문이다. 그러므로, 신설 또는 증축으로 수용공간이 늘어나면 적절한 수용구분과 활발한 이송을 통해 전체적으로 평균적인 1인당 최소 수용면적이 증가될 수 있도록 세심한 정책적 배려가 있어야 할 것이다. 아울러, 점차 1인당 수용면적이 증가하면, 다음 단계로 관련 예산과 인력 확보를 통해 기존 시설의 수용거실을 통합하거나 확장하는 등 리모델링을 적극적으로 추진하여 법정 기준을 충족하도록 노력해 나가야 할 것이다.

제5절 결 어

　지금까지 교정시설의 과밀수용과 관련하여 우리나라 헌법재판소 결정, 대법원 판결, 국가인권위원회 결정 등에 나타난 1인당 최소 수용면적 기준을 살펴보았다. 아울러, 국제적십자위원회, 유럽고문방지위원회 등의 국제 인권 기구와 유럽인권재판소 판례, 미국, 독일, 영국 등의 사례를 통하여 외국에서는 교정시설의 1인당 최소 수용면적 기준을 어떻게 규정하고 있는지를 알아보았다.
　각 나라가 처한 경제적, 문화적 차이로 인하여 교정시설에서의 1인당 수용면적 기준은 각양각색의 다양한 모습으로 나타났지만, 국제적십자위원회나 유럽고문방지위원회의 경우와 같이 피구금자에 대한 인도적인 처우를 위하여 독거실과 혼거실에 대한 1인당 최소 수용면적 기준을 규정하고 이를 국제적으로 통일하고자 하는 노력을 발견하였다.
　우리나라 법무부에서는 헌법재판소나 대법원으로부터 지적을 받기 이전부터 나름대로 교정시설에서의 독거실과 혼거실의 1인당 최소 수용면적 기준을 단계적으로 늘려가면서 수용자의 인권 보장을 위해 노력한 점이 인정된다. 최근 들어 법무부훈령인 「법무시설기준규칙」에서는 독거실의 면적 기준을 $5.4m^2$로, 혼거실의 경우 1인당 면적 기준을 $3.4m^2$로 각각 상향하여 규정하여 시행하고 있으나, 또 다른 법무부예규인 「수용구분 및 이송·기록 등에 관한 지침」에서는 아직도 혼거실의 수용인원 산정 기준을 1인당 $2.58m^2$로 규정하고 있다. 이처럼 법무부 내에서조차 교정시설 1인당 수용 면적 기준이 상이한 것은 행정의 통일성과 일관성 유지면에서 바람직하지 않다. 그뿐만 아니라, 교정시설의 1인당 수용면적 기준은 국민의 기본권인 신체의 자유를 제한하는 인신구속과 관련된 중요한 사안이므로 일반적 법률유보 원칙이 규정되어 있는 「헌법」 제37조 제2항과 인간의 존엄성을 보장하기 위한 국제법을 준수하기 위해서라도 교정시설의 1인당 수용면적 기준은 행정규칙으로 정할 게 아니라 법률로 정하는 것이 타당하다고 본다.

　이 경우 교정시설 1인당 최소 수용면적 기준은 인권 보호의 국제적 보편성을 고려하여 유럽고문방지위원회의 기준에 따라 정하는 것이 좋겠다. 이를 위하여 현행 「형집행법」 제6조를 개정하여 1인당 최소 수용면적은 화장실 면적을 제외하고 독거실의 경우 6㎡ 이상, 혼거실의 경우 4㎡ 이상으로 하도록 의무화하여야 한다. 다만, 급격한 1인당 수용면적 기준의 변화에 따르는 혼란을 최소화하고, 국가의 예산 사정을 고려하기 위하여 신설 또는 증축하는 교정시설에 대하여만 적용하도록 하는 것이 바람직하다고 생각한다.

제4장

과밀수용 예방을 위한 정문전략

제1절 서 설

위에서 살펴본 연구에서는 교정시설의 과밀수용에 대한 원인을 지나친 중형주의 형사정책의 추진에 있다는 가설을 세우고 영국과 우리나라의 사례를 중심으로 이를 입증하고자 하였다. 그렇다면 과밀수용을 예방하기 위해서는 중형주의 형사정책을 완화하는 쪽으로 형사사법제도를 개혁하는 것이 바람직한 정책 방향이 될 것이다.

이러한 취지로 교정시설의 과밀화를 줄이기 위한 형사정책은 우선 수용인구를 줄이기 위한 노력에서 출발한다. 교정시설에서의 수용인구를 줄이기 위해서는 시설에 입소되는 인구를 감소시키는 방안 및 시설에서 유출되는 인구를 증대시키는 방안으로 나뉘어 논의된다.[272] 전자와 후자를 각각 "정문전략(front door strategies)" 또는 "후문전략(back door strategies)"으로 언급하기도 한다.[273] 정문전략(front door strategies)은 입구전략으로 불리기도 하는데,[274] 이에는 비범죄화를 통해 유죄 판결을 받고 교정시설에 수용되는 사람의 수를 줄이고, 재판을 위해 구금된 사람과 형이 확정되어 구금된 사람에게 구금형의 사용과 그 기간을 줄이거나, 회복적 사법(restorative justice)적인 접근 방식과 같은 비구금 조치의 개발이 포함된다.[275] 후문전략(back door strategies)은 출구전략으

---

[272] 한인섭, "한국 교정의 딜레마와 당면과제", 「서울대학교 법학」 제40권 제1호, 1999, 311면.
[273] Snacken, S. "Reductionist Penal Policy and European Human Rights Standards." *European Journal on Criminal Policy and Research*, 12(2), 2006, p.150.
[274] 안성훈, 앞의 책, 69면.
[275] Griffiths, Curt Taylor & Danielle J. Murdoch. *Strategies and Best Practices*

로 불리기도 하며,276) 이는 형집행 단계에서 다이버전 제도의 적극적인 활용을 통해 교정시설에 수용된 인원을 많이 출소하게 하는 방법이다.277)

아래 〈표 4-1〉은 일반적으로 거론되는 정문전략의 주요 내용을 도표에 간단히 설명한 것이다.

〈표 4-1〉 정문전략의 주요 내용

세부전략	주요 내용
벌금형 적용의 확대	벌금형은 수형자를 비구금 상태에서 일상생활을 하도록 하되, 벌금 부과로 그의 실질적 자유를 제한하는 형벌이므로 자유형에 비해 인도적이고, 구금으로 기인하는 타 수형자로부터의 범죄성 학습을 방지할 수 있어 재범방지에 효과적이며, 국가도 수형자 수용을 위한 시설을 운영할 필요가 없어 경제적이라고 할 수 있어서,278) 법관이 양형재량에 따라 자유형이 아닌 벌금형을 선택하면 교정시설 과밀수용 예방에 큰 효과를 발휘할 것으로 기대됨.
집행유예제도의 적극적 활용	법관은 양형단계에서 형의 종류를 선택하고 형량을 산정하는데, 이때 법관이 비자유형인 집행유예, 벌금형보다 징역, 금고와 같은 실형을 선고하고 단기형보다 장기형 선고를 더 선호하게 되면, 이는 곧 교정시설의 과밀화로 이어질 수 있음.279) 현재는 집행유예에 보호관찰, 사회봉사명령, 수강명령의 부과가 가능하므로 법관이 실형 대신 집행유예제도를 적극 활용한다면 교도소로 입소되는 인원을 더욱더 줄일수 있을 것임.280)
불구속 수사·재판 원칙의 준수	구속은 수사나 재판단계에서 증거인멸과 도주방지를 위해 불가피한 경우에만 절차확보를 위해 사용되는 최후의 수단이어야 함은 형사절차의 기본원칙이이므로, 불구속수사 및 재판의 원칙을 구현하여 불필요한 미결구금을 방지하기 위해서는 영장단계에서부터 미결구금사유를 엄정하게 심사하여야 할 것임281)
보석제도의 활성화	보증금의 납부 등을 조건으로 법원이 구속영장의 집행을 정지함으로써 구속 피고인을 석방하는 보석제도는 미결구금을 통하여 받게되는 범죄

---

against Overcrowding in Correctional Institutions, International Centre for Criminal Law Reform and Criminal Justice Policy, University of British Columbia, 2009, p.28.
276) 안성훈, 위의 책, 69면, 73면.
277) 안성훈, 위의 책, 68면.

세부전략	주요 내용
	의 악영향으로부터 피고인을 보호하고, 미결구금에 수반되는 인적물적 설비의 유지 때문에 발생하는 국가의 재정부담을 경감함.[282] 제도적으로 법정구속률을 낮출 수 있는 효과적인 수단인 보석제도가 잘 활용되지 않고 있는 것이 미결구금자 증가의 주요 원인이므로 불구속재판을 확대할 수 있는 보석제도의 개선을 통해 미결구금 수용자의 감소를 기대함.[283]

이처럼 정문전략은 교도소나 구치소의 입소자를 줄이는 방식의 형사정책을 말한다. 즉, 이는 경미한 범죄자에 대해 가능한 한 교정시설에 수용하지 않고 그 대체수단인 보호관찰(probation), 지역사회봉사명령(community service order), 가택구금(house arrest), 전자감시(electronic monitoring), 배상, 기타 비거주식 처우시설(residential community facilities) 등을 이용하는 정책으로 교도소의 정문을 통제하여 수용자의 수를 줄이는 방식이다.[284] 다시 말해 정문전략은 형집행 이전 단계인 수사 및 기소, 재판단계에서 다이버전 제도를 적극적으로 활용하여 교정시설에 수용되는 입소 인원을 감소시키는 방법이다.[285]

아래에서는 위 〈표 4-1〉에서 소개한 일반적인 주요 정문전략에서 자세히 다루지 않은 내용으로서 「형법」 제42조의 법정형 상한 재조정, 단기자유형의 폐지와 사회봉사형 신설 및 재택구금제도의 도입, 양형위원회의 양형기준 설정 시 교정시설에 미치는 수용영향평가 실시, 벌금 미

---

278) 오영근, 「형법총론」 제2판, 박영사, 2009, 759~760면.
279) 한영수, 「행형과 형사사법」, 세창출판사, 2000, 84면; 안성훈, 앞의 책, 82~83면.
280) 전정주, "교정발전의 전제조건으로서의 과밀수용해소에 관한 연구," 「교정연구」 제29호, 한국교정학회, 2005, 198면.
281) 국가인권위원회 2018. 11. 5. 17직권0002100·16진정0380801 등 25건(병합)
282) 신동운, 「간추린 신형사소송법」 제14판, 법문사, 2021, 575~576면.
283) 안성훈, 앞의 책, 69면.
284) 김화수, "과밀수용의 원인과 대책", 「교정」 제275호, 법무부, 1999, 23면.
285) 안성훈, 위의 책, 68면.

납자에 대한 노역장 유치제도(환형유치)의 폐지를 중심으로 하는 개혁 방안을 제시하고자 한다.

제2절 「형법」 제42조 법정형 상한의 재조정

Ⅰ. 서 설

앞에서 살펴본 바와 같이 중형주의 또는 엄벌주의 경향의 형사정책은 형사사법의 마지막 단계인 형벌의 집행을 담당하고 있는 교정시설에 막대한 영향을 끼치게 된다. 특히, 유기징역형과 유기금고형의 상한을 15년에서 30년으로 늘리고, 그 가중상한을 25년에서 50년으로 상향조정한 2010년 4월 15일의 「형법」 개정은 교정시설의 수용능력을 고려하지 않은 신중하지 못한 입법이라고 할 수 있다. 당시 조두순 사건이나 김길태 사건 등의 강력 성범죄로 국민들의 불안이 증가하자 정치권에서는 기본법인 「형법」을 직접 개정하여 유기징역형의 상한을 높이는 중형주의적인 입법을 전격적으로 진행하였다. 즉, 국회는 한 차례의 공청회도 개최하지 않고 10여 일 만에 단 2회의 심사를 거친 후 국회 법사위나 본회의의 논의도 없이 아동성폭력 등 잔인한 중범죄에 대한 격앙된 국민감정을 이용하여 전격적으로 개정「형법」을 통과시켰는데, 이러한 개정「형법」은 절차적으로나 실체적으로 정당성을 확보하기 어려운 것이라고 할 수 있다.[286]

이것은 그동안 강력범죄로 사회가 어수선할 때마다 정부가 주도하고

---

[286] 최석윤, "양형기준의 변화가 교정처우에 미치는 영향", 「교정연구」 제51호, 한국교정학회, 2011, 54면.

정치권이 호응하는 방식으로 특별법을 제정하여 국민의 법감정을 다독였던 일반적인 사례와는 다른 형태의 대응이었다. 또한 유기징역형의 상한을 2배로 인상한 것은 비교법적으로도 다른 나라에서는 사례를 찾아볼 수 없을 정도로 강력한 중형주의 입법례였다고 평가할 수 있다.

문제는 유기징역형 상한을 2배나 인상한 이러한 중형주의 경향의 「형법」 개정을 통하여 과연 우리나라의 범죄가 확연히 줄어들고 교정시설의 수용인원이 또한 급감하는 효과가 있었는가에 있다. 당시 「형법」 개정안은 2010년 3월 31일 국회를 통과하여 같은 해 4월 15일 공포되었고 6개월 후인 같은 해 10월 16일부터 시행되었으니 이 연구를 진행하는 2014년 현재를 기준으로 벌써 14년이라는 세월이 흘렀다. 그러나 지금도 여전히 범죄는 줄어들지 않고 있으며, 교정시설의 수용환경은 과밀수용으로 다른 교정교화 프로그램의 시행이 어려울 정도로 곤란한 상태에 빠져 있다. 이제는 정치적 목적이든, 어떤 다른 이유에서든 충분한 검토 없이 급격히 이루어지는 단순한 형량의 상향 조정은 재범의 억제에 거의 효과가 없다는 의견을[287] 되새겨보고 대책을 마련하여야 할 시점이라고 생각한다.

아래에서는 2010년 「형법」 개정을 통하여 유기징역형의 상한과 가중 상한이 2배로 인상된 이후 실무에서 발견된 문제점을 살펴보고, 개선방안으로 유기징역형의 상한과 가중 상한을 다시 재조정하는 방안을 제시하고자 한다.

---

[287] 이인석·임정엽, "개정형법상 유기징역형의 상한조정에 관한 고찰", 「형사법연구」 제22권 제3호(2010 가을·통권 제44호), 한국형사법학회, 2010, 41면.

II. 2010년 「형법」 제42조 법정형 상한 인상의 문제점

1. 법정형의 예측 불가능성

우리나라 「형법」의 최고 원리이자 기본 원칙은 죄형법정주의이다. 죄형법정주의는 어떤 행위가 범죄로 되는지와 어느 범죄행위에 대해 어떤 형벌이 어느 정도와 범위에서 부과될 수 있는지를 성문법에 미리 구체적으로 정해놓고, 그것에 근거하여 시민에게 국가형벌권이 행사되도록 하는 법원칙이다.[288] 형벌권은 국민의 자유를 다른 어느 분야와는 비교할 수 없을 정도로 강력하게 제한할 수 있는 국가의 권력수단이므로,[289] 죄형법정주의는 국가의 형벌권의 남용으로부터 국민의 자유를 보장하는 수단이 되는 것이다. 이러한 죄형법정주의 내용으로는 일반적으로 법률주의 또는 관습 형법 금지의 원칙, 소급효 금지의 원칙, 명확성의 원칙, 유추 금지의 원칙, 그리고 실질적 법치국가원리로서의 적정성의 원칙을 들고 있다.[290]

그런데, 2010년 개정된 「형법」 제42조의 법정형 상한의 인상은 이러한 죄형법정주의 원칙의 내용 중 명확성의 원칙 측면에서 많은 문제가 있다. 명확성의 원칙은 형벌법규에 범죄와 형벌의 내용이 명확하게 규정될 것을 요구한다.[291] 범죄와 형벌의 내용이 명확하지 않거나 어떤 행위가 금지되는지 또는 그러한 행위를 하였을 때 어떠한 형벌을 받게 되는지 불분명하면 예측 가능성과 법적 안정성이 침해받게 되기 때문이다.[292] 2010년의 「형법」 제42조 개정으로 법정형의 상한이나 가중 상한

---

[288] 허일태, "죄형법정주의의 연혁과 그 사상적 배경에 관한 연구", 「법학논고」 제35집, 경북대학교 법학연구원, 2011, 117면.
[289] 이재상·장영민·강동범, 「형법총론」 제10판, 박영사, 2019, 12면.
[290] 이재상·장영민·강동범, 위의 책, 17면.
[291] 이재상·장영민·강동범, 위의 책, 25면.

이 2배로 늘어나게 된 것은 이러한 죄형법정주의 원칙 중 명확성 원칙을 위반하여 국민의 형벌에 대한 예측 가능성을 최소화하고 오히려 법관의 재량권을 극대화하는 좋지 못한 결과를 가져오게 되었다.

예를 들어 「형법」 제297조와 제333조에서는 강간죄와 강도죄에 대하여 "3년 이상"의 유기징역에 처하도록 규정되어 있다. 2010년 개정 전 「형법」 제42조에 의하면 유기징역의 상한이 "15년 이하의 징역"이었으므로 강간죄와 강도죄의 법정형은 "3년 이상에서 15년 이하의 징역형"의 범위 내에서 형기가 결정되는 것으로 예측할 수 있었다. 그런데, 2010년 개정된 「형법」 제42조에 따라 강간죄와 강도죄의 법정형은 "3년 이상에서 30년 이하의 징역"으로 2배 격상되었다. 심지어 「형법」 제281조에서는 체포·감금등의 치상죄에 대하여 1년 이상의 유기징역에 처하도록 규정하고 있는데 이 경우에 개정 전 「형법」에서는 "1년 이상 15년 이하의 징역형"이 법정형의 범위였으나 「형법」 개정 후에는 "1년 이상 30년 이하의 징역형"으로 그 상한이 2배로 늘어났다. 이처럼 우리나라 「형법」은 대부분의 중범죄에 대하여 법정형의 하한을 설정하고 있는데, 2010년 「형법」 제42조 개정을 통하여 유기징역의 상한을 2배로 인상하는 바람에 모든 중범죄의 상한 또한 한꺼번에 2배로 늘어나게 되었다. 이러한 현상은 죄형법정주의의 원칙 중에서 명확성의 원칙이 강조하는 형벌의 예측 가능성을 크게 제한하고 법관의 재량권을 과도하게 확장하기 때문에 문제가 있다.

2. 유기형과 무기형의 역전 현상

2010년 「형법」 제42조의 개정으로 인하여 유기형의 상한은 15년에서

---

[292] 김태미, "형법 법정형 조정방안 연구-자유형을 중심으로", 한양대학교 대학원 박사학위논문, 2020, 41면.

30년으로, 가중 상한은 25년에서 50년으로 각각 2배 인상되었다. 이에 따라 위에서 살펴본 강간죄나 강도죄를 범한 자는 최장 30년 또는 50년을 교도소에서 복역할 수 있게 되었다. 그런데 우리나라「형법」제42조는 무기형을 규정하고 있으며, 동법 제72조에서는 무기형 수형자가 행상(行狀)이 양호하여 뉘우침이 뚜렷한 때에는 20년이 지난 후 행정처분으로 가석방을 할 수 있도록 규정하고 있다. 동법 제72조 또한 2010년「형법」개정 전에는 무기형의 경우 10년이 지난 후 가석방을 할 수 있도록 규정되어 있었다. 이에 따라「형법」개정 전에는 실무에서 무기형 수형자는 20년을 전후하여 가석방되었으나, 현재는 30년을 전후하여 가석방되고 있다. 즉, 2010년「형법」제42조를 개정하여 유기형의 상한을 2배 인상하면서 동법 제72조의 무기형의 가석방 요건 또한 10년에서 20년으로 2배 인상한 것이다.

그러나 문제는 무기형을 폐지하지 않고 단순히 유기형의 상한과 가중 상한을 2배 인상하게 되면서 유기형이 무기형을 넘어서는 역전 현상이 발생하고 있다는 점이다. 지난 100년간 한국 형벌사를 살펴보면, 50년 이상 복역한 무기수는 한 명도 없으며, 40년 이상 복역한 경우도 비전향 장기수 한두 사례에 불과하다고 한다.[293] 그런데, 2019년 5월부터 2020년 2월까지 아동, 청소년이 포함된 여성 피해자 수십 명을 협박하여 성 착취물을 제작한 후 텔레그램 '박사방'에서 이를 판매 및 유포한 혐의로 기소되어 2021년 10월 대법원에서 징역 42년이 확정된 조주빈의 경우 범죄단체 조직 혐의가 인정되면서 유기형 상한선(50년형)에 가까운 중형이 선고된 바 있다.[294] 무기형을 선고받은 수형자는「형법」제72조에 따라 형기의 20년이 지나면 가석방될 수 있으며 실무상으로는 30년 전후에

---

[293] 한인섭, "유기징역형의 상한-근본적인 재조정 필요하다-",「형법개정안과 인권-법무부 형법개정안에 대한 비판과 최소 대안」, 서울대학교 법학연구소 공인인권법센터, 경인문화사, 2011, 6면.
[294] 이에 관한 상세한 내용은 대법원 2021. 10. 14. 선고 2021도7444 판결 참조.

가석방되는 경우가 많다. 그러나 조주빈은 앞서 언급한 사건으로 인해 징역 42년이 확정되었으므로, 다른 무기형 수형자들보다 더 긴 시간을 복역해야 한다. 이처럼 형벌의 역전 현상이 벌어지면 「형법」에 무기형과 유기형을 구분한 의미가 사라지게 된다. 그러므로 30년 또는 50년의 유기형을 도입하고자 할 때는, 무기형을 폐지하는 입법적인 조치도 함께 있었어야 한다는 의견을 새겨들을 필요가 있다.[295] 이와 관련한 외국의 사례를 살펴보면 유기징역형 상한이 40년인 스페인의 경우 사형 및 무기자유형을 폐지한 바 있다.[296]

3. 형기 인상으로 인한 교정시설의 부담 증대

「형법」을 개정하여 유기형의 형기를 늘릴 때는 교정시설 수용인원의 증감에 미치는 영향을 검토하여야 한다. 유기형의 형기가 늘어나게 되면 수형자가 교정시설에서 복역하는 기간이 길어지기 때문에 누적적으로 수용인원이 증가할 수밖에 없기 때문이다. 그런데도 유기형의 상한과 가중 상한을 인상하는 내용을 골자로 하는 2010년의 「형법」 개정안은 이러한 충분한 예측평가 없이 너무나도 신속하게 국회에서 통과되었다.

이러한 형기 인상으로 인해 교정시설의 부담은 증가할 수밖에 없었다. 이러한 사정은 교정시설 1일 평균 수용인원 중에서 기결구금자인 수형자의 인원을 살펴보더라도 알 수 있다. 2010년의 교정시설 1일 평균 수용인원 47,471명 중 수형자 인원은 30,607명이었으나 4년여 기간이 흐른 2014년에는 1일 평균 수용인원이 50,128명으로 늘어났으며, 이 중에서 수형자 인원은 30,727명으로 2010년보다 120명이 증가하기 시작하여 2017년에는 1일 평균 수용인원은 57,298명으로 증가한 가운데 수형자 인

---

[295] 이에 관하여서는 한인섭, 앞의 글, 7면.
[296] 이인석·임정엽, 앞의 글, 40면.

원은 37,006명으로 2010년 수형자 인원보다 6,399명이 늘어 20.9%의 증가율을 보인 이후 2023년의 경우 1일 평균 수용인원은 56,577명에 수형자 인원은 35,007명으로 2010년 당시보다 4,400명이 늘어나 14.4%의 증가율을 보이고 있다. 4,400명이라는 인원은 약 400명의 수용정원으로 운영되고 있는 거창구치소와 같은 교정시설이 11개나 더 있어야 수용이 가능한 규모이다.

물론, 앞에서 분석한 바와 같이 2020년부터 2022년까지 3년간은 교정당국이 코로나19 팬데믹에 대한 대응 차원에서 기결구금자 중 수형자에 대한 가석방을 적극적으로 시행하였고, 검찰에서도 벌금 미납자에 대한 환형으로 노역장 유치를 최소화하여 이들의 교정시설 입소가 확연히 줄어든 상황을 고려할 필요가 있다. 그렇다고 하더라도 개정「형법」이 시행된 지 3년여 시간이 흐른 2014년부터는 2010년의 1일 평균 수형자 인원보다 훨씬 많은 수의 수형자 인원이 유지되고 있는 것은 성폭력 범죄를 포함하여 일반 범죄자에 대한 중형 선고로 인하여 형기가 늘어났고, 이렇게 늘어난 형기를 복역하는 수형자의 숫자가 해마다 누적되다 보니 수용인원의 증가에 지대한 영향을 미친 것으로 보인다.

결국 2010년의「형법」개정으로 인한 유기형의 상한 인상은 수형자 인원을 급격하게 증가시켜 교정시설에 큰 부담을 준 것으로 분석되었다.

III. 유기형 상한의 재조정

2010년 개정 전의「형법」제42조는 유기형의 상한을 15년으로 하고, 형을 가중하는 때에는 25년을 상한으로 하였다. 이「형법」제42조는 1953년「형법」제정 당시부터 유지되어 왔던 조문인데, 2010년「형법」개정으로 유기형의 상한이 30년으로 늘어나고, 가중 상한 또한 50년으로 늘어나게 됨에 따라 위에서 살펴본 바와 같이 여러 가지 문제가 발생하고 있다. 그러므로, 이러한 문제를 바로 잡기 위해서는 현행「형법」제42조를 다시 개정하여 유기형의 상한을 현행보다 완화할 필요가 있다.

다만, 2010년 개정 이전의 조문으로 원상복귀하자는 것이 아니라 유기형의 상한을 20년으로 하고, 형을 가중하는 때에는 30년을 상한으로 하는 것이 바람직하다고 생각한다. 이 안은 2009년 12월 한국형사정책학회에서 조직된 '형법개정연구회'의 개정안과 동일하다. 당시 '형법개정연구회'에서는 유기형의 상한에 대하여 "현제도유지안"과 "상향조정안"이 대립하였으나, 다수 의견은 15년인 유기형의 상한을 20년으로 상향 조정하자는 후자를 지지하였는데, "유기형과 무기형과의 간격을 좁혀 법관에게 양형의 구체적 타당성을 도모할 수 있게 하자"는 것이 주요 논거였다.[297] 외국의 사례를 살펴보더라도 이웃 나라 일본이 2004년 형법 개정을 통해 유기형의 상한을 20년으로, 이를 가중할 때에는 30년으로 상향 조정하였고, 독일의 경우 15년, 영국과 네덜란드 및 오스트리아와 네덜란드는 20년, 이탈리아는 24년으로 각각 유기형의 상한을 두고 있음을 참고한다면,[298] 우리나라의 경우에도 유기형의 상한을 20년으로 하고 형벌 가중 상한을 30년으로 재조정하는 방안이 가장 합리적인 안이라고 판단한다.

그리고, 이처럼 유기형의 상한을 20년 또는 30년으로 재조정할 경우 그동안 학계에서 책임주의에 반한다고 비판받아 온 누범·상습범의 가중 처벌규정 또한 폐지할 필요가 있다. 위의 '형법개정연구회'에서도 종래 누범과 상습범은 형의 가중 요소로 작용해 왔으므로 이를 폐지할 경우 법 감정에 크게 어긋나는 결과가 발생할 수 있어, 이러한 법적 공백을

---

[297] 한인섭, "유기징역형의 상한-근본적인 재조정 필요하다-",「형법개정안과 인권-법무부 형법개정안에 대한 비판과 최소 대안」, 서울대학교 법학연구소 공인인권법센터, 경인문화사, 2011, 2면.
[298] 한인섭, 위의 글, 7면.

메우기 위해 유기형의 상한을 일부 인상하자는 의견을 제안한 것처럼,299) 유기형의 상한과 그 가중 상한을 20년 또는 30년으로 재조정하게 된다면 누범과 상습범에 대한 가중처벌 규정은 이를 폐지하는 것이 타당하다고 생각한다.

아울러, 가석방의 요건을 규정하고 있는 「형법」 제72조의 경우는 2010년 개정 전에는 무기형의 경우 10년이 지난 후 가석방을 할 수 있게 규정되었다가 개정 후에는 20년이 지난 후 가석방을 할 수 있게 하였다. 본 연구에서는 유기형의 상한을 20년으로 조정하는 것이 바람직하다고 판단하므로 위에서 살펴본 여러 논거에 따라 무기형의 가석방 요건은 현행 규정대로 두는 것이 옳다고 본다.

Ⅳ. 소 결

위에서는 유기형의 상한을 2배로 인상한 2010년의 「형법」개정이 교정시설의 수용능력을 고려하지 않은 신중하지 못한 입법이었으며, 다른 나라에서도 사례를 찾아볼 수 없는 강력한 중형주의 입법이었다고 평가하였다. 이러한 2010년의 「형법」 제42조 법정형 상한 인상으로 첫째, 죄형법정주의의 원칙 중에서 명확성의 원칙이 강조하는 형벌의 예측 가능성을 크게 제한하고 법관의 재량권을 과도하게 확장하며, 둘째, 무기형을 폐지하지 않고 단순히 유기형의 상한과 가중 상한을 2배 인상하게 되면서 유기형이 무기형을 넘어서는 역전 현상이 발생하고 있으며, 셋째, 이러한 유기형의 상한 인상은 수형자 인원을 급격하게 증가시켜 교정시설에 큰 부담을 주는 문제가 있다.

그러므로, 이러한 문제를 바로 잡기 위해서는 현행 「형법」 제42조를

---

299) 한인섭, 위의 글, 2~3면.

다시 개정하여 유기형의 상한을 현행보다 완화할 필요가 있다. 다만, 2010년 개정 이전의 조문으로 되돌리는 것이 아니라, 유기형의 상한을 20년으로 하고, 형을 가중할 때에는 30년을 상한으로 하는 것이 바람직하다고 본다. 다만, 이 경우 책임주의에 반한다는 비판을 받아 온 누범·상습범의 가중처벌 규정은 폐지하고, 무기형의 가석방 요건은 현행대로 유지하는 것이 좋다고 생각한다.

제3절 단기자유형의 폐지

I. 서 설

교정시설의 과밀수용을 방지하기 위한 정문전략의 하나로서 자유형의 개혁을 검토하지 않을 수 없다. 언뜻 생각해 보면 자유형과 교정시설 과밀수용과는 아무 관련이 없다고 느낄 수 있다. 그러나 자유형을 집행하는 곳이 교정시설이기 때문에 이러한 자유형의 집행을 줄이는 것이 곧 교정시설의 과밀수용을 예방하는 지름길이 된다는 것을 알 수 있다.

이러한 목적에 따라 자유형의 개혁 방안으로 일반적으로 두 가지가 검토된다. 하나는 자유형의 단일화 문제이고, 다른 하나는 단기자유형의 폐지 문제이다. 자유형의 단일화는 징역형과 금고형을 통합하는 문제이고, 단기자유형의 폐지는 6개월 이하 또는 1년 이하의 징역형이나 금고형을 폐지하고 사회봉사형을 신설하여 보호관찰 기관의 감독하에 집행하거나, 재택구금제도를 도입하여 경미한 범죄를 저지른 사람이 교정시설에 입소하지 않고 사회내에서 처벌을 받도록 하는 것이다.

다만, 이 장에서는 교정시설 과밀수용을 예방하기 위한 정문전략으로서 실제로 효과적인 방안을 찾고 있음을 고려하여 아래에서는 단기자유형의 폐지 방안을 중심으로 자유형의 개혁에 관하여 살펴보고자 한다.

II. 단기자유형의 폐지

1. 단기자유형의 이론적 개관

가. 단기자유형의 의의

단기자유형(短期自由刑, short term imprisonment)은 일반적으로 6개월 이하의 기간 동안 교도소나 구치소 등의 교정시설에 수용되어 자유를 제한받는 징역, 금고, 구류 등의 자유형 형벌을 말한다. 단기자유형은 범죄자의 개선과 교화를 목적으로 하지만, 그 효과를 거두기에는 시간이 부족하다는 단점이 있다.

단기자유형의 기준에 대해서는 여러 가지 의견이 있다. 단기의 기준을 1개월로 보는 견해부터 6주, 3월, 6월, 9월, 1년, 심지어 2년을 단기로 보는 견해가 있으나, 오늘날에는 6개월을 단기자유형의 상한선으로 보는 입장이 상대적으로 다수인데,[300] 이는 1960년 '범죄방지와 범죄인처우에 관한 제2차 유엔회의'에서 단기자유형의 기준을 6개월 이하의 자유형으로 간주한 것에서 비롯되었다.[301] 미국에서는 대체로 1년 이하가 제시되고 있으나,[302] 1959년 유엔(UN) 범죄방지회의와 독일에서는 형법 제47조에서 6월 이하를 단기형이라고 규정하고 있다.[303] 그러나 과밀수용

---

[300] 배종대, 「형법총론」 제15판, 홍문사, 2021, 610면; 임웅, 「형법총론」 제12정판, 법문사, 2021, 664면.
[301] 한영수, 앞의 책, 118면.
[302] 임웅, 위의 책, 664면.
[303] 박상기·손동권·이순래, 「형사정책」 제11판, 한국형사정책연구원, 2016, 309면.

문제를 해결하기 위하여 실무적인 측면에서 본다면 1년 이하의 자유형을 단기자유형으로 규정하는 것이 바람직하다고 생각한다.

나. 단기자유형의 문제점

먼저, 단기자유형은 6개월 또는 1년 이하의 짧은 기간에 형벌의 집행이 이루어지기 때문에, 수형자가 교정 프로그램이나 직업훈련에 참여하기가 어려워 자기 행동을 반성하고 개선할 시간이 부족하며, 전과자라는 낙인이 찍히기 때문에 출소 후 사회복귀가 어렵게 되고, 결과적으로 다시 범죄를 저지를 가능성이 높다. 즉, 가벼운 범죄로 인한 6개월 또는 1년 이하의 단기자유형은 형집행과정에서 직업훈련·성격개선 등 사회복귀를 위한 개선·교화의 효과를 거둘 시간적 여유가 없으므로 특별예방적 효과가 작은 데다 짧은 형기는 위하력도 약해 일반예방적 효과도 떨어지고, 수형자로 하여금 교도소에서 더 심각한 범죄를 학습하게 하는 기회를 제공하면서도 수형자를 재사회화하기에는 충분한 기간도 아니라는 것이 일반적인 평가이다.[304]

또한, 비록 짧은 기간이지만 교정시설에 수용되어 좁은 공간에서 공동 생활을 하여야 하므로 인권침해가 발생할 가능성이 높고, 구금으로 인하여 정상적인 가족관계가 파탄되거나 가족들에게 정신적 부담과 함께 경제적 어려움을 겪게 한다.

결국, 교정시설에서의 단기자유형 집행은 수형자의 사회복귀 효과를 전혀 기대하기 어렵고, 오히려 혼거실 구금 등으로 인하여 수형자를 범죄에 감염되도록 할 위험이 있다는 것이 문제점으로 지적된다.[305]

---

[304] 박성수, "가택구금제도의 다양한 활용방안", 「보호관찰」 제14권 제11호, 한국보호관찰학회, 2014, 89면; 배종대·홍영기, 앞의 책, 452면; 임웅, 위의 책, 665면.
[305] 이재상·장영민·강동범, 앞의 책, 595면.

2. 영국의 사례 분석

가. 단기자유형 집행 현황

영국은 경미하고 상습적인 범죄자에 대하여 교도소 사용을 과도하게 한다는 평가를 받고 있다.[306] 이것은 잉글랜드와 웨일즈에서 범죄자가 중대한 범죄를 저지르지 않았음에도 단기간 교도소에 구금될 수 있다는 것을 의미한다. 2008년 12월 영국 법무부는 범죄자들로부터 대중을 보호하기 위하여 교도소는 가장 위험하고, 심각하며, 가장 상습적인 범죄자들에게 적합한 장소이며, 경미한 범죄자들에게는 단기구금형(short custodial sentence)보다 강력한 사회 내 처분(community sentences)이 그들의 처벌과 개선(교정)에 더 효과적일 수 있다고 발표하였다.[307] 이후 적어도 15년 동안 영국 정부의 정책은 범죄에 대한 트윈트랙 또는 이원적 대응이라는 생각과 일치하는 것으로 나타나 '중대'하고 '위험'한 범죄자에게는 장기형을, '중대하지 않은' 그리고 '위험하지 않은' 범죄자에게는 형벌의 가혹함을 줄여주는 것을 추천해 왔지만, 이러한 영국 정부의 정책은 범죄의 심각성에 대한 언급 없이 상위 트랙(교도소)에 '가장 상습적인 범죄자'를 명시적으로 포함하고 있어서 이는 상습적인 절도범이나 다른 사람들이 저지른 범죄의 규모와 비교할 때 불균형적으로 가혹하게 형벌을 선고하는 결과를 초래할 수 있다.[308]

2019년 6월까지 구금형을 선고받은 약 56,000명 중 46%가 6개월 이하의 형을 선고받았으며,[309] 2022년 한해동안 구금형을 선고받은 약 43,000

---

[306] Prison Reform Trust, *Prison: the facts-Bromley Briefings Summer 2023*, 2023, p.2.
[307] Ashworth, Andrew & R. Kelly. op. cit., p.220.
[308] Ashworth, Andrew & R. Kelly. ibid., p.220.
[309] Halliday, Matthew. *Bromley Briefings Prison Factfile - Winter 2019*, Prison Reform Trust, 2020, p.10.

명의 수형자 중 38%가 6개월 이하의 형을 선고받았고, 61%에 이르는 대다수의 범죄자가 중대한 범죄가 아닌 비폭력 범죄를 저지른 것으로 나타났다.310)

나. 단기구금형 절제를 위한 추정(presumption)제도

영국의 형사사법 시스템은 다른 서유럽 국가들보다 훨씬 더 긴 구금형과 훨씬 더 많은 빈도의 부정기형을 사용하고, 결과적으로 다른 곳에서는 교도소에 가지 않을 수도 있는 범죄자들에게 단기구금형을 사용한다.311) 단기구금형을 과다하게 사용하는 이러한 현상은 필연적으로 교도소 인구의 과밀을 초래할 뿐만 아니라 이들의 재사회화에도 불리한 영향을 미친다.

즉, 단기구금형을 선고받은 수용자들은 일반적으로 장기구금형을 선고받은 수용자들보다 더 나쁜 결과를 보이는데, 2021년 조사된 통계에서 12개월 미만의 구금형을 받은 수용자들의 재범률(58.9%)은 구금에서 석방된 모든 수용자의 일반적인 재범률(41.6%)보다 17.3% 포인트 더 높았고, 6개월 이하의 구금형을 선고받은 수용자의 재범률(61.6%)은 그보다 더 높았다.312) 마찬가지로 2024년 조사된 통계에서도 12개월 미만의 단기구금형을 선고받은 수용자들의 재범률(55.5%)은 12개월 이상의 형을 선고받은 사람들의 재범률(20.4%)보다 35.1%나 더 높게 나타났으며, 6개월 이하의 형을 선고받은 사람들의 재범률(58.3%) 그보다 더 높았다.313)

2019년에 영국 법무부는 단기구금형이 사회봉사명령제보다 재범방지

---

310) Prison Reform Trust, ibid., p.2.
311) Ashworth, Andrew & R. Kelly. op. cit., p.229.
312) Ministry of Justice, *Proven reoffending statistics quarterly bulletin, October to December 2019*, 28 October 2021, p.1, pp.12-13.
313) Ministry of Justice, *Proven reoffending statistics quarterly bulletin, January to March 2022*, 25 January 2024, p.1., p.9.

에 덜 효과적이라는 주장에 기반하여 잉글랜드와 웨일스에서 6개월 이하의 징역형을 폐지하는 방안을 마련 중이라는 보고가 있었다.314) 당시 영국 법무부 교정담당 장관(Prisons Minister) 로리 스튜어트(Rory Stewart)는 데일리 텔레그래프(the Daily Telegraph)와의 인터뷰에서 단기 징역형이 수용자에게 부정적인 영향을 미친다고 주장하며, 단기구금형으로 인해 수용자는 집, 직장, 가족, 평판 등을 잃게 되며, 교도소 내에서 다른 범죄자들과 교류하며 출소 후 재범의 위험이 높아진다고 강조하였다.315) 그는 단기구금형의 단점으로 수용자들이 교도소 내에서 관계를 형성한 다른 범죄자와 출소 후 함께 또 다른 범죄를 저지르게 되는 경우도 빈번하다고 지적하며 만약 긍정적인 방향으로 사회봉사명령을 내린다면 교정효과의 극대화와 더불어 교도소 과밀화 문제도 해결할 수 있을 것이라고 강조했다.316)

2020년 영국 법무부에서 펴낸 백서(White Paper) '양형에 대한 보다 현명한 접근방법(A Smarter Approach to Sentencing)'은 활성화된 이중 트랙(경로) 모델을 채택하고 있는데,317) 이것은 '최악의 범죄자들을 가능한 한 오랫동안 교도소에 가둬두어 대중을 위해로부터 보호할 수 있을 정도로 충분히 강력하지만, 범죄자들에게 공평한 재사회화의 출발을 제공할 수 있을 정도로 민첩한' 시스템을 목표로 하고 있으며,318) 이 모델의

---

314) 나주원, "영국 법무부, 6개월 이하 단기 징역형 폐지 고려", 국제형사정책동향, 한국형사법무정책연구원,
https://www.kicj.re.kr/board.es?mid=a10308000000&bid=0018&act=view&list_no=8271 (검색일: 2024. 2. 11.)
315) BBC News, Ministers consider ending jail terms of six months or less, https://www.bbc.com/news/uk-46847162 (검색일: 2024. 2. 11.)
316) 나주원, 위의 글 (검색일: 2024. 2. 11.)
317) Ashworth, Andrew & R. Kelly. op. cit., p.221.
318) Ministry of Justice, *A Smarter Approach to Sentencing*, September 2020, 2020, pp.3-4.

하위 트랙(경로)은 단기구금형 대신 사회 내 처분(community sentences), 약물, 알코올 및 정신장애와 같은 원인 요소에 대한 개입, GPS 추적과 같은 기술의 더 많은 사용을 강조한다.[319] 즉, 영국 정부의 2020년 백서는 단기구금형 사용의 축소와 보호관찰 및 더 강화된 지역사회 명령으로의 전환을 지지하고 있다.[320]

한 시민단체(Zahid Mubarek Trust)는 정부는 범죄를 줄이고 시스템을 개혁하는 야심찬 전략의 일환으로, 단기구금형의 사용을 제한하고 대신 재범률을 최소 4% 이상 감소시키는 것으로 입증된 사회 내 처분을 활용할 것을 약속해야 한다고 주장한다.[321] 또 다른 시민단체(Criminal Justice Alliance)에서는 영국 법무부가 2021년 12월에 발표한 교도소 전략 백서는 10개월 이하의 형을 선고받은 사람들을 지원하기 위해 모든 보호관찰 지역에 단기 선고 기능을 도입하고,[322] 단기구금형을 선고받은 여성을 위한 '작고 트라우마에 반응하는 구금 환경'을 도입하기로 약속하였고,[323] 단기구금형이 범죄를 줄이는 데 효과적이지 않다는 증거가 명백하므로, 정부는 대신 6개월 미만의 단기구금형에 대한 추정(presumption) 제도를 도입해야 한다고 주장한다.[324]

이처럼 단기구금형의 개혁에 대한 다양한 의견을 수렴한 영국 정부는 2023년 11월 14일 양형법안(Sentencing Bill)을 하원에 상정하면서 이

---

[319] Ashworth, Andrew & R. Kelly. op. cit., p.221.
[320] Mutebi, Natasha & Richard Brown, *The use of short prison sentences in England and Wales*, The Parliamentary Office of Science and Technology (POST), 27 July 2023. p.4.
[321] Zahid Mubarek Trust, *Prisons Strategy White Paper CONSULTATION RESPONSE*, February 2022, pp.13-14.
[322] Ministry of Justice, *Prisons Strategy White Paper*, December 2021, p.41.
[323] Ministry of Justice, ibid., p.57.
[324] Criminal Justice Alliance, *Prisons Strategy White Paper consultation response*, February 2022, p.2.

법안 제6조에서 12개월 이하의 구금형이 유예된다는 추정(presumption) 제도를 도입하였고, 이전에 12개월 이하의 단기 징역형을 선고받았던 사람이 이제는 집행유예 명령(SSO)에 따라 지역사회에서 복역하게 되며, 집행유예 기간 중 다른 범죄를 저지르거나 원래 범죄로 인해 부여된 조건을 준수하지 않으면 교도소로 보내지게 되었다.[325] 이미 영국의 스코틀랜드에서는 2010년 형사사법 및 면허법(Criminal Justice and Licensing Act 2010)에 3개월 이하의 단기구금형에 대한 추정 제도를 도입하였고, 이러한 추정 제도는 12개월 이하의 단기구금형까지 확대되어 2019년 스코틀랜드 의회에서 승인되었는데, 스코틀랜드 형사법원이 다른 방법으로 사람을 다룰 수 없다고 판단하지 않는 한, 12개월 이하의 징역형을 선고하지 않도록 의무화한다는 것을 의미한다.[326] 영국 정부 또한 이러한 사례를 참고하여 12개월 이하의 단기구금형에 대한 집행유예 추정 제도를 도입한 것이다. 단기구금형을 유예하는 추정 제도는 그 자체로 좋은 것이며, 선고되는 단기구금형을 줄이고 집행유예 및 지역사회 대안 활용을 증가시킬 수 있는 잠재력을 가지고 있고, 이는 교도소 시스템에 대한 전반적인 수요를 줄일 뿐만 아니라 더 나은 결과로 이어질 것이라는 호평을 받고 있다.[327]

3. 호주의 사례 분석

2002년에 호주의 뉴사우스웨일스주(State of New South Wales)의 NSW 범죄통계연구국(NSW Bureau of Crime Statistics and Research)은 NSW 교

---

[325] Prison Reform Trust, *Prison Reform Trust Briefing on the Sentencing Bill-House of Commons, Second Reading*, 6 December 2023, p.6.
[326] The Parliamentary Office of Science and Technology (POST), *The use of short prison sentences in England and Wales*, POSTbrief, 27 July 2023. p.24.
[327] Prison Reform Trust, ibid., p.7.

도소에서 6개월 이하의 구금형에 복역하는 모든 범죄자가 비구금형을 받으면 교도소 인구가 약 10% 감소하여 연간 3,300만~4,700만 달러의 비용 절감 효과가 있을 것이라고 보고하였다.328)

호주의 서부에 있는 서호주(State of Western Australia) 정부는 6개월 이하의 단기구금형을 폐지한 유일한 호주 관할권으로 1995년에 3개월 이하의 구금형을 폐지하였고, 2003년에 1995년 양형법(Sentencing Act 1995) 제86조에서 그 기준을 아래와 같이 6개월로 상향하였다.329)

> 제86조 법원은 다음 중 하나에 해당하지 않는 한 범죄자에게 6개월 이하의 형을 선고해서는 안 된다.
> (a) 법원이 선고한 형과 다른 형의 합계가 6개월 이상인 경우
> (b) 범죄자가 이미 다른 형을 선고받아 복역 중이거나 복역할 예정인 경우
> (c) 형이 1981년 교도소법(Prisons Act 1981) 제79조에 따라 선고된 경우

이처럼 서호주 정부가 6개월 이하의 단기구금형을 폐지한 이유는 단기구금형이 범죄의 억제, 공동체 보호, 범죄행위에 대한 대처 수단으로서 실패했기 때문에 거의 유용하지 않다고 간주되었기 때문이다.330) 또한 서호주 정부에서는 1년 이하의 단기구금형을 최대한 억제하기 위하여 다음과 같이 12개월 미만의 구금형을 선고하려면 이유를 제시하도록

---

328) Lind, Bronwyn & Simon Eyland, "The Impact of Abolishing Short Prison Sentences", *Contemporary Issues in Crime and Justice*, No 73, NSW Bureau of Crime Statistics and Research, September 2002, p.5.
329) CEDA(Committee for Economic Development of Australia), *Double jeopardy: The economic and social costs of keeping women behind bars*, 2022, p.24; Western Australis, Sentencing Act 1995, s 86, p.127.
330) Cunneen, Chris & Neva Collings & Nina Ralph, *Evaluation of the Queensland Aboriginal and Torres Strait Justice Agreement*, Queensland Legislative Assembly, 2005, p.190.

1995년 양형법(Sentencing Act 1995) 제35조에 명확히 규정하고 있다.331)

> 제35조 【특정 경우에 구금의 이유 제시】
> (1) 법원이 범죄자에게 12개월 이하의 구금 기간 또는 구금 기간의 합계를 선고할 경우(부과된 기간), 다른 이용 가능한 형량이 적합하지 않았던 이유를 서면으로 제시하여야 한다.
> (2) 삭제
> (3) 아래 각 호의 어느 하나에 해당하는 경우 제1항을 적용하지 아니한다.
> (a) 형이 서면으로 된 법률에 따라 의무적으로 부과되는 경우
> (b) 부과된 형과 그 외 수감자가 복역 중이거나 아직 복역하지 않은 다른 형의 합계가 12개월을 초과하는 경우
> (c) 형이 1981년 교도소법(Prisons Act 1981) 제79조에 따라 부과되는 경우

마찬가지로 뉴사우스웨일스주(State of New South Wales) 정부에서도 서호주 정부와 같은 취지에서 아래와 같이 1999년 범죄(양형절차)법 [Crimes (Sentencing Procedure) Act 1999 (NSW)] 제5조(s 5.)에서 법관이 6개월 미만의 구금형을 선고하려면 이유를 제시하도록 규정하고 있다.332)

> 제5조 【구금형의 처벌】
> (1) 법원은 모든 가능한 대안을 고려한 후에 징역형 이외의 다른 형벌이 적절하지 않다고 판단되는 경우에만 범죄자에게 징역형을 선고해야 한다.
> (2) 법원은 6개월 이하의 구금형을 선고하는 경우, 다음 사항을 범죄자에

---

331) Western Australia, Sentencing Act 1995, s 35, p.48.
332) 뉴사우스웨일스주(State of New South Wales)의 1999년 범죄(양형절차)법[Crimes (Sentencing Procedure) Act 1999 (NSW)] Crimes (Sentencing Procedure) Act 1999 (NSW) s 5.

게 알리고 기록하여야 한다.
- (a) 구금형 이외의 다른 형벌이 적절하지 않다고 판단한 이유
- (b) 범죄자가 이전에 해당 범죄와 관련하여 개입 프로그램 또는 치료 또는 재활 프로그램에 참여하지 않은 경우, 법원이 선고하는 범죄에 대해 범죄자가 개입 프로그램 또는 치료 또는 재활 프로그램에 참여할 수 있는 명령을 내리지 않기로 결정한 이유
- (3) (2)항은 법원이 (2)항과는 별도로 결정에 대한 이유를 기록해야 하는 다른 요구사항을 제한하지 않는다.
- (4) 이 조의 규정을 위반하더라도 징역형의 선고는 무효가 되지 않는다.
- (5) 집중 교정 명령의 대상이 되는 선고를 포함하여 모든 구금형에 제4장이 적용된다.

이처럼, 호주의 서호주 정부나 뉴사우스웨일스 정부의 경우에는 6개월 또는 12개월 이하의 단기자유형을 제한하는 노력을 통하여 교정시설의 과밀수용 현상을 방지하고 있다.

4. 독일의 사례 분석

독일의 경우에도 형법 제47조에서 단기자유형을 제한하고 있다. 그 내용을 살펴보면 다음과 같다.[333]

제47조【단기자유형의 제한】
① 법원은 범죄행위 또는 행위자의 인격에 나타난 특별한 사정이 행위자의 교화 또는 법질서의 방위를 위하여 불가피하게 자유형의 선고를 필요로 하는 경우에 한하여 6월 이하의 자유형을 선고한다.

---

[333] 법무부, 「독일형법」, 2008, 32면; 원문은 같은 책, 288면.

② 법률에 벌금형이 규정되어 있지 아니하고 6월 이상의 자유형이 고려되거나 또는 그것이 고려되지 아니한 경우로서 제1항에 의한 자유형의 선고가 필요하지 아니한 경우에 법원은 벌금형을 선고한다. 법률이 자유형의 하한을 가중하여 정한 경우에 제1문에 의한 벌금형의 하한은 해당 규정에 정하여진 자유형의 하한에 따른다. 이 경우 벌금형 30일 수는 자유형 1월에 해당한다.

즉, 독일의 경우 범죄자의 범죄행위나 인격에 드러난 특별한 사정이 범죄자의 교화나 법질서 방위를 위해 불가피한 경우에만 6월 이하의 단기자유형을 선고하도록 형법에서 엄격하게 제한하고 있다. 독일의 이러한 단기자유형 제한은 인구 10만 명당 수용인원이 영국의 경우 145명, 우리나라의 경우 103명에 이르지만, 독일은 67명에 불과할 정도로 교정시설의 과밀수용 방지에 큰 효과를 보고 있다고 판단된다.[334]

5. 우리나라의 사례 분석

아래 〈표 4-2〉를 살펴보면 2023년 형이 확정된 수형자의 1일 평균 인원은 38,045명이었다.[335] 이 중 징역형에 복역하고 있는 인원은 36,545명으로 전체의 96.1%를 차지하고 있으며, 금고형에 복역하고 있는 인원은 85명으로 전체의 0.2%를, 무기징역형에 복역하고 있는 인원은 1,308명으로 전체의 3.4%를, 사형확정자는 55명으로 전체의 0.2%를 차지하고 있다.

---

334) 이 글 제2장 〈표 2-4〉 주요 국가별 인구 10만 명당 수용인원 참조.
335) 법무부 교정본부,「교정통계연보」, 2024, 67면.

〈표 4-2〉 수형자 형명·형기별 인원(2014년~2023년)

(단위 : 명)

구분		연도	2014	2015	2016	2017	2018	2019	2020	2021	2022	2023
계			33,444 (100%)	35,098 (100%)	36,479 (100%)	36,167 (100%)	35,271 (100%)	34,697 (100%)	34,749 (100%)	34,087 (100%)	34,475 (100%)	38,045 (100%)
징역	소계		32,006 (95.7%)	33,637 (95.8%)	34,991 (95.9%)	34,679 (95.9%)	33,790 (95.8%)	33,232 (95.8%)	33,287 (95.8%)	32,643 (95.8%)	33,026 (95.8%)	36,545 (96.1%)
	6개월 미만		1,989 (6.0%)	1,770 (5.0%)	2,706 (7.4%)	1,569 (4.3%)	1,536 (4.3%)	1,464 (4.2%)	1,252 (3.6%)	1,181 (3.4%)	1,337 (3.8%)	2,071 (5.4%)
	6개월 이상		3,323 (9.9%)	3,954 (11.3%)	3,656 (10.0%)	4,445 (12.2%)	4,613 (13.0%)	4,131 (11.9%)	3,149 (9.1%)	2,781 (8.1%)	3,227 (9.3%)	3,562 (9.4%)
	1년 이상		10,898 (32.6%)	12,001 (34.2%)	13,010 (35.7%)	13,208 (36.5%)	12,587 (35.7%)	12,819 (36.9%)	14,053 (40.4%)	13,826 (40.6%)	13,376 (38.8%)	15,093 (39.7%)
	3년 이상		6,866 (20.5%)	6,870 (19.6%)	6,747 (18.5%)	6,727 (18.6%)	6,587 (18.7%)	6,340 (18.3%)	6,428 (18.5%)	6,532 (19.2%)	6,651 (19.3%)	7,078 (18.6%)
	5년 이상		5,088 (15.2%)	5,216 (14.9%)	5,195 (14.2%)	5,029 (13.9%)	4,888 (13.9%)	4,902 (14.1%)	4,902 (14.1%)	4,894 (14.4%)	5,023 (14.6%)	5,329 (14.0%)
	10년 이상		3,335 (10.0%)	3,283 (9.4%)	3,127 (8.6%)	3,071 (8.5%)	2,927 (8.3%)	2,903 (8.4%)	2,784 (8.0%)	2,643 (7.8%)	2,580 (7.5%)	2,532 (6.7%)
	20년 이상		507 (1.5%)	543 (1.5%)	550 (1.5%)	594 (1.6%)	628 (1.8%)	669 (1.9%)	719 (2.1%)	770 (2.3%)	822 (2.4%)	878 (2.3%)
금고	소계		60 (0.2%)	67 (0.2%)	86 (0.2%)	73 (0.2%)	81 (0.2%)	66 (0.2%)	86 (0.2%)	67 (0.2%)	81 (0.2%)	85 (0.2%)
	6개월 미만		4 (0.0%)	5 (0.0%)	8 (0.0%)	1 (0.0%)	1 (0.0%)	4 (0.0%)	3 (0.0%)	11 (0.0%)	4 (0.0%)	5 (0.0%)
	6개월 이상		33 (0.1%)	37 (0.1%)	39 (0.1%)	31 (0.1%)	29 (0.1%)	27 (0.1%)	24 (0.1%)	16 (0.0%)	23 (0.1%)	34 (0.1%)
	1년 이상		19 (0.1%)	17 (0.0%)	28 (0.1%)	28 (0.1%)	41 (0.1%)	25 (0.1%)	45 (0.1%)	30 (0.1%)	46 (0.1%)	40 (0.1%)
	3년 이상		4 (0.0%)	8 (0.0%)	11 (0.0%)	13 (0.0%)	10 (0.0%)	9 (0.0%)	14 (0.0%)	10 (0.0%)	8 (0.0%)	6 (0.0%)
무 기			1,320 (3.9%)	1,337 (3.8%)	1,345 (3.7%)	1,358 (3.8%)	1,343 (3.8%)	1,343 (3.9%)	1,320 (3.8%)	1,322 (3.9%)	1,313 (3.8%)	1,308 (3.4%)
사 형			58 (0.2%)	57 (0.2%)	57 (0.2%)	57 (0.2%)	57 (0.2%)	56 (0.2%)	56 (0.2%)	55 (0.2%)	55 (0.2%)	55 (0.2%)

위 〈표 4-2〉를 보면, 일반적으로 단기자유형에 해당하는 6개월 미만의 징역형 및 금고형 수형자 인원은 2,076명으로 수형자 전체 인원의 5.4%를 차지하고 있다. 1년 미만의 징역형 및 금고형 수형자 인원은 모두 5,667명으로 전체 수형자의 14.9%를 차지하고 있다. 이러한 통계는

만약,「형법」을 개정하여 6개월 미만의 단기자유형을 폐지한다면 500명 규모의 교정시설 4개에 해당하는 건축 및 운영 경비를 절약할 수 있다는 것을 말해주고 있다. 그뿐만 아니라 만약, 1년 미만의 단기자유형을 폐지한다면 같은 규모 11개 이상의 교정시설의 건축 및 운영 경비를 절약할 수 있는 정책적 효과를 기대할 수 있을 것이다.

Ⅲ. 단기자유형의 대안

위에서 살펴본 바와 같이 6개월 미만 또는 1년 미만의 단기자유형이 교정시설의 과밀수용에 많은 영향을 끼치고 있으므로 이러한 단기자유형을 폐지한다면 형사정책적으로 그 대안을 어떻게 마련할 것인지에 대한 논의가 필요하다. 아래에서는 단기자유형의 대안으로서 사회봉사형의 신설, 재택구금제도의 도입을 제안하기로 한다.

1. 사회봉사형의 신설

과밀수용을 방지하기 위한 형사정책적 수단으로서 6개월 미만의 징역이나 금고형을 단기자유형으로 규정할 것이 아니라 최근 영국의 사례와 같이 1년 미만의 징역형이나 금고형을 폐지하고 대안으로 그 기간동안 사회에서 필요한 서비스에 복역하도록 하는 사회봉사형을 신설할 것을 제안한다. 사회봉사형은 현재 우리나라에서 보안처분으로 활용되고 있는 사회봉사명령과는 구별되는 개념으로 형벌의 한 종류이다. 이러한 사회봉사형을 신설하기 위하여는 형벌 신설에 대한 정당성 검토가 요구되며,「형법」의 개정도 필요하다.

가. 사회봉사형 신설의 정당성 검토

형벌은 범죄에 대하여 가해지는 법적 효과의 하나로서 범죄인에 대한 법익의 침해 내지 박탈을 의미하는 해악의 부과이다.336) 즉, 형벌은 국가가 범죄에 대하여 행위자의 책임을 전제로 하여 부과하는 법익박탈의 제재로서 과거의 악을 지향하고 있다면, 보안처분은 책임을 전제하지 않고 행위자의 위험성에 대응하여 부과되며 미래의 선을 지향하고 있다는 점에서 서로 구별된다.337) 이러한 형벌이 무엇 때문에 정당성을 가지는지를 검토해 볼 필요가 있다. 국가성립의 근거를 계약체결, 즉 개인의 의사결정으로 파악하는 자유주의적 이성법(理性法) 시대에는 당사자의 동의가 형벌정당화의 기초가 되지만, 기술관료가 지배하는 도구적 사고의 사회에서는 형벌정당화와 형벌의 목적은 이 목적을 달성하는 데 대한 형벌의 유용성과 거의 맞물리는데,338) 이에는 응보형주의와 목적형주의의 두 가지 관점이 있다.

응보형주의(Vergeltungstheorie)는 범죄에 대한 정당한 응보에 형벌의 본질이 있으며, 악에 대한 보복으로서의 고통이 형벌의 내용이라고 본다.339) 즉, 이 견해는 형벌이 그 자체가 목적이며 별도로 외적인 정당성 부여가 필요하지 않다고 보는 견해로서 절대설 또는 절대적 형벌이론이라고도 하는데, 범죄자는 과거에 자신이 지은 죄만큼, 법과 정의가 손상된 만큼 벌을 받음으로써 그의 책임은 상쇄되고, 침해된 법과 정의는 다시 회복된다는 사상으로 누구든지 죄를 지었으면 마땅히 벌을 받아야 하므로 형벌을 그 자체로서 정당화될 수 있는 것으로 본다.340) 한편, 인

---

336) 신동운,「형법총론」제13판, 법문사, 2021, 839면.
337) 이재상·장영민·강동범, 앞의 책, 585~586면.
338) 울프리트 노이만/울리히 슈로트(Neumann, Ulfried & Ulrich Schroth), 배종대 역,「형사정책의 새로운 이론(Neuere Theorien von Kriminalitat und Strafe)」, 홍문사, 1994, 23~24면.
339) 이재상·장영민·강동범, 위의 책, 55면.

도주의와 사회주의, 합리주의 및 공리주의의 결합에서 그 사상적 배경을 가지고 있는 목적형주의(präventive Theorie)는 장래의 범죄를 예방하는 데 형벌의 의미가 있으므로 형벌은 범죄 방지를 위한 예방 수단이지 그 자체가 목적이 아니라는 점에서 상대설 또는 상대적 형벌이론이라고도 하며, 일반예방주의와 특별예방주의로 나누어진다.341) 일반예방주의는 형벌의 목적이 범죄행위자의 처벌을 통해 다른 법공동체 구성원들이 범죄행위를 단념하도록 일벌백계의 경각심을 불러일으키는 데에 있다고 보는 견해이며, 특별예방주의는 형벌의 목적이 범죄행위자 본인에게 영향을 가하여 다시는 범죄를 저지르지 않고 정상적인 생활을 할 수 있도록 하는 데에 있다고 보는 견해로서 형벌의 집행 분야에서 범죄자에 대한 재사회화의 형태로 활발히 논의되는 이론이다.342)

최근에는 이와 같은 전통적인 견해에서 벗어나 형벌은 응보형주의, 특별예방주의, 일반예방주의의 세 가지 관점을 종합적으로 고려하여 운용하여야 한다는 견해인 결합설이 등장하였는데, 이 이론에 따르면 형벌을 운용할 때는 일단 책임형법을 출발점으로 하여 응보형적 관점에서 형벌부과의 근거를 확보한 다음 특별예방과 일반예방의 관점을 고려하자는 것으로 바람직한 의견이라고 생각한다.343)

그렇다면 이러한 결합설의 측면에서 새로운 형벌인 사회봉사형의 정당성을 찾아볼 필요가 있다. 범죄 피해자는 물론이고 일반 국민 또한 범죄자에 대한 강력한 형벌 집행을 통하여 형사법의 실효성을 확인하고자 하는 경향이 강하기 때문에 전통적인 자유형인 징역형을 신뢰하고 있는 것으로 추정된다. 이러한 측면에서 범죄자를 구치소나 교도소와 같은 교정시설에 수용하지 않고, 사회에서 필요한 서비스에 복역하게 한다는

---

340) 김창군, 앞의 글, 52~53면.
341) 이재상·장영민·강동범, 위의 책, 58면.
342) 신동운, 위의 책, 7면.
343) 신동운, 위의 책, 8면 및 842면.

것을 형벌의 한 종류로서 선뜻 받아들이기 힘들 수도 있다. 그러나 결합설의 입장 중 응보형적 관점에서 보더라도 사회봉사형은 범죄자의 범죄행위에 대한 책임을 바탕으로 하고 있으며, 사회에서 필요한 서비스를 범죄자의 노동이라는 형태로 강제로 수행하여야 하므로, 수형자인 범죄자에게 좋지 않은 작용으로써 그의 권리를 빼앗거나 제한하는 형벌의 해악성 또한 가지고 있다.344) 아울러, 자유형의 집행과정에서 범죄인이 새로운 사람으로 변화하기보다는 오히려 범죄에 물들 확률이 더 높으므로 근래에 들어와서는 특별예방주의, 즉 「형법」 개정에 있어서 재사회화론 측면에서 단기자유형을 제한하려는 움직임이 각국에서 강하게 나타나고 있는데,345) 교정시설에 수용되지 않고 사회생활을 영위하면서 사회적인 노동으로 속죄하게 하는 사회봉사형은 이러한 폐단을 극복하고 수형자의 재사회화에 이바지할 수 있다. 마지막으로 일반예방주의의 측면에서 형벌의 효과를 거두려면 형벌의 집행을 일반인들에게 널리 알릴 것이 요구되는데,346) 사회봉사형의 경우 수형자가 농촌 일손 돕기, 사회 기반시설 건설, 공익시설 청소 등에 투입되면서 자연스럽게 형벌 집행의 상황이 지속적으로 홍보될 수 있다. 결국, 사회봉사형은 형벌의 목적에 관한 결합설의 관점에서 충분한 정당성을 확보할 수 있다고 생각한다.

나. 사회봉사형 신설을 위한 「형법」의 개정

위에서 살펴본 바와 같이 영국 정부는 2008년 이후로 강력범이나 상습적인 범죄자에게는 교도소에 구금하는 것이 적합하고, 경미한 범죄자들에게는 단기구금형(short custodial sentence)보다 강력한 사회 내 처분(community sentences)이 그들의 처벌과 개선(교정)에 더 효과적일 수 있

---

344) 형벌의 해악성에 관하여는 배종대·홍영기, 앞의 책, 94면.
345) 신동운, 위의 책, 7면.
346) 신동운, 위의 책, 7면.

다고 보고 범죄에 대하여 트윈트랙 또는 이원적 대응을 하고 있다. 또한 영국 정부는 2023년 11월 14일 양형법안(Sentencing Bill)을 하원에 상정하면서 12개월 이하의 구금형은 유예된다는 추정(presumption) 제도를 도입하여, 이전의 경우 12개월 이하의 단기 징역형을 선고받았던 사람은 집행유예 명령(SSO)에 따라 교도소가 아닌 지역사회에서 복역하도록 하였다. 만약 범죄자가 지역사회 복역 중 다른 범죄를 저지르거나 원래 범죄로 인해 부여된 조건을 준수하지 않으면 교도소로 보내지게 된다.

　이처럼 우리나라에서도 영국의 1년 이하의 구금형에 처할 범죄자에 대하여 집행유예가 추정되는 사회 내 처분(community sentences) 제도를 참고하여「형법」에 1년 미만의 징역형이나 금고형 대신 사회봉사형을 선고할 수 있도록「형법」제41조를 개정하여 형의 종류에 '사회봉사형'을 추가한다면 교정시설의 과밀수용을 미리 방지할 수 있을 것으로 기대된다. 또한,「형법」제42조의 징역 또는 금고의 기간에서 징역 또는 금고의 하한을 '1개월 이상'에서 '1년 이상'으로 개정하고,「형법」제44조의2를 신설하여 '사회봉사형'의 기간을 1년 이내로 한다는 내용을 규정하며,「형법」제68조의2를 신설하여 '사회봉사형'의 집행은 보호관찰소에서 집행한다는 내용을 규정하는 것이 바람직하겠다. 이는 그동안 보안처분으로서 사회봉사명령을 운영해 온 경험이 있는 기관에서 이와 유사한 사회봉사형을 집행하는 것이 형사정책 측면에서 효율성이 있다고 판단되기 때문이다.

　이러한 개선방안을 토대로 하여 작성된「형법」개정안의 신·구조문 대비표는 아래 〈표 4-3〉과 같다.

〈표 4-3〉「형법」개정안 신·구조문대비표

현행	개 정 안

제41조(형의 종류) 형의 종류는 다음과 같다.
  1. 사형
  2. 징역
  3. 금고
  4. 자격상실
  5. 자격정지
  <u>6. 벌금</u>
  <u>7. 구류</u>
  <u>8. 과료</u>
  <u>9. 몰수</u>
	제41조(형의 종류) 형의 종류는 다음과 같다.
	  1. ―
	  2. ―
	  3. ―
	  4. ―
	  5. ―
	  <u>6. 사회봉사형</u>
	  <u>7. 벌금</u>
	  <u>8. 구류</u>
	  <u>9. 과료</u>
	  <u>10. 몰수</u>

제42조(징역 또는 금고의 기간) 징역 또는 금고는 무기 또는 유기로 하고 유기는 <u>1개월 이상 30년</u> 이하로 한다. 단, 유기징역 또는 유기금고에 대하여 형을 가중하는 때에는 50년까지로 한다. 〈개정 2010. 4. 15.〉	제42조(징역 또는 금고의 기간)―――――――――――――――<u>1년 이상 20년</u>――. 단,――――<u>30년</u>――.
<u>〈신 설〉</u>	<u>제44조의2(사회봉사형) 사회봉사형은 1개월 이상 1년 이하로 한다.</u>
<u>〈신 설〉</u>	<u>제68조의2(사회봉사형의 집행) 사회봉사형은 보호관찰소에서 집행한다.</u>

2. 재택구금제도의 도입

　1년 이하의 단기자유형에 처할 범죄자들이 교정시설의 수용에 큰 부담을 주고 있다는 것은 위에서 살펴본 바와 같다. 이러한 단기자유형 대상자에게 사회봉사형을 선고할 수 있도록 「형법」이 개정된다 하더라도 이들을 효율적으로 관리하기 위해서는 미국이나 영국의 재택구금과 같은 제도의 도입이 필요하다.

재택구금은 '가택구금제도'라고도 불리는데, 이 제도는 교정시설이 아닌 집이나 그 외 기타 지정장소에 대상자를 구금하는 사회 내 구금의 일종으로, 교정시설 과밀수용의 완화 및 교정비용의 절감, 단기 자유형에 따른 시설 내 악풍감염 폐해 방지, 미결수용자에 대한 무죄추정원칙 보장 등의 효과성이 인정된다.[347] 이처럼 현대적 의미의 재택구금은 범죄자를 교정시설이 아닌 범죄자의 집 또는 기타 지정된 장소에 구금하는 것으로, 1980년대 초 교정시설 과밀수용이 심각한 사회문제로 제기되었던 미국에서 시설 내 구금의 대안으로 최초로 도입되었고, 이후 영국, 호주, 스웨덴 등의 국가들도 교정시설 과밀수용이 문제되면서 재택구금을 도입하였다.[348]

미국에서 초기 재택구금은 소년범의 시설내 구금의 폐해를 막기 위해 외출제한명령(curfew)의 형태로 도입되었다가 교도소 과밀수용 문제를 해결하고 보호관찰 대상자들에 대한 보호관찰을 강화하기 위한 목적으로 재택구금이 도입되었는데, 1971년 세인트루이스(Saint Louis)에서 재택구금이 최초로 시행된 이후 1977년까지 워싱턴, 매릴랜드, 버지니아, 플로리다, 미시건, 캘리포니아, 켄터키 주 등에서 재택구금이 시행되었고, 1986년까지 미국 30개 주에서 재택구금이 도입되었다.[349] 이러한 미국의 재택구금제도는 주(州) 법원의 주도 하에 지역사회 교정의 일환으

---

[347] 권지혜, "전자감독형 가택구금의 활용 방안에 관한 연구", 「법학논고」 제83집, 경북대학교 법학연구원, 2023, 225면.
[348] 권수진, "재택구금제도의 필요성 및 도입방안에 관한 연구", 「보호관찰」 제21권 제1호, 한국보호관찰학회, 2021, 32~33면.
[349] 권수진·오병두·유주성, 「재택구금제도에 관한 연구」, 한국형사정책연구원, 2020, 25면.

로 시작되었고, 이후 연방정부에서 1986년 연방가석방위원회(the United States Parole Commission)를 설치하고 교정시설 과밀화 해소 방안으로 야간외출제한 가석방 프로그램을 시범 실시하였으며, 1988년부터 전자감독을 도입한 후 1989년 시범 프로그램 대상을 재판확정 전 석방, 보호관찰로 확대하였고, 이후 1991년부터 전국에서 재택구금을 활용하고 있는데, 운영방식과 주에 따라 'Home Arrest', 'Home Incarceration', 'Home Detention', 'Domicile Restriction' 등의 용어가 혼용되고 있다.[350]

미국 연방 양형위원회(United States Sentencing Commission)의 「양형가이드라인」에 따르면, "'재택구금(home detention)'은 계속적으로(continuously) 또는 특정한 시간 동안(during specified hours) 피고인의 행동반경을 그의 거주지로 제한하고 보호관찰관의 적절한 감독수단에 의해 집행되는 구금 및 감독(confinement and surveillance) 프로그램을 의미한다"고 정의하면서, "구금이 특정한 시간에만 이루어지는 경우 피고인은 직장생활을 계속하거나, 사회봉사명령 또는 치료프로그램에 참여할 수 있다"고 규정하고 있다.[351] 미국의 경우 수형자의 석방에 관한 연방법 제18장 제3624조는 형사절차 단계별 재택구금을 규정하고 있다. 이에 따르면 우선 수형자의 원활한 사회복귀를 촉진하기 위하여 마지막 형 집행 기간의 일부를 재택구금으로 전환할 수 있고, 수형자는 사회 내 처우의 일환으로 전체 형기의 10% 이내 또는 6개월 이내의 기간 재택구금 상태에서 사회복귀와 적응준비를 할 수 있으며,[352] 조기석방(Prerelease Custody)과 감독조건부 석방(Supervised Release)의 경우에도 재택구금을 명할 수 있는데, 이때 재택구금자는 원칙적으로 전자감독을 받으며 24시간 신원·위치를 확인받고 준수사항 이행여부를 감독받으며, 이 외에도

---

350) 권지혜, 위의 글, 228면.
351) 권수진, 위의 글, 33면.
352) Release of a prisoner, 18 U.S. Code § 3624(c)(2).

재판 확정 전 석방이나 형 집행 종료 후의 보호관찰에도 재택구금을 활용하며, 가석방 또는 보호관찰 등의 준수사항 위반시 중간제재로 활용되기도 한다.353)

영국의 경우 재택구금은 전자감독기술의 발달, 교정시설 구금율의 증가와 함께 등장하였는데, 재택구금 도입의 근본적인 이유는 미국과 마찬가지로 날로 증가하는 구금비용을 완화시키기 위함이었다.354) 영국의 재택구금은 1999년에 도입되었으며, 정상 석방일보다 일찍 특정 수형자들을 행정적으로 출소시키는 방법으로, 전자적으로 모니터링되는 통행제한(Curfew) 조건을 따른다.355) 영국 법무부장관은 2003년 범죄사법법(Criminal Justice Act 2003) 제243A(3)조 및 제244(3)조에 따라 선고형의 절반에 해당하는 구금기간을 복역한 확정형 선고를 받은 수형자를 석방해야 하는데, 동법 제246조는 법무부장관에게 특정 수형자를 전자 모니터링을 통해 지역사회에서 통행금지를 부과하는 재택구금으로 석방할 수 있는 권한을 부여하고 있으며, 동법 제246조(1)(a)는 필요한 구금 기간을 복역하기 전 최대 135일까지 석방할 수 있다고 규정하고 있었으나, 2023년 3월 29일 제정되어 동년 6월 6일부터 시행된 2003년 형사사법법(외출제한 재택구금) 명령(The Criminal Justice Act 2003 (Home Detention Curfew) Order 2023) 제2조에 따라 확정형 선고를 받은 수형자가 선고형의 절반을 복역하기 전 최대 180일까지 언제든지 석방할 수 있도록 개정되었다.356) 영국의 재택구금 기간은 제도가 처음 도입되었을 때 최대 기간은 60일이었으나, 이후 90일, 135일, 그리고 현재의 180일로 늘어났

---

353) 권지혜, 위의 글, 229면.
354) 권수진·오병두·유주성, 위의 책, 26면.
355) 이 기간은 2023. 6. 6.부로 180일까지 연장되었다. The Criminal Justice Act 2003 (Home Detention Curfew) Order 2023.
356) The Criminal Justice Act 2003 (Home Detention Curfew) Order 2023, https://www.legislation.gov.uk/uksi/2023/390/made

다.357) 외출제한 재택구금(HDC)은 최소 12주 이상 4년 미만의 징역형을 선고받고 형기의 최소 1/4, 최소 28일을 복역한 필수 구금 기간을 복역한 범죄자에게만 제공되며, 다른 선고형과 마찬가지로 구금 기간에는 미결 구금 또는 전자감독(EM) 외출제한 보석("tagged bail")이 포함될 수 있으므로, 법에 따라 최소 14일의 구금이 요구되지만 때로는 선고 직후에 석방이 이루어질 수도 있다.358)

이처럼 영국의 재택구금제도 아래에서 특정한 성범죄자와 폭력범을 제외한 3개월에서 12개월 형을 살고 있는 대부분의 수형자는 교도소에서 평가를 통해 이를 거부할 수 있는 '예외적이고 설득력 있는 이유'가 없는 한 재택구금으로 석방되는 것이 추정되며, 특정 성범죄자와 폭력범 죄자들을 제외하고 12개월 이상 4년 미만의 형기를 복역 중인 수형자들도 재택구금의 혜택을 볼 수 있고, 교도소장이 위험성 평가 절차를 거쳐 최장 180일, 최소 2주 기간의 재택구금을 위한 석방을 결정하되, 석방된 수형자가 면허 조건을 준수하지 않은 경우나 공공 안전에 위협이 된다고 판단되는 경우에는 교도소로 재소환하도록 규정하고 있다.359)

이처럼 미국과 영국의 재택구금제도는 단기자유형으로 인한 교정시설의 과밀수용 문제를 해결하기 위하여 도입되었는데, 운영 방식에 있어서는 미국의 경우 재판을 받는 피고인을 포함하여 수형자까지 포함하는 광범위한 재택구금제도를 운용하고 있고, 영국의 경우는 이미 단기자유형을 선고받고 복역중인 수형자를 대상으로 하는 점에서 차이를 보이고 있다. 미국에서의 '재택구금(home detention)'은 야간외출금지(nighttime

---

357) Prisoners' Advice Service, *Home Detention Curfew SELF HELP TOOLKIT*, 2023, p.11.
358) HM Prison & Probation Service, *Home Detention Curfew(HDC) Policy Framework*, Ministry Justice, 2024, p.6.
359) Ashworth, Andrew & R. Kelly. *Sentencing and Criminal Justice*, Bloomsbury Publishing, 2021, pp.236-237.

curfew conditions)부터, 업무 외 시간 구금(off-work confinement), 24시간 구금(twenty-four-hour-a-day incarceration)까지 다양하고, 여기서 사용되는 'home'은 '집'이라는 일반적인 거주지에 한정되는 것이 아니라 재택구금 대상자가 실질적으로 거주하는 공간을 의미하므로, 집 이외에도 병원, 의료처우시설, 호스피스 병동, 그룹 홈, 거주형 요양시설, 기숙사 등 재택구금 대상자가 실제로 거주하는 곳이면 모두 실질적인 의미의 'home'에 해당된다.[360] 한편, 영국에서 외출제한 재택구금(HDC)의 이론적 근거는 항상 모호하였는데, 어떤 주장에 따르면 이는 재정착 및 재사회화를 돕는다고 하고, 다른 주장에 따르면 이는 교도소의 과밀수용을 완화하는 단순한 후문(back-door) 정책으로서 작용한다고 한다.[361]

만약 우리나라에서 재택구금제도를 도입한다면 위에서 살펴본 미국과 영국의 사례를 참고하여 신설되는 사회봉사형과 결합된 제도로 운영하면 효율적일 것으로 기대된다. 다만, 사회봉사형의 신설이 어려운 경우에는 경미한 범죄로 인하여 1년 이내의 징역이나 금고형을 선고받을 피의자 또는 피고인과 형집행 중인 수형자를 대상으로 한정하여 수사, 재판, 형집행 등 형사사법의 전 과정에서 재택구금제도가 활용될 수 있도록 하는 것이 국민의 법감정에도 부합하고 교정시설의 과밀수용 예방에 효과적일 것이라고 생각한다.

Ⅳ. 소 결

지금까지 과밀수용 예방을 위한 자유형의 개혁 방안으로 단기자유형 폐지를 검토해 보았다. 단기자유형은 일반적으로 6개월 이하의 자유형

---

[360] 권수진, 위의 글, 33면.
[361] Ashworth, Andrew & R. Kelly. ibid., p.237.

을 의미하지만 과밀수용 문제를 해결하기 위한 실무적 측면에서 보면 1년 이하의 자유형을 단기자유형으로 규정하는 것이 바람직하다. 최근 영국에서도 12개월 이하의 구금형이 유예된다는 추정(presumption) 제도를 도입하였고, 호주나 독일에서도 6개월 이하의 단기자유형을 폐지하였거나 엄격히 제한하고 있다. 우리나라의 사례를 살펴보면, 1년 이하의 단기자유형을 폐지하였을 때 500명 수용규모의 교정시설 11개의 건축 및 운영경비를 절약할 수 있는 정책적 효과를 기대할 수 있을 것이다.

단기자유형은 수형자의 교화개선이나 사회복귀효과를 기대할 수 없는 반면에 혼거구금에 의하여 범죄에 감염케 하며, 과밀수용의 주요 원인으로 작용하는 문제점이 있다. 위에서는 이러한 문제점을 해결하기 위해 1년 이하의 단기자유형을 폐지하되, 대안으로 「형법」에 사회봉사형을 신설하는 방안과 재택구금제도를 도입하여 경미한 범죄자가 교정시설이 아닌 사회 내에서 처벌을 받도록 하는 방안을 제시하였다. 사회봉사형은 1년 이내의 범위에서 사회에서 필요한 서비스에 복역하도록 하는 비구금 형벌이다. 이러한 사회봉사형이라는 형벌을 「형법」에 신설하는 문제를 형벌의 정당성 차원에서 살펴볼 필요가 있는데, 사회봉사형은 형벌의 목적에 관한 결합설의 관점에서 충분한 정당성을 확보할 수 있는 것으로 분석되었다. 이러한 단기자유형 대상자에게 사회봉사형을 선고할 수 있도록 「형법」이 개정된다 하더라도 이들을 효율적으로 관리하기 위해서는 미국이나 영국의 재택구금과 같은 제도의 도입이 필요하다. 다만, 사회봉사형의 신설이 어려운 경우에는 과밀수용 예방을 위하면서도 국민의 법감정을 고려하기 위해 경미한 범죄로 1년 이내의 징역형이나 금고형을 선고받을 피의자 또는 피고인과 형집행 중인 수형자를 대상으로 한정하는 것이 바람직하다고 생각한다.

제4절 양형기준제도의 개선

I. 서 설

앞에서 살펴본 바와 같이 우리나라는 2010년 4월에 개정된 「형법」에서 유기징역의 상한선을 15년에서 30년으로 상향 조정하였고, 가중할 경우 최대 50년까지 가능하게 하였다. 이러한 중형주의 경향은 세계에서 유래를 찾아보기 힘든 강력한 형사정책이라고 평가할 수 있을 것이다. 결국 이것은 보안처분의 일종인 보호감호의 빈자리를 보안'형벌'로 대신하게 된 것이라고 평가할 수 있다.[362] 광대한 형벌의 범위의 폭은 사실상 법정형이 존재하지 않는 것과 다를 바 없으며, 양형을 하는 법관으로 하여금 책임에 상응하는 형벌을 찾아내는 일을 현실적으로 불가능하게 만들어 책임원칙을 포기하는 것이라고도 할 수 있다.[363] 이러한 경향은 결국 교정시설에 수용되는 범죄자의 인구를 급격하게 증가시키는 요인이 되고 있다. 그러므로 과밀수용을 방지하기 위해서는 법관의 합리적인 양형을 끌어낼 수 있는 양형기준제도의 올바른 운용이 요구된다.

우리나라에서는 양형에 국민의 건전한 상식을 반영하고 형사사법의 투명성을 높여 궁극적으로 형사사법에 대한 국민의 신뢰 증진을 목표로 대법원에 양형위원회를 설치하는 내용의 「법원조직법」 개정 법률(법률 제8270호)이 2007. 1. 26. 공포되어 2007. 4. 27. 시행됨에 따라 대륙법계 국가 최초로 양형위원회가 출범하였으며, 양형위원회는 법관이 재판에

---

[362] 최호진, "새로운 형사제재 도입의 필요성과 문제점", 「비교형사법연구」 제14권 제2호, 한국비교형사법학회, 2012, 262면.
[363] 김성돈, "책임형법의 위기와 예방형법의 한계", 「형사법연구」 제22권 제3호, 2010, 5면.

참고할 수 있도록 구체적·객관적인 양형기준을 설정하거나 변경함으로써 불합리한 양형 편차를 해소하는 것을 주된 과업으로 한다.364)

　1명의 위원장과 12명의 위원으로 구성된 제1기 양형위원회는 외국 양형제도에 대한 심도 있는 연구와 과거 사건에 대한 양형자료조사 등을 통하여 한국식 양형기준제도의 틀을 마련하였고, 그 결과 2009. 4. 24. 살인죄, 뇌물죄, 성범죄, 강도죄, 횡령·배임죄, 위증죄, 무고죄에 관한 양형기준이 의결되었으며, 이 양형기준은 2009. 7. 1. 이후 공소가 제기된 범죄에 대하여 적용되었다.365) 이후 2년 단위로 새롭게 구성되는 양형위원회는 해를 거듭하며 꾸준한 연구를 통해 범죄를 체계적으로 분석하고 여러 범죄 군에 대한 양형기준을 마련해 나가고 있다.366)

---

364) 양형위원회, 「2022 연간보고서(2022.4.27.~2023.4.26.)」, 경성문화사, 2023, 2면.
365) 양형위원회, 위의 책, 5면.
366) 한편, 제2기 양형위원회(2009. 4. 27. 출범)는 약취·유인죄, 사기죄, 절도죄, 공문서 및 사문서 범죄, 공무집행방해죄, 식품·보건관련 범죄, 마약범죄에 관한 양형기준을 설정하였고, 제3기 양형위원회(2011. 4. 27. 출범)는 증권·금융관련 범죄, 지식재산권, 폭력, 교통, 선거, 조세, 공갈, 방화범죄, 제4기 양형위원회(2013. 4. 27. 출범)는 배임수증재죄, 변호사법위반죄, 성매매죄, 체포·감금·유기·학대죄, 장물죄, 권리행사방해죄, 업무방해죄, 손괴죄, 사행성·게임물 범죄, 제5기 양형위원회(2015. 4. 27. 출범)는 근로기준법 및 석유사업법 위반죄, 과실치사상죄, 도주·범인은닉죄, 통화·유가증권·부정수표단속법 위반죄, 대부업법·채권추심법 위반죄, 제6기 양형위원회(2017. 4. 27. 출범)는 명예훼손죄, 유사수신행위법 및 전자금융거래법 위반죄, 제7기 양형위원회(2019. 4. 27. 출범)는 디지털 성범죄, 군형법상 성범죄, 주거침입죄, 환경범죄에 대한 양형기준을 각 설정하였으며, 제8기 양형위원회(2021. 4. 27. 출범)는 벌금형 양형기준 설정 원칙을 정하고 관세범죄, 정보통신망·개인정보 범죄, 교통범죄 벌금형 양형기준을 각 설정하고, 전체 범죄군에 걸쳐 합의 관련 양형인자를 정비하였으며, 제9기 양형위원회(2023. 4. 27. 출범)는 2023. 6. 12. 제125차 회의에서 범죄의 중요성과 국민적 관심도, 범죄의 발생 빈도, 양형기준 설정 및 수정의 필요성(법령의 개정 여부, 양형실무상 요청), 제1기 내지 제8기 양형기준 설정 범죄와의 관련성 등을 종합하여 스토킹범죄 및 동물학대범죄를 양형기준 설정 대상 범죄군으로, 지식재산권범죄, 마약범죄, 사기범죄, 전자금융거래법위반죄 및 성범죄를 수정 대상 범죄군으로 각각 선정하기로 의결하였

이처럼 양형위원회의 다양한 활동을 통해 마련된 양형기준의 설정은 수사, 재판, 형벌의 집행으로 이어지는 형사사법제도 전반에 영향을 미치게 되는데, 특히 재판의 결과에 따라 범죄자에 대한 형벌의 집행을 담당하는 교정 분야에 지대한 영향을 줄 수밖에 없다. 아래에서는 과밀수용 방지를 위한 측면에서 이러한 양형기준제도의 문제점을 살펴본 후, 그에 대한 개선방안을 제시하고자 한다.

II. 양형기준제도의 문제점

1. 양형기준제도 시행으로 인한 형선고의 중형화 경향

양형위원회의 양형기준제도는 법관에게 참고하도록 하는 합리적인 양형기준을 설정하는 것뿐만 아니라 법률의 제정 또는 개정, 사회의 변화, 국민의 요구 등을 반영하여 양형기준을 수정하기도 한다. 즉, 제2기 양형위원회는 제28차 회의(2010. 10. 11.)에서 유기징역형의 상한을 대폭 상향한 개정 「형법」 시행(2010. 10. 16.)에 따라 제1기 양형기준의 일부 내용을 수정하기로 결정하고, 제30차 회의(2010. 12. 21.)에서 살인범죄 양형기준 유형의 세분화 및 권고 형량범위의 상향 조정, 13세 미만 대상 강간상해, 강간치사/강제추행치사범죄의 가중영역의 유기징역 상한 개방, 강도치사 권고 형량의 범위를 대폭 상향 조정, 살인미수범죄의 형량 범위 상향 조정 등을 주요 내용으로 하는 「형법」 개정 등에 따른 양형기준 수정안을 의결하였다.[367] 제3기 양형위원회 또한 강력범죄에 대한 엄정한 처벌을 바라는 국민 여론과 관련 법률의 개정 내용을 반영하여 살

다. 자세한 내용은 양형위원회, 위의 책, 5~8면 참조.
[367] 양형위원회, 「2010 연간보고서」, 양형위원회, 2011, 66~68면.

인죄와 성범죄에 대한 양형기준을 2차로 수정한 바가 있다. 이처럼 법률개정, 사회변화, 국민의 요구 등을 반영하여 양형기준을 수정한 것은 양형위원회의 임무이기 때문에 어쩔 수 없는 것으로 볼 수도 있지만, 심각한 문제점을 내포하고 있다.

사기, 횡령, 절도, 위증, 무고, 공무집행방해, 살인, 강간, 강도 등 9개 범죄에 대하여 양형기준제도 도입 전·후의 평균 형량을 계산한 한 연구에 의하면 양형기준 도입 후 사기, 횡령, 위증, 무고, 살인 범죄에 대한 평균 형량은 변하지 않았지만, 강간과 강도 범죄에 대한 평균 형량은 각각 5.9개월과 7개월 상승하였다고 한다.[368] 또한 횡령·배임범죄의 경우 양형기준이 시행된 이후에 평균 형량이 더 증가하여 형벌이 더 강화되었는지를 평가하기 위해 횡령·배임범죄 유형별로 양형기준 시행 전후의 평균형량을 기본 형량의 감경영역, 기본영역, 가중영역의 세 가지 형태로 구분하여 비교한 연구에 의하면 양형기준이 도입되기 이전보다 도입된 이후의 평균 형량이 높아진 것으로 나타났다.[369] 마찬가지로 횡령죄를 중심으로 진행한 양형기준제도 시행효과에 대한 경험적 연구에서도 양형기준의 적용 여부에 따라서 형량의 변화가 뚜렷한 것으로 분석되었고, 양형기준을 적용한 경우가 적용하지 않은 경우보다 선고형량 및 실형량 등이 눈에 띄게 높다는 분석 등을 통하여 횡령사건에서 양형기준의 적용은 형량을 높이는 효과를 유발했다고 평가할 수 있다는 결론을 내리고 있다.[370] 이러한 연구 결과들을 통해서 우리나라의 양형기준제도의 시행은 전반적으로 형벌의 강화 현상을 불러왔으며, 이에 기반한

---

[368] 임철·장지상·오정일, "양형기준의 효과에 관한 실증적 연구 : 형량의 평균과 편차에 대한 분석", 「법경제학연구」, 제15권 제1호, 한국법경제학회, 2018, 143면.
[369] 이상한, "양형실태 분석을 통한 양형기준 개선방안 고찰", 「형사법연구」 제25권 제2호, 2013, 249면.
[370] 기광도·김혜정, "양형기준제도 시행효과에 대한 경험적 연구 : 횡령죄를 중심으로", 「형사법의 신동향」 통권 제52호, 대검찰청, 2016, 28면.

중형주의 경향의 형선고는 결국 교정시설 과밀수용의 또 다른 원인으로 작용해 왔다는 것을 알 수 있다. 미국도 양형기준이 적용된 시점인 1987년부터 2007년 사이에 교도소 수용인원이 585,084명에서 1,596,127명으로 3배가량 증가하였는데, 미국에서 교도소 수용인원이 급증한 것은 인구증가나 범죄증가에 따른 결과가 아니라 지나치게 가혹한 내용으로 마련된 격자식 양형기준을 적용한 결과라는 것이 일반적인 견해이다.[371]

2. 양형기준 설정 시 수용영향 평가의 부재

우리나라의 양형위원회에서 양형기준을 설정할 때는 그 기준이 교정시설의 수용 능력에 어떠한 영향을 미치는지 아무런 평가가 이루어지지 않고 있다. 교정시설에서의 수용 공간은 한정되어 있는데 양형위원회에서 양형기준을 설정할 때 이러한 고려도 없이 중형주의 또는 엄벌주의에 근거하여 법정형에 근접하는 기준을 설정한다면 교정시설에서의 과밀수용 문제는 해결되기 어려울 것이다.

앞에서 살펴본 바와 같이 미국에서도 양형기준제도를 시행하고 있다. 미국의 경우 범죄행위를 수직축으로 범죄행위자를 수평축으로 하는 양형기준표(sentencing guideline)를 만들어 각각에 등급을 매기고 범죄행위와 범죄행위자의 등급이 교차하는 지점에 형벌의 상한과 하한을 정해놓고 그 범위에서 형을 선고하도록 하는 시스템이다.[372] 그러나, 미국 연방의 양형기준에 대해서는 교정시설 과밀수용의 악화뿐만 아니라 규범적인 지도원칙이 없고, 양형기준표가 지나치게 복잡한 데에다 양형편차를 줄이는 데 실패하였으며, 법관의 재량을 지나치게 제한하는 반면에 검사의 권한을 과도하게 강화하였다는 비판이 제기되고 있다.[373] 특히,

---

371) 최석윤, "양형기준의 변화가 교정처우에 미치는 영향", 「교정연구」 제51호, 한국교정학회, 2011, 57면.
372) 오영근, 「형법총론」 제2판, 박영사, 2009, 786면.

미국 연방의 양형기준제도는 교정시설의 수용인원에 미치는 영향에 대해 충분한 고려를 하지 않은 상태에서 지나치게 가혹한 내용으로 만들어졌기 때문에 교정시설의 과밀수용 문제를 심각하게 만들었다는 비판을 받고 있다.[374]

그러므로 양형기준제도에 따라 형벌에 대한 선고 기준을 정할 때는 그 형벌을 집행해야 하는 교정시설의 범죄자 수용 능력에 미치는 영향을 예측하고 평가한 후에 이를 양형기준 설정 시에 반영하는 절차가 반드시 존재하여야 할 것이다. 이러한 절차를 거치지 않고 지금처럼 양형기준을 설정한다면 미국의 사례와 같이 교정시설의 과밀화 현상을 불러오게 될 것이다.

3. 양형위원회 구성의 문제점

2007년 4월 27일 출범한 양형위원회는 「법원조직법」 제81조의2에 근거하여 설치된 대법원 소속의 위원회로 국민의 건전한 상식을 반영하고, 국민이 신뢰할 수 있는 공정하고 객관적인 양형을 실현하는 것을 목적으로 한다. 양형위원회는 그동안 양형자료에 대한 조사·분석을 수행하면서 양형에 대한 연구와 대국민 의견수렴을 통해 2023년까지 46개의 범죄군에 대한 양형기준을 설정하였고, 이미 설정된 양형기준에 대하여도 지속적으로 의견을 수렴하며 수정 작업을 하고 있다.

「법원조직법」 제81조의3에 따라 양형위원은 위원장(Chairperson) 1명을 포함하여 13명으로 구성되며, 위원장이 아닌 위원 중 1명을 상임위원으로 임명하여 위원회의 업무 전반을 총괄하도록 하였다. 위원장은 15년 이상 판·검사 또는 변호사로 재직한 경력이 있거나, 공인된 대학의 법학

---

[373] 최석윤, 위의 글, 57~58면 각주 24 참조.
[374] 이상한, "교정시설 과밀수용의 해소를 위한 가석방제도 활성화 방안 연구", 「법과 정책연구」 제19집 제3호, 2019, 240면.

조교수 이상의 교수로 근무한 경력 또는 국가, 지방자치단체, 국영·공영 기업체,「공공기관의 운영에 관한 법률」제4조에 따른 공공기관, 그 밖의 법인에서 법률에 관한 사무에 종사한 경력이 있는 사람 중에서 대법원장이 임명하거나 위촉한다. 위원장 이외의 12명의 위원은 법관 4명, 검사 2명, 변호사 2명, 법학 교수 2명, 그 밖에 학식과 경험이 있는 자 2명으로 구성되며, 대법원장이 임명하거나 위촉한다. 다만, 검사 2명은 법무부장관이, 변호사 2명은 대한변호사협회장이 추천하는 사람으로 각각 위촉한다. 임기는 위원장과 위원 모두 2년이며 연임할 수 있다. 전체 위원 13명 중 판사 위원은 4명으로 약 3분의 1에 해당하며, 이는 영국의 양형위원회와 비교해 볼 때 판사 위원의 비율이 더 낮아, 형식적으로는 법원으로부터의 독립성을 강화한 것이라고 볼 수 있다.[375]

그러나 현실적으로 현행 양형위원회는 법원의 주도하에 판사들 중심으로 운영되고 있는 법원 내의 비상설 보조기구 정도로 밖에 기능하고 있지 못하며, 위원장이 비상임일 뿐만 아니라 현직의 고등법원 부장판사가 맡는 1명의 상임위원을 제외하고는 11명의 나머지 모든 위원이 비상임으로 되어 있고, 위원회의 실질적 연구기능을 맡고 있는 전문위원들 역시 전부 비상근으로 되어 있어 이를 과연 상설기구로 볼 수 있을지 의문이며, 위원회의 사무지원을 담당해야할 사무기구의 경우에는 독립성과 전문성이 없는 법원직원들을 배치하여 업무를 담당하게 한 점에서 과연 위원회가 제대로 기능을 할 수 있을지에 대해서도 의문을 갖게 하는 등 형식적 구성과 운영의 특성으로 말미암아 대법원 산하의 장식적 기구에 불과하게 되어 본래의 양형위원회 제도와는 거리가 먼, 사실상의 자문기구로 전락하고 말았다는 비판을 받고 있다.[376]

그러나 이러한 비판 속에서도 지적되지 않고 있는 더 큰 문제는 우리

---

[375] 오영근 외, "바람직한 양형기준제와 양형위원회 운영의 방식에 관한 연구", 대검찰청 용역연구보고서, 대검찰청 공판송무부 공판송무과, 2010, 26면.
[376] 오영근 외, 위의 글, 29면~30면.

나라 양형위원회의 인적 구성에 있어서 형의 집행을 실무적으로 담당하는 교정행정 전문가가 없다는 데 있다. 이에 따라 양형위원회에서 양형기준을 설정할 때 반드시 거쳐야 하는 교정시설의 수용영향 평가나 교정시설의 과밀수용 현황 등에 관하여 의견을 제시하고 대안을 논의할 기회가 구조적으로 차단되고 있다. 미국과 영국의 양형위원회에는 합리적인 양형기준을 만들기 위해 교정행정과 관련한 전문가가 참여하고 있는데, 이에 관하여서는 후술하기로 한다.

Ⅲ. 과밀수용 방지를 위한 양형기준제도 개선방안

1. 독립적인 양형위원회 설치 법률 제정

양형기준제도의 기본적인 취지가 과거 법관의 재량으로 여겨졌던 양형판단에 관하여 객관적이고 합리적인 기준을 마련하자는 것으로 본다면, 양형위원회의 지위와 관련하여서는 무엇보다도 사법부 즉, 법원으로부터의 독립이 최우선적으로 확보되어야 한다고 할 것이다.[377]

양형위원회의 설치와 관련하여 「법원조직법」 제81조의2 제1항은 "형(刑)을 정할 때 국민의 건전한 상식을 반영하고 국민이 신뢰할 수 있는 공정하고 객관적인 양형(量刑)을 실현하기 위하여 대법원에 양형위원회를 둔다"라고 규정하면서, 동조 제3항에는 "위원회는 그 권한에 속하는 업무를 독립하여 수행한다"라고 규정되어 있다. 해당 조문들은 양형위원회가 조직상으로는 법원에 속해 있으나 업무 수행에 있어서는 독립성을 보장받고 있음을 명시하고 있지만, 조직상 법원의 하위 조직에 불과한 위원회가 실제로 법원으로부터 독립성을 유지할 수 있는지는 여전히 의

---

[377] 오영근 외, 위의 글, 27면.

문이 제기될 수 있다.378) 즉, 양형위원회는 실제로는 법원 내의 조직으로서, 법원의 주도하에 판사들 중심으로 운영되고 있는 비상설 보조기구로 기능하고 있으며, 양형위원회가 대법원에 설치되어 있어 그 독립성이 의문스럽다는 비판을 받고 있다.379)

이와 같은 비판의 원인은 법원 소속인 양형위원회가 양형기준을 설정할 때 법원의 영향을 받을 가능성이 있기 때문이다. 그러나 이러한 우려는 단순한 문제로 끝나는 것이 아니다. 양형기준 설정이 사회 전반의 법과 질서유지는 물론, 특히 교정시설의 수용자 인구 변화에 큰 영향을 미치는 것을 고려하면 현행과 같은 법원 중심의 양형위원회 운영 방식은 혁신적인 개선이 필요하다. 그러므로, 현행과 같이 양형위원회의 설치 근거를 「법원조직법」에 둘 것이 아니라, 가칭 「양형위원회 설치법」이나 「양형법」과 같이 독자적인 별도의 법률을 제정하여 양형위원회의 독립성을 강화하고 상설기구로서 역할을 할 수 있도록 하여야 할 것이다.

이와 관련하여 양형위원회는 완전히 독립적인 기구로 구성하거나 국회 소속으로 두는 것이 바람직하다며, 양형기준이 입법권에 의한 형벌범위의 구체화라는 점을 분명히 할 수 있고, 양형위원회가 국민의 대표로 구성되는 국회에 대하여 책임짐으로써 양형기준의 민주적 정당성을 공고히 할 수 있다는 점에서 양형위원회를 국회 소속으로 두거나, 만약 대통령 소속으로 설치하는 경우 대통령의 인사권을 적절히 제어함으로써 양형위원회가 실질적 독립기구로 기능할 수 있도록 보장하여야 한다는 의견을 제시하는 연구가 있는데 타당하다고 생각한다.380)

---

378) 오영근 외, 위의 글, 27면.
379) 오영근 외, 위의 글, 65면.
380) 오영근 외, 위의 글, 66면.

2. 양형기준 설정 시 교정시설 수용영향 평가 의무화

우리나라에서도 아래에서 소개하는 영국의 사례와 같이 양형기준 설정 시에 교정시설의 수용 능력에 어떠한 영향을 미치는지에 관하여 의무적으로 평가를 시행하고 이를 공표할 필요가 있다.

영국에서의 양형기준 제도는 1970년대부터 영국 항소법원 형사부가 특정유형의 범죄에 대해 판례 형식으로 정립하여 오던 '양형기준 판결(sentencing guideline judgment) 제도'를 1998년 범죄 및 질서위반법(Crime and Disorder Act 1998) 제80조에 그 법적 근거를 마련하면서 시작되었다.[381] 영국의 양형에 관한 법률로는 2003년 형사사법법(Criminal Justice Act 2003) 외에도 그동안 2000년 형사법원(양형) 권한법(Powers of Criminal Courts [Sentencing] Act 2000), 2008년 형사사법 및 이민법(Criminal Justice and Immigration Act 2008) 등 다양한 법률이 존재해 왔는데, 2020년 12월 1일부터 양형법(Sentencing Act 2020)이 시행되면서, 개별 법률에 산재되어 있던 양형절차에 관한 법률이 하나로 통합되었다.[382]

특히, 영국 정부는 2009년 검시관과 사법에 관한 법(Coroners and Justice Act 2009)에 따라 2010년 설립된 양형위원회(Sentencing Council)의 법적 의무인 자원영향평가(resource assessment)를 통하여 교도소의 수용인원을 실증적으로 예측하고, 과밀수용을 방지하려는 노력을 하고 있다.

2007년경 교도소 수용인원이 급증하자 이에 대한 대응책을 마련하고자 고심하던 영국 정부는 같은 해 6월에 카터 경(Lord Carter)에게 교도소 공급과 수요 사이의 균형을 개선하기 위한 옵션을 고려하고 이를 어떻게 할 것인지에 대한 권장 사항을 제시해 달라는 요청을 하였다.[383] 정

---

[381] 오영근 외, 위의 글, 46면.
[382] 김혁, "영국(잉글랜드·웨일스)에서의 보호관찰 및 준수사항 위반자에 대한 대응", 「형사정책연구」, 제33권 제1호(통권 제129호), 2022, 42~43면.
[383] Lord Carter of Coles, *Securing the Future - Proposals for the efficient and*

부의 의뢰를 받은 카터 경(Lord Carter)이 같은 해 12월 5일 자유형의 사용 실태와 교도소 현황 등에 관하여 검토하고 '미래의 수호(Securing the Future)'라는 제목의 보고서(이하, Carter 보고서)를 작성하였는데 그는 이 보고서에서 교도소 수용인원의 예측을 위하여 양형패턴을 파악하는 것이 매우 중요한데 당시 양형기준 체제로는 이를 파악하기 어렵고 의미 있는 데이터도 부족하다고 주장하였다.[384] 즉, 그의 보고서에 따르면 2003년 형사사법법(the Criminal Justice Act 2003)에 따라 2004년에 설립된 양형기준위원회(The Sentencing Guidelines Council)는 양형기준을 마련하고, 양형의 일관성을 증진할 필요성을 포함한 다양한 사안을 고려해야 하는 법적 권한을 가지고 있지만, 양형 데이터가 수집되더라도, 이 데이터는 의미 있는 분석을 수행할 수 있을 만큼 충분한 세부 정보를 포함하지 않는 경우가 많아서 정부는 일관된 접근 방식이 이루어지고 있는지 확신할 수 없는데, 이는 양형에 대한 이해와 예측 가능성에 영향을 미치며, 그 결과로 교도소 인구 예측에도 영향을 미친다는 것이었다.[385]

이러한 Carter 보고서를 바탕으로 영국에서는 잉글랜드와 웨일즈에서 사법부의 독립성을 유지하면서 양형의 투명성과 일관성을 높이기 위해 2010년 4월에 새로운 양형위원회를 설립하였다. 양형위원회는 법무부(Ministry of Justice) 산하의 독립된 공공 기관으로 양형기준을 제정하는데, 위원회는 사법부와 정부 그리고 비정부기구와 협조하면서 긴밀한 관계를 유지하되 그의 독립성은 유지한다.[386] 국민과 함께 양형문제에 대

---

　　sustainable use of custody in England and Wales, Lord Carter's Review of Prisons, 2007. 12. 5, 서문 참조.
384) 박형관, "영국 양형기준제 운용 변화와 한국의 양형개혁에 주는 시사점 -「2009년 검시관 및 사법에 관한 법」시행 이후 변화를 중심으로 -",「형사법의 신동향」, 통권 제51호, 2016, 360면.
385) Lord Carter of Coles, ibid., p.18.
386) 이하는 변지영,「영국의 양형기준제도: 양형기준제도의 법령 및 현황」, 사법정책연구원, 2015, 49-50면 요약.

하여 토론하고 국민에게 정보를 제공하여, 국민의 양형에의 참여를 이끌어 내기도 하는 양형위원회는 위원회 구성원(members)과 위원회의 업무를 지원하는 사무국으로 구성되는데, 위원장, 의장과 8명의 법관 위원과 6명의 비법관 위원 등 16명으로 구성된다.

양형위원회는 형량 결정에 대한 기준을 제시하고, 이를 통해 교정시설의 공급과 수요 문제를 해결하는 데 큰 역할을 한다. 그러므로 양형기준이 교정시설에 어떠한 영향을 미칠 것인가에 대한 평가보고서는 양형위원회의 중요한 역할 중 하나이다.[387] 즉, 2009년 검시관과 사법에 관한 법(Coroners and Justice Act 2009)에 따라 영국의 양형위원회는 양형기준 초안 및 최종안을 공표할 때 그 양형기준안이 교도소, 보호관찰 및 소년사법시설 등의 공급에 필요한 자원들에 관한 자원영향평가를 하여야 한다.[388] 또한 양형위원회는 법원의 양형 실무상 일어난 어떠한 변화들이 교도소의 설치, 보호관찰이나 소년범 처우에 관한 자원들에 미치는 영향을 분석하는 내용과 직접적인 양형인자는 아니지만 범죄자를 교도소에 재수감하는 것, 지역공동체 형의 위반, 재범의 패턴 및 가석방위원회에서 정한 가석방 결정이나 권고 등이 여러 자원들에 미치는 영향 등을 연간보고서에 기재하여야 한다.[389] 아울러 양형위원회는 상원의장이 양형에 관한 정부의 정책이나 입법 제안이 교도소 설치, 보호관찰, 소년사법시설의 공급에 요구되는 자원들에 심각하게 영향을 미친다고 판단하여 검토를 지시하면 그에 관한 평가 업무도 수행한다.[390]

2024년 5월 14일 현재, 양형위원회에서 분석하여 출판한 자원영향평가는 강도, 절도, 폭력, 마약범죄 등 52건으로 나타난다.[391] 참고로 양형

---

387) 변지영, 위의 책, 70면.
388) Coroners and Justice Act 2009, s 127; 박형관, 앞의 논문, 372면; 변지영, 위의 책, 70면.
389) CJA 2009 § 130, 131. 박형관, 위의 글, 372~373면.
390) Coroners and Justice Act 2009, s 132(1). 박형관, 위의 글, 373면.

위원회는 폭력범죄에 대한 자원영향평가 중 살인미수에 대한 양형위원회의 양형기준안이 교도소에 미치는 영향을 다음과 같이 설명하고 있다. 즉, 특정 상황에서 최소 형량을 늘리는 살인 범죄 조항의 개정으로 인해 기존 살인 미수 지침의 형량이 너무 낮다는 우려가 제기되어 양형위원회는 이 범죄의 심각성이 적절하게 반영되도록 이 지침의 형벌을 개정해야 한다고 결정하였고, 이에 따라 평균 최종 형기(약 15년 1개월에서 약 20년 5개월)가 전체적으로 약 5년 정도 늘어날 것으로 예상된다는 분석을 바탕으로 양형기준안은 약 300개의 추가 교도소 수용공간이 요구된다는 점을 밝히고 있다.[392]

반면에 실제 신체적 상해를 입히는 폭행(ABH),[393] 중대한 신체적 상해를 입히거나 불법적인 상처를 입히는 행위(GBH s20),[394] 고의로 중대한 신체적 상해를 입히는 행위(GBH s18)[395]에 대한 개정 양형기준안이 기존 양형기준안 평가에서 제기된 일부 문제를 해결하기 위해 마련되었는데, 양형위원회의 분석에 따르면 이러한 개정으로 인해 이들 범죄에 대한 선고 결과가 현재 수준보다 감소할 수 있으며, 평균 구금형 기간(세 가지 범죄 모두)이 줄어들고, 즉각적인 구금 및 집행유예 선고 명령의 사용이 감소하고 그에 따른 지역사회 명령의 사용이 증가할 수 있으며(ABH의 경우), 세 가지 범죄를 통틀어 중앙 추정치에 따르면 이러한 변화로 인해 연간 약 500개의 교도소 수용공간이 줄어들 수 있다고 한다.[396]

---

391) 이에 관한 자세한 내용은 아래 영국 양형위원회 홈페이지 참조, https://www.sentencingcouncil.org.uk/research-and-resources/publications?s&cat=resource-assessment (검색일: 2024. 5. 14.)
392) Sentencing Council, *Final Resource Assessment : Assault Offences*, 2021.05. 27., p.8, p.21.
393) assault occasioning actual bodily harm
394) assault inflicting grievous bodily harm/unlawful wounding
395) assault causing grievous bodily harm with intent

우리나라에서도 지금까지 살펴본 영국 양형위원회와 같이 양형기준을 설정할 때 교정시설에 미치는 자원영향 평가를 의무적으로 하도록 하여 교정시설의 인구 증감에 관해 단기, 중기, 장기적인 예측을 정부에 제공하고 국민에게 공표할 수 있게 되어 지금과 같이 교정시설이 과밀화되는 현상을 미리 방지할 수 있을 것으로 기대된다. 앞에서 제안한 가칭 「양형위원회 설치법」이나 「양형법」을 신설할 때는 반드시 이러한 내용을 규정하여야 할 것이다.

3. 양형위원회의 구성원으로 교정전문가 참여

새로운 양형기준이 교정시설의 수용 능력에 영향을 미치는 것은 당연한 일이다. 그러므로 대법원장이 양형위원회 위원을 임명 또는 위촉할 때에는 교정행정에 대한 실무가나 전문가를 반드시 1인 이상 위촉할 필요가 있다. 양형위원 위촉이 어려운 사정이면 최소한 전문위원 중 1명을 교정행정에 정통한 실무가나 전문가를 임명하여야 할 것이다.

아울러, 양형위원회와 관계 기관의 협조 등과 관련하여 「법원조직법」 제81조의8 제1항에서는 양형위원회가 "필요한 경우 관계 공무원 또는 전문가를 회의에 출석하게 하여 의견을 들을 수 있고, 관계 국가기관·연구기관·단체 또는 전문가 등에게 자료 및 의견의 제출이나 그 밖의 협력을 요청"할 수 있도록 규정되어 있고, 동조 제2항에서는 "업무수행을 위하여 필요하다고 인정하는 경우 관계 국가기관·연구기관·단체 등의 장에게 그 소속 공무원 또는 직원의 파견을 요청"할 수 있도록 규정되어 있다. 이러한 규정들 역시 양형위원회의 전문성을 강화하기 위한 것이라고 할 수 있으므로,[397] 교정시설의 수용 현황과 양형기준 설정시 교정시

---

396) Sentencing Council, op. cit., p.8, p.18.
397) 오영근 외, 위의 글, 27면.

설에 미치는 영향을 평가하기 위하여 법무부 교정본부와 적극적인 협조 관계를 유지한 것이 바람직하다고 생각한다.

미국 연방 양형위원회(US Sentencing Commission)는 1984년 종합 범죄 관리법의 양형 개혁법 조항(the Sentencing Reform Act provisions of the Comprehensive Crime Control Act of 1984)의 일환으로 연방정부의 사법부에 속한 독립 기관이다.[398] 위원회는 대통령이 상원의 동의를 얻어 6년 임기로 최대 7명의 투표권을 가진 위원을 임명하여 구성되는데, 법령에 따라 최소 3명의 위원은 연방 판사여야 하며, 같은 정당의 위원은 최대 4명을 초과할 수 없고, 법무부장관(또는 법무부장관이 지명한 자)과 미국 연방 가석방위원회(U.S. Parole Commission) 위원장은 위원회의 당연직 위원이다.[399] 이처럼 미국의 연방 양형위원회는 양형위원의 구성 역시 사법부, 입법부, 교정당국, 검찰, 변호사, 명망이 있는 학자, 일반 국민 등 다양한 관계자들로 이루어지게 할 수 있도록 함으로써 조직의 중립성과 공개성이 유지될 수 있도록 하기 위한 노력을 하고 있다.[400] 특히, 미국 연방 가석방위원회 위원장이 당연직 위원으로 임명되어 활동하기 때문에 교정시설의 수용현황이나 양형기준 설정시 교정시설 수용능력에 미치는 영향에 대하여 교정행정 전문가의 의견을 제시할 수 있도록 구성되어 있다. 한편, 미국 연방 양형위원회 사무국은 사무국장(Staff Director)을 정점으로 한 7개 부서에 100여명의 상근 직원들로 구성되어 있는데, 특히 정책분석부서(The Office of Policy Analysis)는 양형위원회의 종합양형데이터베이스와 그 밖의 다른 데이터를 활용하여 양형가이드라인과 양형에 관련된 장·단기 연구 및 분석을 제공하는데, 교정정책과 관련하여서는 제안된 양형가이드라인 개정안이 연방교도소의 재소자 수에

---

[398] United States Sentencing Commission, *2023 Annual Report*, 2024, p.2.
[399] ibid., p.4; 28 U.S.C. §991(a).
[400] 오영근 외, 위의 글, 46면.

미치는 영향에 대한 예측 업무를 담당하고 있다.401)

영국의 경우에도 위에서 살펴본 바와 같이 1998년 범죄 및 질서위반법(Crimeand Disorder Act)에서 양형판결기준을 제도화한 후 이를 보조하기 위해 독립적인 양형자문단(Sentencing Advisory Panel)이 설치되었으며, 양형자문단의 위원은 위원은 총 15명으로 구성되어 있는데 판사, 교수, 형사사법 실무가, 시민 대표 등으로 구성되어 있었다.402) 이후 2003년 형사사법법(Criminal Justice Act of 2003)이 제정되어 2004년 영국 양형기준위원회(Sentencing Guidelines Council)가 발족하였다가 2009년 검시관과 사법에 관한 법(Coroners and Justice Act 2009)에 따라 2010년 설립된 양형위원회(Sentencing Council)가 설립되었다.

영국 양형위원회는 위원장을 포함하여 모두 16명의 구성원으로 구성되는데, 위원장, 의장과 8명의 법관 위원과 6명의 비법관 위원이 있으며, 법관 위원으로 임명될 수 있는 자는 항소법원의 판사, 고등법원의 배석판사, 순회법관, 구역법관(치안 법원), 또는 비법관 판사 자격 중 하나를 충족하는 자이고, 비법관 위원으로 임명될 수 있는 자격이 있는 자는 형사 변호, 형사 기소, 경찰, 양형 정책 및 법집행, 형사피해자의 복지진흥, 형사법이나 형사학에서의 학술적 연구, 통계학의 사용, 범인의 갱생 중 하나 이상의 분야에서 경력이 있다고 법무장관(Lord Chancellor)이 인정하는 자이며, 형사 기소에서의 경력으로 인하여 비법관 위원으로 임명될 수 있는 자는 검찰청장을 포함한다.403) 이처럼 영국 양형위원회에서도 양형정책 및 법집행, 범인의 갱생 분야 등 교정행정 전문가를 양형위원회 비법관 위원으로 임명하고 있음을 알 수 있다.

---

401) 박형관·이주형, "양형위원회 운영방식에 대한 비교법적 고찰", 「법조」 제56권 제6호, 법조협회, 2007, 30~31면.
402) 오영근 외, 위의 글, 49면.
403) 변지영, 「영국의 양형기준제도 : 양형기준제도의 법령 및 현황」, 대법원 사법정책연구원, 2015, 49~50면; Coroners and Justice Act 2009 Schedule 15.

우리나라도 미국이나 영국의 사례처럼 교정행정 전문가가 참여하는 양형위원회가 구성된다면 양형기준을 설정할 때 교정시설의 과밀수용을 방지할 수 있도록 보다 합리적인 양형기준을 만들 것으로 기대된다. 다만, 이러한 의견에 대해서는 양형의 조건을 규정한 「형법」 제51조가 형을 정함에 있어서 첫째, '범인의 연령, 성행, 지능과 환경', 둘째, '피해자에 대한 관계', 셋째, '범행의 동기, 수단과 결과', 넷째, '범행 후의 정황'을 참작하도록 규정하고 있을 뿐이고, 교정시설의 수용 능력이나 상황에 관하여서는 별다른 규정이 없으므로 교정전문가가 양형기준 설정을 위한 양형위원회에 구성원으로 참가할 필요가 있는가 하는 반론이 있을 수 있다. 그러나, 미국과 영국에서의 양형위원회 설치 원인 중의 하나가 교정시설의 과밀수용 문제를 해결하기 위한 것이었다는 점,[404] 양형위원회에 교정전문가가 참여하면 이러한 문제 해결에 더욱더 신중하게 접근할 수 있다는 점 외에도 위에서 살펴본 미국이나 영국의 사례와 같이 양형위원회의 중립성과 공개성이 유지되는 데에도 크게 기여할 것으로 생각한다. 마찬가지 취지에서 양형기준 설정을 통해 종전 양형의 관대함을 고치려 하는 경우에는 교도소 구금 인원이 급증할 우려가 있으므로 우리나라 양형위원회의 운영에서도 교정 문제를 효과적으로 다룰 수 있는 인적 구성과 방식이 필요하다는 의견도 있다.[405]

Ⅳ. 소 결

우리나라에서는 2007년에 대륙법계 국가 최초로 양형위원회가 출범

---

[404] 영국의 양형위원회 설치 과정과 교도소 수용인원 예측 등 교정정책과의 연관성에 관한 2007년 카터(Carter) 보고서와 게이지(Gage) 보고서의 자세한 내용은 박형관, 앞의 글, 360~363면 참조.
[405] 박형관·이주형, 앞의 글, 58면.

하였다. 양형위원회는 법관이 재판에 활용할 수 있는 객관적이고 구체적인 양형기준을 수립하고 변경함으로써, 불합리한 양형 편차를 줄이는 데 크게 이바지해 왔다. 그러나 양형위원회가 설정한 양형기준은 수사, 재판, 형벌의 집행으로 이어지는 형사사법제도 전반에 영향을 미치게 되는데, 특히 범죄자에 대한 형벌 집행을 담당하는 교정 분야에 지대한 영향을 준다.

특히, 양형기준제도에 관한 연구 결과들을 분석해보면 우리나라의 양형기준제도의 시행이 미국의 사례와 같이 전반적으로 형벌의 강화 현상을 불러왔으며, 이에 기반한 중형주의 경향의 형 선고는 결국 교정시설 과밀수용의 또 다른 원인으로 작용해 왔다는 것을 알 수 있다. 또한, 우리나라의 양형위원회에서 양형기준을 설정할 때 그 기준이 교정시설의 수용 능력에 어떠한 영향을 미치는지 아무런 평가가 이루어지지 않고 있어서 과밀수용을 초래할 위험이 있다. 아울러, 「법원조직법」 제81조의 3에 따라 양형위원회는 위원장 1명을 포함한 13명으로 구성하며, 위원장이 아닌 위원 중 1명을 상임위원으로 임명해 위원회 업무를 총괄하도록 하고 있지만, 미국이나 영국의 양형위원회와는 달리 인적 구성에 있어서 형의 집행을 실무적으로 담당하는 교정행정 전문가가 없어서 양형기준 설정 시 반드시 거쳐야 하는 교정시설의 수용영향 평가나 교정시설의 과밀수용 현황 등에 관하여 논의할 기회가 구조적으로 차단되고 있다.

이러한 문제점에 대하여는 먼저, 현행과 같이 양형위원회의 설치 근거를 「법원조직법」에 둘 것이 아니라, 가칭「양형위원회 설치법」이나 「양형법」과 같이 독자적인 별도의 법률을 제정하여 양형위원회의 독립성을 강화하고 상설기구로서 역할을 할 수 있도록 하여야 할 것이다. 다음으로, 영국 양형위원회와 같이 양형기준을 설정할 때 교정시설에 미치는 자원영향 평가를 의무적으로 하도록 하여 교정시설의 인구 증감에 관해 단기, 중기, 장기적인 예측을 정부에 제공하고 국민에게 공표하게 되면 교정시설이 과밀화되는 현상을 미리 방지할 수 있을 것으로 기대되므로,

앞에서 제안한 가칭「양형위원회 설치법」이나「양형법」을 신설할 때는 반드시 이러한 내용을 규정하여야 할 것이다. 마지막으로, 우리나라의 양형위원회에도 미국과 영국처럼 교정행정 전문가가 참여하도록 하여 양형기준을 설정할 때 교정시설의 수용영향을 평가하고 과밀수용을 방지할 수 있도록 하여야 할 것이다.

제5절 노역장 유치제도(환형유치)의 폐지

I. 서 설

1. 벌금형과 노역장 유치제도의 의의

벌금형(罰金刑, Geldstrafe)은 범죄자에게 일정 금액의 지불의무를 강제적으로 부담하게 하는 형벌로서 재산형 중 가장 무거운 처벌이다.[406] 이러한 벌금형은 비교적 가벼운 범죄에 대해 단기자유형을 집행함으로써 발생할 수 있는 범죄적 악성 감염, 낙인효과, 수용시설의 과밀화 및 이에 따른 열악한 수용 환경 등을 방지할 수 있다는 점에서 단기자유형의 대체방안으로 대두되었다.[407]

우리나라에서는 제1심 재판 기준으로 전체 기소 인원의 90% 이상인 연간 약 100만 명이 벌금형을 선고받고 있어, 벌금형은 가장 많이 활용

---

[406] 이재상·장영민·강동범, 앞의 책, 596면; 김성돈, 「형법총론」제5판, 성균관대학교 출판부, 2018, 791면.
[407] 강영철, "재산형 〈벌금〉의 문제점과 노역장 유치의 개선방안",「교정연구」통권 제40호, 한국교정학회, 2008, 11면.

되는 형벌이다.408) 2014년을 기준으로 벌금형 집행현황을 연구한 문헌에 의하면, 전체 형사사건 처리인원 1,017,591명(= 1심공판 267,346명 + 약식절차 703,810명 + 즉결심판 46,435명)의 79.5%인 809,042명(= 1심공판 벌금형 85,580명 + 약식절차 벌금형 682,564명 + 즉결심판 벌금형 40,898명)이 벌금형을 선고받았으며, 최근 수년간 벌금형 선고 비율은 80%를 전후한 수준으로 계속 유지되고 있고, 선고되는 벌금형을 금액을 기준으로 분석해보면 100만 원 이하의 벌금형이 50% 정도이고, 300만 원 이하의 벌금형이 85% 이상이며, 500만 원 이하의 벌금형이 97% 이상이므로 대부분은 벌금형은 500만 원 이하로 선고되고 있음을 밝히고 있다.409)

「형법」 제69조 제1항에 따라 벌금형이 확정되면 30일 이내에 벌금을 납입해야 하고, 또한 벌금형을 선고받은 자가 벌금을 납입하지 아니할 때는 「형법」 제69조 제2항에 따라 그를 노역장에 유치하여 작업에 복무하게 한다. 이처럼 벌금형 수형자가 벌금을 납부하지 않을 때 1일 이상 3년 이하의 범위 내에서 유치기간을 정한 판결에 따라 그를 노역장에 유치하여 작업에 복무하게 하는 환형처분을 '노역장 유치'라고 한다.410) 아울러, 벌금미납자를 노역장에 유치할 경우에는 2014년 5월 14일 신설된 「형법」 제70조 제2항에 따라, 선고하는 벌금이 1억 원 이상이면 300일 이상, 5억 원 이상이면 500일 이상, 50억 원 이상이면 1,000일 이상의 유치기간을 각각 정하도록 하였다.

---

408) 조규범, "벌금형제도의 문제점과 입법과제", 「국회입법조사처 정책보고서」 제39호, 2015, 1면.
409) 서효원, "벌금형 집행의 현황과 과제", 「교정연구」 통권 제26권 제4호, 한국교정학회, 2016, 262면.
410) 강영철, 위의 글, 18면.

2. 노역장 유치의 법적 성격

노역장 유치의 법적 성격은 원칙적으로 벌금납입의 대체수단이지만, 벌금을 납입할 수 있는 재력이 있는 자에게는 벌금완납을 강제한다는 점에서 강제(압박)수단의 기능도 함께 수행하는 이중적 기능을 가지고 있다고 할 수 있다.[411] 이와 관련하여 헌법재판소는 벌금형에 대한 노역장 유치제도가 과잉금지원칙에 위배되는지 여부가 문제된 사안에서 "노역장 유치의 법적 성격은 벌금미납자가 노역장에 유치되는 순간 유치일수만큼 벌금액이 탕감되므로 원칙적으로 벌금 납입의 대체수단이지만, 벌금미납자에게 벌금납입에 대한 강한 심리적 압박을 가한다는 점에서 납입강제의 기능도 함께 수행한다고 보는 것이 일반적인 견해이다. 노역장 유치는 위와 같이 벌금형 등에 대한 환형처분이라는 점에서 노역형, 즉 강제노동 자체를 내용으로 하는 형벌과는 구별된다"라고 판시한 바 있다.[412]

Ⅱ. 노역장 유치제도와 교정시설 과밀수용의 상관관계

1. 노역장 유치의 집행 현황

벌금형의 환형처분인 노역장 유치는 실무상 징역형과 동일하게 교정시설에서 집행되고 있다.[413] 그러나, 노역형 수형자는 교정시설 내에 일

---

[411] 강영철, 위의 글, 18~19면; 한영수, "벌금미납자에 대한 노역장 유치", 「형사정책연구」 제10권 제4호, 한국형사정책연구원, 1999, 238면.
[412] 헌법재판소 2011. 9. 29. 선고, 2010헌바88 결정.
[413] 한영수, "벌금미납자의 사회봉사 집행의 현황과 발전방안", 「형사정책연구」 제26권 제3호, 한국형사정책연구원, 2015, 69면.

반수형자 또는 미결수용자와 사동 및 작업장 구분 없이 수용되고 있으며,[414] 실제로는 정해진 노역을 하지 않고 본인의 수용거실에서 시간을 보내는 경우가 대부분이다. 2006년 국가인권위원회가 노역장 유치자 424명을 대상으로 조사한 바에 의하면, 이들에 대한 노역이 형식적으로 이루어지거나 전혀 이루어지지 않고 있었다.[415] 또한 건강상태에 대한 질문에서 병이 있거나, 심각하게 나쁜 경우가 40% 정도이고, 입소전 43.1%가 전문의 진료를 받았고, 13.7%가 치료는 없었으나 의사와 건강상의 상담을 한 것으로 나타나 건강상태가 열악한 경우가 많은 것으로 나타났다.[416] 이러한 노역장 유치자의 입소는 교도소와 구치소 등 교정시설의 과밀화를 초래하고 있고, 동시에 교정업무의 부담을 가중시키고 있다.

아래 〈표 4-4〉는 2012년부터 2023년까지 수형자 입·출소사유별 인원을 나타낸 것이다.

〈표 4-4〉 수형자 입·출소사유별 인원(2012년~2023년)

(단위 : 명)

구분	연도	2012	2013	2014	2015	2016	2017	2018	2019	2020	2021	2022	2023
입소	계	53,689 (100%)	55,479 (100%)	56,044 (100%)	62,395 (100%)	64,541 (100%)	62,624 (100%)	57,742 (100%)	56,420 (100%)	51,874 (100%)	35,342 (100%)	36,970 (100%)	52,120 (100%)
	직입소	26,145 (48.7%)	27,333 (49.3%)	26,573 (47.4%)	29,357 (47.1%)	28,330 (43.9%)	24,851 (39.7%)	22,429 (38.8%)	21,827 (38.7%)	18,609 (35.9%)	4,243 (12.0%)	5,609 (15.2%)	18,227 (35.0%)
	형확정	22,931 (42.7%)	23,267 (41.9%)	24,281 (43.3%)	27,206 (43.6%)	30,269 (46.9%)	31,500 (50.3%)	29,638 (51.3%)	29,225 (51.8%)	28,204 (51.3%)	26,590 (75.2%)	26,381 (71.3%)	28,330 (54.4%)
	기타	4,613 (8.6%)	4,879 (8.8%)	5,190 (9.3%)	5,832 (9.3%)	5,942 (9.2%)	6,273 (10.0%)	5,675 (9.8%)	5,368 (9.5%)	5,061 (9.8%)	4,509 (12.8%)	4,980 (13.5%)	5,563 (10.7%)

---

[414] 신양균, "노역수형자에 대한 처우의 현실과 개선방안", 「형사정책연구」 제18권 제1호, 한국형사정책학회, 2007, 231면.
[415] 국가인권위원회, 위의 결정, 19면.
[416] 국가인권위원회 2007. 6. 18. 06직9, 04진인3432, 05진인1236, 05진인1262, 05진인1339, 05진인1380, 05진인2009, 05진인2042, 06진인318 벌금형 집행 등을 통한 인권침해(병합) 결정, 18면.

구분	연도	2012	2013	2014	2015	2016	2017	2018	2019	2020	2021	2022	2023
출소	계	53,202 (100%)	54,297 (100%)	54,203 (100%)	60,414 (100%)	62,979 (100%)	62,819 (100%)	58,450 (100%)	56,900 (100%)	51,817 (100%)	35,844 (100%)	36,547 (100%)	48,576 (100%)
	형기종료	15,742 (29.6%)	16,374 (30.2%)	17,191 (31.7%)	19,187 (31.8%)	21,357 (33.9%)	23,324 (37.1%)	21,821 (37.3%)	21,092 (37.1%)	19,737 (38.1%)	17,910 (50.0%)	16,479 (45.1%)	16,928 (34.8%)
	가석방	6,500 (12.2%)	6,201 (11.4%)	5,394 (10.0%)	5,507 (9.1%)	7,157 (11.4%)	8,275 (13.2%)	8,693 (14.9%)	8,174 (14.4%)	7,902 (15.2%)	9,390 (26.2%)	10,310 (28.2%)	9,525 (19.6%)
	사면	374 (0.7%)	13 (0.0%)	282 (0.5%)	559 (0.9%)	479 (0.8%)	309 (0.5%)	-	561 (1.0%)	206 (0.4%)	110 (0.3%)	65 (0.2%)	24 (0.1%)
	노역종료	13,729 (25.8%)	14,208 (26.2%)	15,163 (28.0%)	19,234 (31.8%)	19,802 (31.4%)	18,352 (29.2%)	16,847 (28.8%)	16,896 (29.7%)	15,375 (29.7%)	4,739 (13.2%)	5,056 (13.8%)	12,930 (26.6%)
	기타	16,857 (31.7%)	17,501 (32.2%)	16,173 (29.8%)	15,927 (26.4%)	14,184 (22.5%)	12,559 (20.0%)	11,089 (19.0%)	10,177 (17.9%)	8,597 (16.6%)	3,695 (10.3%)	4,637 (12.7%)	9,169 (18.9%)
연도 말 수형자 인원		31,434	32,137	33,444	35,098	36,479	36,167	35,271	34,697	34,749	34,087	34,475	59,088

위 〈표 4-4〉에서 2012년부터 2023년까지 노역장 유치자의 출소인원의 변화를 살펴보면 2012년 전체 출소인원 53,202명 중에서 노역장 유치자는 13,729명으로 전체의 25.8%를 차지하고 있으며, 2016년에는 전체 출소인원 62,979명 중에서 노역장 유치자는 19,802명으로 전체의 31.4%를 차지하고 있다.[417] 코로나19(COVID-19) 감염병 유행으로 노역장 유치가 대폭 감소한 2021년에도 전체 출소인원 35,844명 중에서 노역장 유치자는 4,739명으로 전체의 13.2%를 차지하고 있음을 알 수 있다. 이후 코로나19 사태가 진정된 2023년에는 전체 출소 수형자 48,576명 중에서 노역장 유치자는 12,930명으로 다시 증가하여 전체 출소 수형자의 26.6%를 차지하게 되었다.

---

[417] 2012~2021년 자료는 법무부 교정본부, 「교정통계연보」, 2022, 70면; 2022년 자료는 법무부 교정본부, 「교정통계연보」, 2023, 70면; 2023년 자료는 법무부 교정본부, 「교정통계연보」, 2024, 77면을 참조하여 재작성하였음.

2. 노역장 유치제도의 문제점

우리나라 2021년 벌과금 집행제액은 전체 5조 2천 3백여억 원 중에서 현금납입은 1조 1천 9백여억 원인 데 반하여, 유치집행은 3조 9천 4백여억 원이다.[418] 즉, 벌금형의 집행에 있어서 노역장 유치 집행이 현금납입의 3.3배에 이르고 있다는 것을 알 수 있다. 이것은 재산형으로서의 벌금형이 사실상 그 기능을 다하지 못하고 오히려 대체자유형으로서 기능을 더 많이 하고 있다는 것을 의미한다.

결국 이와 같은 벌금형의 환형처분으로서의 노역장 유치는 구금시설인 교도소와 구치소의 과밀화와 함께 교정업무의 가중, 노역수형자에 대한 의료비 부담 등 수용비용의 증가로 인해 오히려 국가 예산의 효율적 배분을 어렵게 하고 있다.

또한, 벌금형의 장점 중의 하나는 구금형처럼 범죄자의 자유를 구속하지 않으므로 사회생활의 중단과 이에 의한 실직 및 가정파탄, 혼거수용에 따른 범죄오염 등 단기자유형의 폐해를 막을 수 있는 데에 있으나,[419] 위와 같은 노역장 유치의 현실은 오히려 단기자유형의 폐해를 초래하는 모순을 발생시키게 된다. 이처럼 획일적으로 벌금을 부과하고 그 납부와 징수를 담보하기 위해서 노역장 유치라는 환형처분을 활용하는 것은 단기자유형의 폐해와 한계의 극복이라는 측면에서 기능하고 있는 벌금형의 존재의의와 벌금형의 활용을 통해 얻고자 했던 긍정적인 효과를 모두 형해화할 수 있는 위험성을 내포하고 있다.[420] 그러므로, 이와 같은 노역장 유치제도의 문제점을 해결할 수 있는 개선방안을 모색할 필요가 있다.

---

418) 대검찰청, 「검찰연감」, 2022, 1428~1429면.
419) 박상기·손동권·이순래, 「형사정책」 전정판, 한국형사정책연구원, 2021, 402면.
420) 안성훈, "벌금형 집행의 개선방안: 일수벌금형제도 도입을 중심으로", KIC ISSUE PAPER, 한국형사정책연구원, 2014, 12면.

Ⅲ. 벌금형 선고와 노역장 유치제도의 개혁

1. 다이버전을 통한 벌금형 선고의 최소화

다이버전(Diversion)이란 다른 방향으로 유도하거나, 우회를 의미하는 용어로 1970년대 형사정책의 전략적인 개념으로 등장하였다.[421] 당시 미국의 자유주의적 형사정책 융성기에 자유형을 대체하는 수단으로 태어난 이 제도는 이후, 유럽의 여러 나라들도 1980년대의 이론적인 논의단계를 거쳐서 1990년대에는 입법화되기 시작하였다.[422] 이 제도는 정규의 형사사법절차로부터 이탈하여 이미 발생한 범죄문제를 되도록 형사사법절차와는 다른 절차를 통해 해결하는 프로그램을 말하며, 형사소송절차의 전 단계에서 그것을 대체시키는 대안으로서의 의미를 갖는다.[423] 즉, 다이버전은 공식적인 형사절차에서 벗어나 사회 내 처우 프로그램에 참여하는 것과 같이, 형사사법기관이 통상의 형사절차를 중단하고 이를 대체하는 새로운 절차로 전환하는 것을 의미한다.[424] 이처럼 다이버전은 형사사법기관에 의해 처벌받아 낙인찍힌 사람이 그 낙인 때문에 오히려 상습적인 범죄자가 된다는 낙인이론을 이론적 출발점으로 하여 형벌이 갖는 기능상의 한계와 과잉처벌의 문제점을 해결하기 위하여 등장한 것으로, 이러한 다이버전의 확대로 인하여 형사사법기관의 개입이 억제됨으로써 국가의 비용이 경감될 뿐만 아니라 법원의 부담이나 교도소의 과밀수용문제도 해결해 주는 효과도 기대할 수 있는 다양한 기능상의 장점을 갖고 있다는 평가를 받고 있다.[425]

---

[421] 최호진, 앞의 논문, 265면.
[422] 김일수, 「전환기의 형사정책-패러독스의 미학」, 세창출판사, 2012, 140면.
[423] 김일수, 위의 책, 139면.
[424] 박상기·손동권·이순래, 「형사정책」 제11판, 형사정책연구원, 2016, 427~428면.
[425] 이승현, "소년 다이버전 개념의 재정립", 「소년보호연구」 제16호, 2011, 196면.

벌금형은 경미한 범죄에 대하여 단기자유형의 폐해를 극복할 수 있는 일종의 대안으로서 활용되고 있는 형벌이지만, 빈부의 차이에 따라 형평성의 차이가 존재하고 벌금을 미납할 경우 환형처분으로 노역장에 유치됨으로써 오히려 단기자유형의 폐해를 겪게 된다는 모순점이 있다. 이러한 측면에서 경미한 범죄에 대해 벌금형을 선고하는 것은 형사사법기관에 의한 과잉처벌과 함께 낙인효과로 상습범죄자를 양산하기 때문에 이를 자제하고 다이버전을 확대할 필요가 있다. 이러한 벌금형에 대한 다이버전의 예로는 범죄피해자에 대한 손해배상이나 화해, 지역사회에 대한 봉사프로그램, 범죄자에 대한 교육이나 심리치료 등을 들 수 있겠다. 다만, 다이버전은 범죄처리에 대한 공식적 절차의 이탈을 통하여 범죄자를 조기에 사회에 복귀시키는 제도이기 때문에 사정에 따라서는 피해자가 물질적·정신적 피해를 충분히 보상받지 못하는 문제점이 발생할 수 있으므로, 이러한 문제점을 방지하고 다이버전을 활성화시키기 위한 방법으로 범죄피해자의 입장을 반영할 필요가 있으며, 이를 위해 회복적 사법에 대한 논의가 필요하다.[426]

2. 벌금형의 집행유예 활성화

벌금형 집행유예제도는 벌금형을 선고받은 자의 경제적 상황을 고려하여 벌금을 납부하지 못하는 사정이 있을 경우에 500만 원 이하의 벌금형에 대하여 집행유예를 할 수 있도록 한 것이다. 벌금형 집행유예제도는 2016년 1월 6일 「형법」 개정에서 이루어진 것으로 2년 후인 2018년 1월 7일부터 시행되었다.[427] 이것은 벌금형에 대해서도 집행유예를 인정

---

[426] 최호진, 위의 글, 266면.
[427] 2016년 1월 6일 「형법」 개정 당시의 개정이유문을 살펴보면 다음과 같다. "징역형에 대해 인정되는 집행유예가 징역형보다 상대적으로 가벼운 형벌인 벌금형에는 인정되지 않아 합리적이지 않다는 비판이 제기되어 왔고, 벌금 납부

하는 것이 타당하다는 학계의 주장을 수용한 것이지만 실제로 벌금형의 집행유예는 미미한 실적을 보이고 있다. 벌금형 집행유예 제도가 자신의 경제적 상황이 고려되지 않은 채 부과되는 벌금으로 고통을 받는 이들의 사정을 고려해 줄 필요가 있다는 취지에서 도입되었음을 생각한다면 오히려 이를 활성화할 필요가 있으며, 벌금형 집행유예가 서민의 경제적 어려움을 해소해 준다는 입법목적과 취지를 반영하여 서민의 경제적인 어려움을 적극적으로 고려하고 배려한다는 차원에서 타당한 기준과 방법을 마련하고 이를 확대해 시행할 필요가 있다.[428]

우리 「형법」은 집행유예가 가능한 벌금의 상한을 '500만 원 이하'로 규정하고 있으나 벌금형 집행유예제도의 활성화를 위하여 이러한 제한은 폐지되어야 할 것이다. 외국의 사례를 살펴보면 일본의 경우에만 유일하게 '50만 엔 이하의 벌금'으로 집행유예의 상한선을 두고 있으며, 프랑스, 오스트리아, 스위스 등 대부분의 입법례에서는 벌금형의 집행유예에 벌금의 상한선을 설정하고 있지 않다.[429]

능력이 부족한 서민의 경우 벌금형을 선고받아 벌금을 납부하지 못할 시 노역장 유치되는 것을 우려하여 징역형의 집행유예 판결을 구하는 예가 빈번히 나타나는 등 형벌의 부조화 현상을 방지하고 서민의 경제적 어려움을 덜어주기 위해 벌금형에 대한 집행유예를 도입할 필요가 있음. 다만, 고액 벌금형의 집행유예를 인정하는 것에 대한 비판적인 법감정이 있는 점 등을 고려하여 500만원 이하의 벌금형을 선고하는 경우에만 집행유예를 선고할 수 있도록 규정함. 아울러, 벌금형을 선고받은 사실을 일정한 결격 사유로 정하고 있는 법률이 다수 존재하고 벌금형의 집행유예가 도입됨에 따라 그러한 법률 역시도 정비가 필요한 점을 고려하여 공포 후 2년이 경과한 후에 시행하도록 함." 국가법령정보센터(http://www.law.go.kr).

[428] 김경찬, "벌금형 집행 관련 문제점과 개선방안-특히 효율적인 벌금형 집행기구의 필요성과 이른바 '벌금형 집행법' 제정과 관련하여", 「형사법의 신동향」 통권 제72호, 대검찰청, 2021, 330면.

[429] 최호진, 위의 글, 254면.

3. 벌금대체 사회봉사제도의 활성화와 노역장 유치제도의 폐지

우리나라에서는 2009년 3월에 「벌금 미납자의 사회봉사 집행에 관한 특례법」이 제정되어 동년 9월부터 '벌금대체 사회봉사제도'가 시행되고 있다. 이 특례법은 경제적 능력이 없어 벌금을 납부하지 못하는 사람들이 노역장에 유치되는 것을 방지하고, 벌금 미납으로 인한 형벌의 불평등을 해소하며, 벌금 미납자에게 벌금을 사회봉사로 대체할 기회를 제공함으로써 노역장 유치로 인한 범죄학습, 가족관계 단절, 구금시설 과밀화 등의 문제를 최소화하고, 벌금 미납자의 경제적 부담을 덜어주는 데 그 목적이 있다.[430]

이 제도가 시행되기 전에는 벌금형을 선고받은 자가 벌금형이 확정된 후 벌금을 납입하지 않으면 강제징수가 개시되거나 노역장 유치가 집행되었지만, 이제는 '벌금대체사회봉사제도'의 시행에 따라 벌금미납자가 이를 신청하면, 검사의 청구에 의해 법원의 허가를 받아 보호관찰관이 집행하는 사회봉사를 이행함으로써 벌금을 상쇄할 수 있게 되어 그만큼 환형처분인 노역장 유치를 줄일 수 있는 제도로 평가받고 있다. 그러나 제도 도입 당시의 기대와 달리 벌금미납자의 신청건수는 예상치에 크게 미치지 못하고 있고, 벌과금 실조정 건수 대비 사회봉사제도 신청건수의 비율 역시 극히 미미한 실정이며, 또한 사회봉사신청이 허가되었다고 하더라도 미신고, 기간만료, 준수사항 위반 등의 사유로 사회봉사 허가취소 사례가 크게 증가하고 있어서 사회봉사제도 전반에 대한 개선책 마련이 시급한 실정이다.[431] 2021년 현재 벌금대체 사회봉사명령

---

[430] 「벌금 미납자의 사회봉사 집행에 관한 특례법」(법률 제9523호, 2009. 3. 25., 제정) 제정이유문 참조. 국가법령정보센터, http://www.law.go.kr (검색일 : 2023. 12. 6.).

[431] 윤현석·안성훈·이영우, "형사사건에서 벌금대체 사회봉사제도의 고찰", 「법이

집행 개시 인원은 전년도 이월인원을 포함하여 11,091명이며, 집행완료 인원은 9,009명, 현원은 1,992명이다.432) 이와 관련된 연구에서는 이러한 문제점을 극복하기 위해 「형법」에 이 제도의 시행 근거를 두는 등 입법체계의 재정비, 사회봉사 집행기간의 연장, 허가 요건 강화 등 제도를 개선할 필요가 있으며, 특히 벌금을 납부할 경제적 능력이 없는 사람들이 적극적으로 사회봉사 신청을 할 수 있도록 일일 산정 벌금액을 상향 조정하여 사회봉사 환산 시간을 대폭 완화하는 것이 필요하다는 등의 의견을 제시하고 있다.433) 그러나 현행의 벌금미납자에 대한 노역장 유치제도가 가진 문제를 해결하기 위해서는 오히려 〈표 4-5〉와 같이 「형법」 제69조 내지 제71조를 개정하여 환형처분으로서 노역장 유치제도를 폐지하고 사회봉사로 대체 또는 전환하는 방안을 적극 검토해 볼 필요가 있다. 최근 「형법」이 개정되어 500만 원 이하 벌금형에 대한 집행유예가 신설되었고, 벌금액을 기준으로 노역장 유치기간 하한이 설정되었으며, 「형사소송법」의 개정으로 벌금형의 분할납부나 납부연기, 신용카드 납부제도가 도입되어 현재와 같은 총액벌금제에 따른 벌금형의 문제점을 일부 개선할 수 있을 것으로 보이지만 노역장 유치를 선호하는 현상은 개선되기 어렵다고 판단되기 때문이다.434) 이와 관련하여 2015년 7월 이상민 의원이 대표 발의한 「형법」 일부개정법률안(의안번호 제16069호)은 현행 노역장 유치제도를 폐지하고 벌금형을 선고받은 자가 벌금을 완납하기 어려운 경우 자유형 또는 사회봉사로 대체할 수 있도록 하는 내용을 규정한 바 있고, 이처럼 기본법인 「형법」을 개정할 경우에는 기존의

론실무연구」 제5권 제3호, 한국법이론실무학회, 2017, 81면.
432) 법무연수원, 「범죄백서」, 2022, 421면.
433) 이러한 제도개선 방안에 대하여는 윤현석·안성훈·이영우, 위의 글, 92~96면 참조.
434) 현행 벌금납부 지원 및 대체제도의 운용 현황에 관한 자세한 내용은 서주연·최영신, 「소액벌금 미납자에 대한 노역장유치제도의 문제점과 개선방안」, 한국형사정책연구원, 2015, 27~35면 참조.

벌금 납입의 대체 수단인 노역장 유치제도를 폐지하고 이를 대신하는 사회봉사를 선택하여 선고할 수 있는 방안 등을 고려해 볼 수 있다는 의견도 있는데,[435] 같은 취지에서 바람직하다고 생각한다.

〈표 4-5〉「형법」개정안 신·구조문대비표

현행	개 정 안
제69조(벌금과 과료) ①벌금과 과료는 판결확정일로부터 30일내에 납입하여야 한다. 단, 벌금을 선고할 때에는 동시에 그 금액을 완납할 때까지 노역장에 유치할 것을 명할 수 있다. ②벌금을 납입하지 아니한 자는 1일 이상 3년 이하, 과료를 납입하지 아니한 자는 1일 이상 30일 미만의 기간 노역장에 유치하여 작업에 복무하게 한다.	제69조(벌금과 과료) ① ────── ─────────── ─, ────────── 사회봉사에 처할 것── ② ────────── ────────── ────────── 사회봉사에 처하여── ─.
제70조(노역장 유치) ① 벌금이나 과료를 선고할 때에는 이를 납입하지 아니하는 경우의 노역장 유치기간을 정하여 동시에 선고하여야 한다. 〈개정 2020. 12. 8.〉 ② 선고하는 벌금이 1억원 이상 5억원 미만인 경우에는 300일 이상, 5억원 이상 50억원 미만인 경우에는 500일 이상, 50억원 이상인 경우에는 1천일 이상의 노역장 유치기간을 정하여야 한다. 〈신설 2014. 5. 14., 2020. 12. 8.〉 [제목개정 2020. 12. 8.]	제70조(사회봉사 대체) ① ───── ────────── ─────사회봉사 기간── ────────── ─. ② ────────── ────────── ────────── ────────── ─────사회봉사 기간── ─.
제71조(유치일수의 공제) 벌금이나 과료의 선고를 받은 사람이 그 금액의 일	제71조(사회봉사일수의 공제)

---

435) 윤현석·안성훈·이영우, 위의 글, 92면.

부를 납입한 경우에는 벌금 또는 과료액과 노역장 유치기간의 일수(日數)에 비례하여 납입금액에 해당하는 일수를 뺀다. [전문개정 2020. 12. 8.]	──────── 사회봉사 기간 ────────

Ⅳ. 소 결

　벌금형은 재산형 중에서 가장 무거운 형벌이나 단기자유형의 단점을 극복할 수 있는 대체방안으로 대두되었다. 한편, 벌금형을 선고받은 사람이 벌금을 납부하지 않을 경우에 1일 이상 3년 이하의 범위 내에서 법원이 정한 기간 교정시설에 유치하여 작업을 하게 하는 환형처분을 노역장 유치라고 한다. 노역장 유치를 줄이기 위하여 벌금대체 사회봉사제도가 도입되었지만, 운영 실적은 미미한 편이다. 이처럼 벌금 미납으로 노역장에 유치되는 노역형 수형자의 입소는 교정시설의 과밀화를 초래함은 물론, 교정업무의 가중, 의료비 등 수용비용의 증가로 인한 국가 예산의 효율적 배분에 장애가 되고 있다.
　그러므로, 위에서는 이러한 노역장 유치제도를 개선하기 위하여 첫째, 다이버전을 통해 벌금형 선고를 최소화하고, 둘째, 벌금형의 집행유예제도를 활성화하고, 셋째, 벌금대체 사회봉사제도의 활성화와 노역장 유치제도를 폐지하여 사회봉사로 대체 또는 전환하는 방안을 제시하였다.

제6절 결 어

　이 장에서는 교정시설 과밀수용 방지를 위한 형사정책 중 정문전략(front door strategies)에 관하여 살펴보았다. 입구전략으로 불리기도 하는 정문전략은 교도소나 구치소의 입소자를 줄이는 방식의 형사정책을 말한다. 즉, 비범죄화를 통해 유죄 판결을 받고 교정시설에 수용되는 사람의 수를 줄이고, 재판을 위해 구금된 사람과 형이 확정되어 구금된 사람에게 구금형의 사용과 그 기간을 줄이거나, 회복적 사법(restorative justice)적인 접근 방식과 같은 비구금 조치의 개발을 포함한다.
　이러한 전략을 통하여 교정시설의 과밀수용을 예방하기 위해서는 「형법」 제42조의 법정형 상한 재조정, 단기자유형의 폐지와 사회봉사형의 신설 및 재택구금제도의 도입, 양형위원회의 양형기준 설정 시 교정시설에 미치는 수용영향평가 실시, 벌금 미납자에 대한 노역장 유치(환형유치) 제도의 폐지 방안을 제시하였다.
　먼저, 「형법」 제42조를 다시 개정하여 유기형의 상한을 20년으로 하고 형벌 가중 상한을 30년으로 하는 방안이 가장 합리적인 안이라고 판단하며, 이 경우 책임주의에 반한다고 비판받아 온 누범·상습범의 가중처벌규정을 폐지하되, 무기형의 가석방 요건은 현행 규정대로 두는 것이 옳다고 본다.
　다음으로, 과밀수용 예방을 위한 자유형의 개혁 방안으로 단기자유형 폐지와 사회봉사형 신설 및 재택구금제도의 도입을 제안하였다. 이것은 6개월 이하 또는 1년 이하의 징역형이나 금고형을 폐지하고 「형법」에 사회봉사형을 신설하여 보호관찰 기관의 감독하에 집행하거나, 재택구금제도를 도입하여 경미한 범죄를 저지른 사람이 교정시설에 입소하지 않고 사회 내에서 처벌을 받도록 하는 방안이다. 우리나라에서는 미국과 영국의 사례를 참고하여 신설되는 사회봉사형과 연계되도록 운영하되,

사회봉사형의 신설이 어려운 경우에는 경미한 범죄로 인하여 1년 이내의 단기자유형을 선고받을 피의자 또는 피고인과 형집행 중인 수형자를 대상으로 한정하여 형사사법의 전 과정에서 재택구금제도가 활용될 수 있도록 하는 것이 바람직하겠다.

이어서, 과밀수용 방지를 위한 양형기준제도의 개선방안으로는 현행과 같이 양형위원회의 설치 근거를 「법원조직법」에 둘 것이 아니라, 가칭 「양형위원회 설치법」이나 「양형법」과 같이 독자적인 별도의 법률을 제정하여 양형위원회의 독립성을 강화하고 상설기구로서 역할을 할 수 있도록 하는 방안을 제안하였다. 그리고, 영국 양형위원회와 같이 양형기준을 설정할 때 교정시설에 미치는 자원영향평가를 의무적으로 하도록 한다면 교정시설의 인구 증감에 관해 단기, 중기, 장기적인 예측을 정부에 제공하고 국민에게 공표할 수 있게 되어 지금과 같이 교정시설이 과밀화되는 현상을 미리 방지할 수 있고, 우리나라도 미국이나 영국의 사례처럼 교정행정 전문가가 참여하는 양형위원회가 구성된다면 양형기준을 설정할 때 교정시설의 과밀수용을 예방할 수 있도록 보다 합리적인 양형기준이 만들어질 것으로 기대된다.

한편, 벌금형과 노역장 유치제도의 개혁을 위해 다이버전을 통해 벌금형 선고를 최소화하고, 벌금대체 사회봉사제도의 활성화와 노역장 유치제도의 폐지하는 방안을 제시하였다. 먼저, 우리 「형법」은 집행유예가 가능한 벌금의 상한을 '500만 원 이하'로 규정하고 있으나 벌금형 집행유예제도의 활성화를 위하여 이러한 제한은 폐지되어야 할 것이다. 또한, 「형법」 제69조 내지 제71조를 개정하여 환형처분으로서 노역장 유치제도를 폐지하고 사회봉사로 대체 또는 전환하는 방안을 적극 검토해 볼 필요가 있다고 생각한다.

제5장

과밀수용 해소를 위한 후문전략

제1절 서 설

 교정시설의 과밀수용 문제를 해소하는 방안의 하나인 후문전략(back door strategies)은 출구전략으로도 불리며, 형 집행 단계에서 다이버전 제도의 적극적인 활용으로 교정시설에서 많은 인원을 출소시키는 방법이다. 즉, 이 전략은 교정시설로부터 석방되는 수용자의 수를 줄이자는 전략으로 이는 주로 가석방정책이나 선시제 등의 확대실시를 통해 실행되고 있는데, 가석방의 자격조건을 완화하거나 시기를 앞당김으로써 더 많은 수용자들을 더 빨리 가석방하는 방안이다.[436)]

 아래에서는 교정시설 과밀수용을 해소하기 위한 출구전략의 대표적인 수단인 현행의 가석방제도의 문제점을 분석한 후, 이에 대한 개선 방안으로 영국의 필요적 가석방(release on licence) 제도, 미국의 의무적 가석방(mandatory parole release) 제도, 캐나다의 법정석방(statutory release) 제도 등의 우수한 제도의 도입을 제안하고 현행 가석방심사위원회의 발전 방향을 제시하고자 한다.

---

436) 김화수, "과밀수용의 원인과 대책", 「교정」 제275호, 법무부, 1999, 24면.

제2절 현행 가석방제도의 문제점

Ⅰ. 우리나라 가석방제도의 운영 현황

1974년부터 2023년까지의 50년 동안 우리나라 교정시설의 가석방 출소율을 살펴보면 아래 〈표 5-1〉과 같다. 가석방 출소율은 당해 년도에 교정시설에서 형기가 종료되거나 가석방 등의 사유로 출소한 총 출소인원에서 가석방으로 출소한 수용자의 수를 비율로 나타낸 것이다.

〈표 5-1〉 연도별 가석방 출소율(1974~2023년)[437]

(단위: 명)

구분	총 출소인원 (형기종료+가석방)	출소사유		가석방 비율(%)
		형기종료	가석방	
1974	41,611	33,071	8,540	20.5
1975	34,725	22,424	12,301	35.0
1976	36,582	23,227	13,355	36.5
1977	35,973	25,336	10,637	29.6
1978	33,387	27,123	6,264	18.8
1979	29,012	24,195	4,817	16.6
1980	27,171	21,951	5,220	19.2
1981	27,762	22,304	5,458	19.7

---

[437] 1954~2003년 자료는 법무부 교정국, 「대한민국교정사 (Ⅰ), (Ⅱ), (Ⅲ)」(2010); 2004~2013년 자료는 법무부, 「법무연감」, 2014, 458면; 2014~2023년 자료는 법무부 교정본부, 「교정통계연보」, 2024, 77면을 각각 참고하여 형기종료 출소자와 가석방 출소자의 인원을 합산하여 총출소인원을 산정한 다음, 가석방 출소자 인원을 총출소인원으로 나누어서 가석방 출소율을 도출한 후 이를 백분율로 표시하여 작성한 것임. 한편, 1911년부터 2023년까지의 전체 가석방 출소율은 논문 뒷부분의 〈부록 2〉 참조.

제5장 과밀수용 예방을 위한 후문전략   247

구분	총 출소인원 (형기종료+가석방)	출소사유		가석방 비율(%)
		형기종료	가석방	
1982	28,755	21,216	7,539	26.2
1983	27,759	19,414	8,345	30.1
1984	26,475	18,044	8,431	31.8
1985	24,616	18,280	6,333	25.7
1986	25,991	18,301	7,690	29.6
1987	24,173	16,875	7,298	30.2
1988	23,373	16,945	6,428	27.5
1989	25,089	17,655	7,434	29.6
1990	20,169	14,630	5,539	27.5
1991	22,080	15,061	6,479	29.3
1992	26,832	18,546	8,286	30.9
1993	20,112	13,961	6,151	30.6
1994	22,167	17,352	4,815	21.7
1995	22,535	19,265	3,270	14.5
1996	25,978	22,029	3,949	15.2
1997	24,939	21,403	3,536	14.2
1998	28,827	22,815	6,012	20.9
1999	33,875	24,242	9,543	28.2
2000	28,695	19,805	8,890	31.0
2001	30,443	20,355	10,088	33.1
2002	30,553	20,452	10,101	33.1
2003	29,286	19,173	10,113	35.5
2004	31,292	20,074	11,218	35.8
2005	29,169	18,649	10,520	36.1
2006	24,883	16,293	8,590	34.5
2007	24,716	16,649	8,067	32.6
2008	26,129	17,605	8,524	32.6
2009	25,999	17,607	8,392	32.3
2010	25,551	17,468	8,083	31.6
2011	23,680	16,551	7,129	30.1

구분	총 출소인원 (형기종료+가석방)	출소사유		가석방 비율(%)
		형기종료	가석방	
2012	22,242	15,742	6,500	29.2
2013	22,575	16,374	6,201	27.5
2014	22,193	17,191	5,394	24.3
2015	23,776	19,187	5,507	23.2
2016	27,386	21,357	7,157	26.1
2017	30,337	23,324	8,275	27.3
2018	30,514	21,821	8,693	28.5
2019	29,266	21,092	8,174	27.9
2020	27,647	19,736	7,911	28.6
2021	27,300	17,910	9,390	34.4
2022	26,789	16,479	10,310	38.5
2023	26,454	16,929	9,525	36.0

이러한 데이터를 기반으로 2004년부터 2023년까지 20년간의 가석방 출소율의 변화 추이를 그래프로 그려보면 아래 〈그림 5-1〉과 같다. 이 〈그림 5-1〉에서도 알 수 있듯이 2010년 「형법」 개정으로 유기징역의 상한을 인상한 이후로 중형주의적인 형사정책의 영향에 따라 법무부의 가석방 정책 또한 경직되게 운영했다는 것을 발견할 수 있다. 2004년 35.8%에 이르렀던 가석방 출소율은 2005년에 36.1%까지 늘어났다가 2010년에는 31.6%로 내려갔다. 급기야 2015년에는 23.2%까지 내려가 최저를 기록하였다. 그러다가 가석방 출소율은 2020년까지 26~28%의 낮은 수치를 몇 년간 계속 유지였다. 이후 2021년에 코로나19 팬데믹으로 가석방 허가 인원을 급격하게 늘리는 바람에 가석방 출소율은 34.4%로 급격하게 늘어났으며, 이를 시작으로 2022년에는 38.5%로 점차 회복세를 보이며 최고로 상승하였다가 코로나19 팬데믹이 종료되어 가던 2023년에는 36.0%로 소폭 하강하였다.

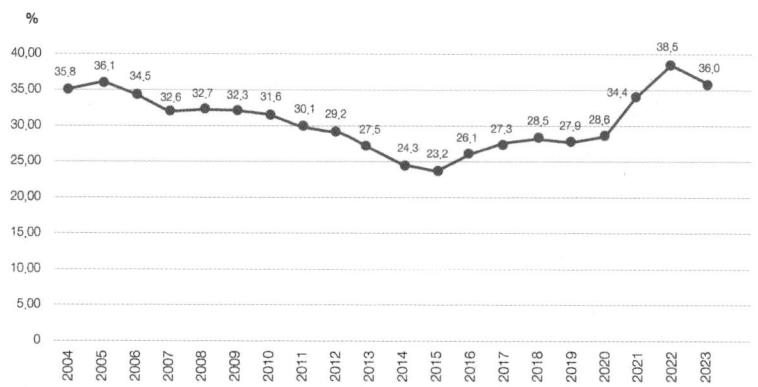

〈그림 5-1〉 최근 20년간 가석방 출소율 변화 추이

한편, 이웃 나라인 일본의 출소 수형자 중 가석방으로 출소한 자가 차지하는 비율, 즉 가석방 출소율은 2010년 49.1%로부터 계속 증가하여 2019년은 58.3%에 달하고 있다는 연구를 참고하면,438) 우리나라의 가석방제도는 상당히 소극적으로 시행되고 있다고 평가할 수 있겠다.

II. 가석방제도가 과밀수용에 미치는 영향 분석

교정시설에서 가석방으로 출소하는 수용자가 많아질수록 수용 공간에는 여유가 생기기 때문에 과밀수용 현상은 그만큼 많이 줄어들 것이라고 보는 것이 학계와 실무에 종사하는 대부분의 사람이 생각하는 가설이다.

우리나라 국가인권위원회의 결정 또한 이러한 가설을 지지하는 것으로 보인다. 앞에서 살펴본 바와 같이 우리나라 국가인권위원회는 과밀

---

438) 윤해성·강우예·주성빈, 「모범수형자에 대한 형기자기단축제도에 관한 연구」, 한국형사·법무정책연구원, 2021, 181면.

수용 문제와 관련하여 법무부장관에게 권고한 22진정0030500, 22진정0063300 등의 결정문에서 수용자에 대한 과밀수용은 인간의 존엄성에 반하는 비인도적인 처우인 바 조속한 시일 내에 개선대책을 마련하고, 수용자에 대한 과밀수용이 발생하지 않도록 가석방제도의 적극적 운영, 벌금 미납자 사회봉사명령 집행 확대 등 장·단기 대책을 마련하여 시행할 것을 권고하였다. 이처럼 국가인권위원회에서도 학계와 실무에서 지지하는 가설과 마찬가지로 과밀수용문제를 해결할 수 있는 방법의 하나로써 가석방제도의 적극적인 운영을 제안하고 있다.

이러한 가설을 실증적으로 증명하기 위해 2004년부터 2023년까지 우리나라 교정시설의 수용인원, 1일 평균 수용인원, 1일 평균 수용률을 참고하여 최근 20년간의 가석방 출소율과 수용률을 그래프로 그려서 그 변화추이를 살펴보면 아래 〈그림 5-2〉와 같다.

〈그림 5-2〉에서 알 수 있듯이 가석방 출소율이 높은 연도일수록 해당 연도의 전국 교정시설의 1일 평균 수용인원은 낮아졌다. 교정시설에 수용되어 있는 수형자를 가석방으로 많이 출소시키면 그만큼 교정시설의 과밀수용 현상이 낮아질 것이라는 가설이 실증적으로 증명된 것이다.

예를 들어 가석방 출소율이 38.5%로 가장 높았던 2022년의 경우를 보면 1일 평균 수용률은 104.3%로 역대 가장 낮은 수치를 보여주고 있다는 것을 발견할 수 있다. 그러므로 가석방 출소율과 1일 평균 수용률은 서로 반비례하는 관계를 가지고 있으며, 이것은 가석방으로 출소하는 사람이 많아질수록 교정시설의 과밀수용 현상이 완화된다는 것을 말해준다.

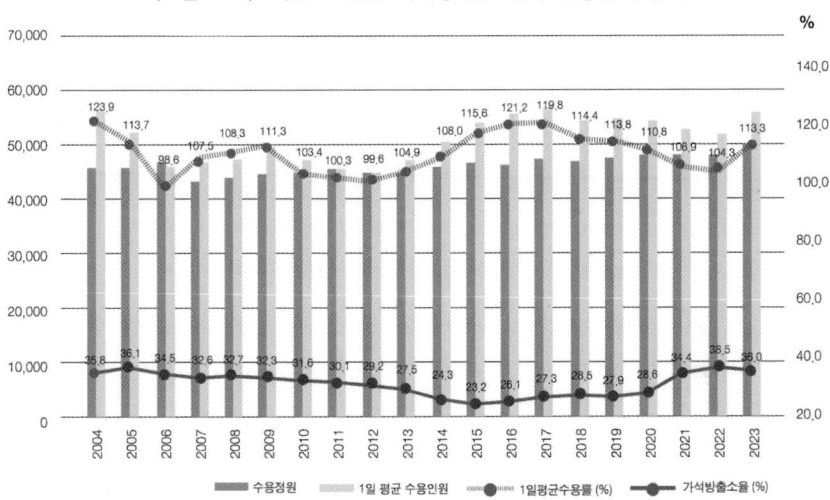

〈그림 5-2〉 최근 20년간 가석방 출소율과 수용률의 변화

제3절 가석방제도의 개선 방안

Ⅰ. 필요적 또는 의무적 가석방제도의 도입

1. 영국의 필요적 가석방제도(release on licence)

영국에서는 면허에 의한 석방 제도(release on licence)[439]라고 불리는 필요적 가석방제도를 활용하여 교도소의 과밀수용에 대처하여 왔다. 이

---

[439] '필요적 가석방(release on licence)' 또는 '필요적(의무적) 가석방제도'이라고 부르는 연구도 있다. 김혁, "영국(잉글랜드·웨일스)에서의 보호관찰 및 준수사항 위반자에 대한 대응", 「형사정책연구」 제33권 제1호(통권 제129호, 2022·봄), 42면 및 62면.

제도는 1967년 형사사법법(The Criminal Justice Act 1967)에 처음 도입되었다. 해당 제도의 도입으로 영국의 수형자는 당시 신설된 가석방위원회(parole board)의 승인을 받아 선고받은 형기의 일부만 교도소에서 보내고, 나머지를 사회에서 보낼 수 있게 되었다. 이 제도는 1991년에 표준면허(standard licence) 제도로 대체되었으며, 가석방위원회(parole board)의 승인이 필요하지 않게 되었다.

영국에서 2년 이상의 정기 구금형에 복역 중인 수형자는 2008년 형사사법 및 이민법(the Criminal Justice and Immigration Act 2008)에 의해 개정된 2003년 형사사법법(the Criminal Justice Act 2003)에 따라 선고된 형기의 절반이 지나면 자동적으로 석방된다.[440] 즉, 원칙상 정기형을 선고받은 모든 자들은 형기의 절반을 복역한 후에 자동적으로 가석방된다.[441]

이러한 조치에도 불구하고 교도소의 과밀수용이 문제가 되자 2020년 영국정부는 2003년 형사사법법을 기반으로 한 조기 면허 석방에 대한 명령(The Criminal Justice Act 2003 (Early Release on Licence) Order 2020)을 발표하였는데, 이 명령 제2조는 2003년 형사사법법 제246(1)(a)항을 개정하여 해당 수감자가 형기의 절반을 복역하기 최대 180일 전에 언제든지 석방될 수 있도록 규정하고 있다.[442]

이와 같은 과정을 거쳐 현재는 2023년에 발표된 2003년 형사사법법을 기반으로 한 가택 구금 외출제한에 대한 명령(The Criminal Justice Act 2003 (Home Detention Curfew) Order 2023)에 따른 조기 면허 석방(early release on licence) 제도가 적용되고 있다.[443]

---

[440] Ashworth, Andrew & R. Kelly. op. cit., pp.234-235.
[441] 김혁, 앞의 논문, 42면.
[442] The Criminal Justice Act 2003 (Early Release on Licence) Order 2020, https://www.legislation.gov.uk/ukdsi/2020/9780111194461 (검색일: 2024. 2. 12.)
[443] The Criminal Justice Act 2003 (Home Detention Curfew) Order 2023, https://

알렉스 초크 영국 법무부장관(Justice Secretary Alex Chalk)은 2023년 10월 16일 하원에서 정부가 2003년 형사사법법 제248조의 권한을 사용하여 종신형 또는 연장된 확정형을 선고받은 범죄자와 심각한 폭력 범죄, 테러 범죄 또는 성범죄로 유죄 판결을 받은 범죄자를 제외한 덜 심각한 범죄자를 자동 석방되기 최대 18일 전까지 교도소에서 석방될 수 있도록 허용할 것이며, 면허로 석방된 수용자는 특정 조건을 준수하지 않으면 다시 교도소로 돌아갈 수 있는데, 그 조건은 전자 태그를 착용하고, 지명된 개인과 접촉하지 않고, 특정 지역에 들어가지 않는 것 등이며, 이러한 조건은 보호관찰 당국에서 감독할 것이라고 말했다.[444] 일부 수용자들을 18일 일찍 석방할 수 있는 구금 종료 면허(The End of Custody Licence)는 2007년과 2010년 사이에도 교도소 과밀 문제를 해결하기 위해 사용된 적이 있었다.[445] 즉, 2010년 3월 12일부터 영국 정부에 의해 폐지된 구금 종료 면허(ECL)는 교도소 과밀화에 대한 정부 대응의 일환으로 2007년 6월에 도입되었는데, 이 계획에 따르면 4주에서 4년 사이의 형을 선고받은 적격 수용자는 자동 또는 조건부 석방일로부터 최대 18일 전까지 임시 면허로 석방될 수 있었다.[446] 이에 따라 2010년 1월 31일 기준으로 총 78,628명의 수용자가 구금 종료 면허(ECL)로 석방되었다.[447]

---

www.legislation.gov.uk/uksi/2023/390/contents/made (검색일 : 2024. 2. 12.)

[444] BBC News, "Low-level offenders could be released early under jail reforms", 16 October 2023; https://hansard.parliament.uk/commons/2023-10-16/debates/50D29A75-C1E4-4FFC-A77D-11BBC20BCD99/PrisonCapacity (검색일: 2024. 2. 12.)

[445] UK Parliament, House of Commons Library, What is the Government doing to reduce pressure on prison capacity? https://commonslibrary.parliament.uk/what-is-the-government-doing-to-reduce-pressure-on-prison-capacity/ (검색일: 2024. 2. 12.)

[446] Strickland, Pat. *The End of Custody Licence*, House of Commons Library, 1 March 2010, p.1.

[447] ibid., p.3.

2. 미국의 의무적 가석방제도(mandatory parole release)

　　미국에서도 영국의 필요적 가석방제도와 유사하게 고안된 제도로 의무적 가석방(mandatory parole release) 제도가 있다. 의무적 가석방은 수형자가 교도소에서 특정 기간을 복역한 후 자동으로 가석방되는 것을 말한다.[448] 이 제도는 '자동석방제도'로도 불리는데, 수형자가 실제로 복역한 기간과 모범수 감형(선시, good time)을 합한 기간이 그가 선고받은 최장 선고형과 같게 될 때 자동으로 석방되며, 자동 석방된 수형자를 가석방된 자와 같은 조건으로 보호관찰관의 감독을 받게 하는 제도이다.[449] 일부 주에서는 확정형이 법령에 따른 감형과 모범수 감형을 합쳐 절반 이상으로 줄어들 수 있으며, 만약 의무 가석방된 수형자가 석방 조건을 위반하면 모범수 감형이 취소되고 잔여 형기를 복역하기 위해 교도소로 복귀할 수 있다.[450]

3. 캐나다의 법정석방제도(statutory release)

　　캐나다에서도 영국이나 미국과 같이 일정한 기간이 지나면 수형자를 자동으로 석방하는 법정석방제도(statutory release)를 운영하고 있다. 캐나다는 1992년 교정 및 조건부 석방법(Corrections and Conditional Release Act 1992) 제99조에 근거하여 주간 가석방(day parole) 및 전면적 가석방(full parole)을 시행하고 있다. 이외에도 캐나다에서는 몇 가지의 특별한

---

[448] Ireland, Connie Stivers & JoAnn Prause. "Discretionary Parole Release: Length of Imprisonment, Percent of Sentence Served, and Recidivism", *Journal of Crime and Justice*, Vol.28 (2), 2005, p.29.
[449] 윤해성·강우예·주성빈, 「모범수형자에 대한 형기자기단축제도에 관한 연구」, 한국형사·법무정책연구원, 2021, 162면.
[450] Seigel, Larry J. & Joseph J. Senna. Essentials of criminal justice, Wadsworth Publishing Company, 2001, p.458.

제한 사유에 해당되는 경우를 제외하면, 대부분의 수형자는 형기의 3분의 2를 복역한 날을 법정석방일로 한다는 동법 제127조 제3항에 근거하여 수형자가 법원의 판결에 의한 형기의 3분의 2만 복역했다면 특별한 사유가 없는 한, 행정부에 의해 자동으로 석방되는 제도인 법정석방제도를 시행하고 있다.451) 이 제도는 가석방이 아니라 만기석방과 같은 개념으로 볼 수 있다. 즉, 캐나다의 법정석방제도는 행정부의 입장에서 형기만료로 인한 자연스러운 석방으로 인식되고 있으므로, 가석방을 정부가 수형자에게 베푸는 특별한 은혜적 조치라고 인식하는 것이 아니라 수형자가 당연히 갖는 권리로 인식하고 있음을 보여주고 있다.452)

다만, 법정석방자는 가석방 담당관에게 보고하고, 지리적 경계 내에 머무르며, 법을 준수하고 평화를 유지하는 것을 포함하는 표준 조건을 준수하여야 한다.453) 법정석방자에게 캐나다 가석방위원회(the Parole Board of Canada, PBC)는 특정한 조건을 부과할 수도 있으며, 어떤 경우에는 캐나다 교정청(Correctional Service of Canada, CSC)이 운영하는 중간수용시설이나 지역 교정 센터에 거주해야 한다. 법정 석방은 형기가 만료되기 전에 범죄자에게 구조와 지원을 제공하여 지역사회에 성공적으로 재통합할 가능성을 높이는 것을 목표로 하고 있지만, 범죄자가 석방 조건을 위반하거나 대중에게 과도한 위험을 초래한다고 판단되는 경우 다시 구금될 수 있다. 이 경우 캐나다 교정청(CSC)은 형이 끝날 때까지 구금을 위해 법정석방 사건을 가석방위원회(PBC)에 회부할 수 있다. 가

---

451) 이에 대한 자세한 내용은 윤태현, "캐나다의 교정 및 조건부 석방법 분석을 통한 우리나라의 가석방 제도개선방안 연구", 「교정담론」 제11권 제2호, 아시아교정포럼, 2017, 141~143면 참조.
452) 윤태현, 위의 글, 143면.
453) 이하는 Parole Board of Canada, Parole Board of Canada: Contributing to Public Safety, 2011, p.6. 및 캐나다 가석방위원회 홈페이지 참조. https://www.canada.ca/en/parole-board/services/parole/types-of-conditional-release.html (검색일: 2024. 5. 6.)

석방위원회(PBC)는 법적 기준이 충족되는 특정한 경우 이러한 범죄자에게 형이 끝날 때까지 구금되도록 명령할 수 있다.

4. 필요적 가석방제도의 도입

우리나라의 경우에도 교정시설의 과밀수용을 해소하기 위하여 위에서 살펴본 영국과 미국의 사례와 유사한 필요적 가석방제도 또는 의무적 가석방제도를 도입할 필요가 있다. 다만, 모든 수형자에게 일률적으로 동일한 제도를 적용하는 것은 여러 가지 문제를 일으킬 수 있으므로 살인, 강도 등 강력범죄를 범한 특정 수형자들에 대해서는 필요적 가석방을 제한하도록 설계하여야 할 것이다.

이와 관련하여 최근 법무부 교정본부에서 실시하고 있는 치료조건부 가석방이나 취업조건부 가석방과 같이 수형자의 재범유발요인을 고려한 맞춤형 조건부 가석방제도를 활성화하여 이를 필요적 가석방제도로 발전시켜나가는 방안을 검토해볼 필요가 있다.

치료조건부 가석방은 정신질환자 및 중독사범에 대하여 전문병원에서 치료를 받는 조건으로 가석방을 허가하는 제도이다. 법무부에서는 2011년 이후 시설 내 마약중독 사범을 대상으로 치료보호 조건부 가석방제도를 시행해오고 있는데, 이는 마약류사범 전담 재활교육 교정시설에 수용된 마약류사범 중 재활교육 프로그램을 모범적으로 수료한 자를 대상으로 전문 치료보호기관 등에 입소하여 재활치료를 받을 것을 조건으로 가석방을 허가하는 제도이다.[454]

취업조건부 가석방은 2019년부터 도입된 것으로 출소 후 취업을 전제로 가석방을 허가하는 제도이다. 이는 취업과 가석방제도를 연계하여

---

454) 김재한, "중독범죄자의 사회복귀 활성화 방안-치료조건부 가석방제도의 도입을 중심으로", 「법무보호연구」 제1권, 한국법무보호복지학회, 2015, 46면.

사회적 지지기반이 약한 출소자가 조기에 생계수단을 확보하고 안정적 사회정착을 할 수 있도록 지원함으로써 재범방지를 도모하기 위하여 도입되었다.[455]

아래 〈표 5-2〉에서 보듯이 치료조건부 가석방과 취업조건부 가석방의 실적은 아직 저조한 편이다.

〈표 5-2〉 치료·취업조건부 가석방 실시 현황[456]

(단위: 명)

총계 \ 연도	2019	2020	2021	2022
251	65	47	53	86

그러나, 앞으로 이 제도를 영국의 필요적 가석방제도나 미국의 의무적 석방제도, 캐나다의 법정석방제도와 같이 운영한다면 교정시설 과밀수용 해소는 물론 다양한 긍정적인 효과를 거둘 수 있을 것으로 기대된다. 특히, 취업조건부 가석방은 출소자에게 성공적인 사회복귀를 돕는 것뿐만 아니라 기업체에게 구인난을 해결해 주고 교정시설로서는 과밀수용을 해소할 수 있는 장점을 가진 제도로 평가받고 있다는 점을 감안한다면,[457] 영국이나 미국, 캐나다의 제도를 능가하면서 우리나라 특성에 맞는 필요적 가석방제도나 의무적 석방제도를 마련할 수 있을 것이다.

---

455) 전정주, "취업조건부 가석방제도 도입의 의의와 법무보호사업의 지평", 「법무보호연구」, 제5권 제1호(통권 제7호), 한국법무보호복지학회, 2019, 182면.
456) 법무부, 「2023년도 법무부 성과관리시행계획」, 법무부 혁신행정담당관실, 2023, 287면.
457) 전정주, 위의 글, 183면.

Ⅱ. 가석방 심사기구의 정비

1. 현행 가석방심사위원회 운영의 현황 및 문제점

가. 가석방심사위원회의 운영 현황

현행 가석방심사위원회는 위원장인 법무부차관을 포함하여 5명 이상 9명 이하 위원으로 구성되어 있다. 내부위원은 법무부차관, 검찰국장, 교정본부장, 범죄예방정책국장 등 4명이며, 외부위원은 고등법원 부장판사, 변호사, 대학 부교수 이상의 자격을 갖춘 5명으로 구성되어 있다. 가석방심사위원회는 가석방 적격 여부 및 가석방 취소 등에 관한 사항을 심사하는 기능을 가지고 있으며, 성격은 자문위원회이다.[458]

나. 가석방심사위원회 운영의 문제점

(1) 사법권 침해 문제

가석방은 법원에 의한 확정판결을 자문위원회 성격의 법무부 가석방위원회의 의결을 거쳐 행정기관인 법무부장관의 재량에 의하여 변경하는 것이므로 삼권분립에 반하여 사법권을 침해한다는 비판이 제기될 수 있다. 이러한 비판에 대해서는 독일처럼 형벌 집행을 전문적으로 담당하는 형집행법원(strafvollstreckungskammer)을 신설하고 가석방심사를 법관에게 맡기면 해결될 수 있을 것이다. 그러나 우리나라의 법체계에서

---

[458] 자문위원회는 행정에 대한 자문을 목적으로 설치된 조직으로 자문, 심의, 의결 기능을 통해 의사 결정의 합리성과 공정성을 확보하는 합의제 기관이지만, 행정위원회는 중앙행정기관과 같이 독립적인 지위를 가지고 권한을 행사하는 기관이다. 김근세·박현신, "한국 행정위원회의 역사적 변화 분석: 국가기능을 중심으로", 「한국행정연구」 제16권 제2호, 2007, 46~47면.

는 형집행권을 검사에게 인정한 법규정과 배치되는 제도적 한계가 있으며, 가석방은 법원에 의하여 정해진 형기 그 자체를 단축하는 것일 뿐이기 때문에 그 집행기관이 행정기관이라는 이유만으로 삼권분립제도에 반한다고 볼 수도 없다는 것이 학계의 일반적인 의견이다.[459]

(2) 형식적인 가석방 심사

가석방심사위원회에서 다루는 가석방심사 대상 인원이 월평균 1,185명[460]으로 과다하지만, 가석방심사위원회의 심사시간은 월 1회, 2~3시간에 불과하다 보니 실질적인 심사가 어렵고 가석방심사 대상자에 대한 서류심사 위주의 형식적인 심사가 불가피한 실정이다. 이는 1996. 12. 12. 개정되어 1997. 1. 1. 시행된「행형법」제49조에 따라 가석방의 적격 여부를 심사하기 위하여 법무부장관 소속하에 가석방심사위원회를 중앙에 둔 이후에 발생한 현상이라고 할 수 있다.

그 이전에는 중앙집중적인 가석방심사위원회가 아니라 심사 대상자인 수형자가 수용 생활을 하는 각각의 교도소나 구치소 단위로 가석방심사위원회가 설치되어 있었고, 소장이 위원장이 되어 수형자에 대한 심사를 하였으므로 이러한 현상은 덜하였다고 평가할 수 있다. 참고로, 1996년 12월 12일 개정 이전에 시행되었던「행형법」중 가석방에 관한 규정은 아래와 같다.

> 제49조 (가석방) 형법 제72조의 규정에 의한 가석방을 법무부장관에게 신청하게 하기 위하여 교도소·소년교도소 또는 구치소에 가석방심사위원회를 둔다. 〈개정 1995·1·5〉

---

[459] 박상기·손동권·이순래, 「형사정책」 제6판, 한국형사정책연구원, 2002, 443면.
[460] 2023년 가석방심사인원은 14,214명(월평균 1,185명)에 이른다. 법무부 홈페이지 행정자료실에 게시되어 있는 2023년도 월별 가석방심사위원회 심의서를 분석하여 1년간의 심사 인원을 합산한 결과임.

제50조 (가석방심사위원회) ①가석방심사위원회는 3인 이상 5인 이내의 위원으로 구성하며 위원장은 당해 소장이 되고 위원은 위원장이 판사, 검사 또는 사회적 신망이 높고 행형에 관한 식견이 있는 자중에서 위촉한다. 〈개정 1995·1·5〉

②가석방심사위원회에 관하여 필요한 사항은 법무부장관이 정한다.

제51조 (가석방신청〈개정 1995·1·5〉) ①가석방심사위원회가 가석방 신청여부를 결정함에 있어서는 수형자의 연령, 죄명, 범죄의 동기, 형명, 형기, 수형중의 행장, 가석방후의 생활과 보호관계, 재범의 우려 유무 기타 사정을 참작하여야 한다. 〈개정 1995·1·5〉

②가석방심사위원회가 가석방의 신청을 결정하였을 때에는 위원장은 결정서에 필요한 서류를 첨부하여 5일 이내에 법무부장관에게 신청하여야 한다. 〈개정 1995·1·5〉

제52조 (가석방허가) 법무부장관은 제51조의 규정에 의한 가석방의 신청이 정당하다고 인정되는 때에는 이를 허가한다. 〈개정 1980·12·22, 1995·1·5〉

이처럼 지방의 교도소나 구치소에 설치되어 있었던 가석방위원회를 법무부장관 소속으로 옮기게 된 이유는 당시 「행형법」 개정이유에서 찾아볼 수 있다. 즉, 1996년 12월 12일 개정된 「행형법」의 개정이유에서는 "가석방제도의 공정성과 투명성을 확보하고 모범수형자의 조기 사회복귀를 위한 실질적이고 전문적인 가석방 심사를 할 수 있도록 하기 위하여 교도소·소년교도소 및 구치소에 설치·운영하던 가석방심사위원회를 폐지하고 법무부장관 소속하에 가석방심사위원회를 설치·운영하려는 것임"이라고 그 사유를 밝히고 있다.

그러나 당시의 「행형법」 개정에 따른 제도 개선 이후 30여 년이 다 되어가는 지금까지 실질적이고 전문적인 가석방심사가 이루어지고 있는지는 의문이 남는다고 하겠다. 오히려 지방의 교도소나 구치소에 가석방심사위원회를 그대로 존속시키되, 위원장을 관할 법원 부장판사 이상의 법관으로 임명하고 검사, 변호사 및 시민대표를 반드시 포함하게 하며, 심사대상자에 대한 면접이 가능하도록 가석방심사위원회를 운영하였으면 오늘날 중앙 집권적인 가석방심사위원회보다는 한결 더 실질적인 가석방심사가 이루어지지 않았을까 하는 아쉬움이 남는다.

(3) 전담 조직 및 전문 인력 부족

가석방제도는 교정시설의 과밀수용을 신속하게 해소할 수 있는 중요한 수단이다. 그러나 이러한 가석방 업무의 중요성과 파급력에 비해 우리나라의 가석방 전담 조직 및 전문 인력은 절대적으로 부족한 상황이다. 이러한 현상은 가석방 전담 조직인 가석방위원회와 다른 유관 위원회 조직과 비교해 보면 더 뚜렷하게 나타남을 알 수 있다. 아래 〈표 5-3〉은 이를 비교한 것이다.

〈표 5-3〉 유관 위원회와의 조직 및 인력 비교[461]

구분	가석방심사위원회	대체역심사위원회	보호관찰심사위원회	난민위원회
심사건수(월)	1,185	90	1,918	316
위원회 수 (업무조직)	1개 (1팀, 6명)	1개 (3과, 33명)	6개 (36명)	1개 4분과 (15명)
위원수	9	27	48	15
상임위원수	0	2	6	0
직원 1인 검토건수	198	2.7	53.2	21.0
위원회 성격	자문위원회	행정위원회	행정위원회	자문위원회

우리나라에 가석방 전문 조직과 인력이 제대로 존재하지 않는다는 것은 외국의 경우와 비교해보면 그 차이가 뚜렷하다.

영국의 가석방위원회(The Parole Board)는 수형자가 지역사회에 안전

---

[461] 2024년 법무부 교정본부자료.

하게 석방될 수 있는지를 결정하기 위해 수형자에 대한 위험 평가를 수행하는 독립 기관으로 활동하고 있으며, 292명의 가석방위원회 위원과 사무국에 근무하는 약 197명의 사무직원으로 구성되어 있다.462)

미국의 가석방위원회(United States Parole Commission)도 법무부에 소속되어 있지만 독립적인 기구로서 업무를 수행하고 있으며, 위원장과 위원들(The Chairman and Commissioners) 아래에 예산관리처(The Office of Budget and Management), 사건 운영국(Office of Case Operations), 사건 서비스 사무국(Office of Case Services), 법률고문실(The Office of the General Counsel) 등의 조직을 두고 있다.463)

캐나다의 가석방위원회(The Parole Board of Canada, PBC)도 캐나다 공공안전부(Public Safety Canada) 산하의 독립적인 행정 재판소이며,464) 비상근 위원 이외에도 10인에 가까운 상근위원으로 구성되어 있다.465)

(4) 정책기능 부재

현행 가석방심사위원회에는 가석방심사 기준, 심사 방법 등에 대한 정책 수립 및 결정 기능이 없어 법무부장관의 가석방 허가 결정을 자문하기 위한 기구로서만 역할을 수행하고 있다. 이러한 이유로 간혹 위원들이 특정 범죄에 대한 가석방심사 기준에 대한 개선방안을 의견으로 제시하더라도 이를 정책으로 수립하여 실행하는 데에는 여러 가지로 어려움이 많다. 특히, 교정시설 과밀수용 등 사회 환경 변화에 대한 능동

---

462) The Parole Board for England and Wales, *Annual Report & Accounts 2022/23*, 2023, p.13.
463) U.S. Department of Justice, *FY 2025 Performance Budget Presidents Budget Submission*, 2024, p.2.
464) Parole Board of Canada, *Parole Board of Canada: Contributing to Public Safety*, 2011, p.3.
465) 윤태현, "캐나다의 교정 및 조건부 석방법 분석을 통한 우리나라의 가석방 제도개선방안 연구",「교정담론」제11권 제2호, 아시아교정포럼, 2017, 149면.

적인 대응에는 분명한 한계를 가지고 있다고 할 수 있다.

2. 중앙가석방위원회의 신설

가. 구성 및 사무기구

가석방제도 운영에 있어 최고의 핵심은 대상자의 선정에 있다고 할 수 있으므로 이를 심의·허가하는 기구의 중요성은 아무리 강조해도 지나치지 않을 것이다.[466] 가석방심사위원회가 그 설치 목적에 맞게 가석방심사를 수행하기 위해서는 현행의 가석방심사위원회에 상임위원 및 사무국을 신설하여 가석방심사 업무의 계속성을 유지하고 관련 사무를 처리하며, 가석방 정책을 총괄하고 기획하는 등 실질적인 심사 지원이 가능하도록 행정적인 체계를 구축하는 것이 절실히 요구된다. 이를 위해 위에서 살펴본 영국, 미국, 캐나다의 가석방위원회의 운영 사례를 참고할 필요가 있다.

새로이 구성되는 중앙가석방위원회에는 상임위원을 두되, 법무부 소속 고위공무원으로서 2인 이내로 임명하며, 가석방심사위원회의 사무를 처리하는 사무국을 총괄하는 사무국장을 별도로 두는 것이 바람직할 것이다.

나. 외부위원의 참여인원 확대

중앙가석방위원회에서 가석방심사가 실질적으로 이루어지도록 하기 위해서는 법률전문가뿐만 아니라, 심리학, 사회학, 교육학, 의학 등의 외부 전문가로 구성된 위원의 인원을 확대하여 공정성 및 전문성을 강화할 필요가 있다. 현재는 외부위원이 5명으로 위촉되어 있으나 추가로 6명을 위촉하여 모두 11명의 외부위원이 활동할 수 있도록 하는 것이

---

[466] 윤태현, 위의 글, 150면.

좋겠다.

3. 지방교정청 가석방심사위원회 신설

현재 전국에는 서울, 대구, 대전, 광주 등 4개 지방교정청이 관할 내 교도소, 구치소 등 교정시설에 대한 중간 감독 기능을 수행하고 있으나 가석방심사 업무에 대해서는 별로 관여하지 않고 있다. 이러한 점을 개선하여 현재 교정시설에서 자동적으로 신청되고 있는 필요적 가석방심사 신청 인원에 대한 사전심사를 강화하기 위해 지방교정청에 가석방심사위원회를 신설할 필요가 있다.

4. 보호관찰 업무와의 협조 관계 강화

가석방을 받고 출소한 자가 다시 범죄를 저지르지 않고 사회에 복귀하도록 하기 위해서는 보호관찰 기관의 적절한 지도와 원호가 필요하다. 가석방심사위원회가 가석방심사 대상자에게 가석방의 적격을 의결하는 경우 재범방지 등을 위해 필요한 경우에는 가석방 적격 대상자에게 부과할 준수사항을 보호관찰심사위원회에 요청할 수 있고, 보호관찰심사위원회는 준수사항 부과시 이를 고려하도록 하여 실질적으로 재범을 방지할 수 있도록 상호간의 협조 관계를 법률에 규정하는 것이 바람직하다고 생각한다.

5. 「형집행법」 개정안

위에서 살펴본 가석방심사위원회의 조직 정비 방안을 「형집행법」 개정안에 반영하면 아래 〈표 5-4〉와 같다.

<표 5-4> 「형집행법」 개정안 신·구조문대비표

현 행	개 정 안

제119조(가석방심사위원회) 「형법」 제72조에 따른 가석방의 적격 여부를 심사하기 위하여 법무부장관 소속으로 가석방심사위원회(이하 이 장에서 "위원회"라 한다)를 둔다.
 	
〈신 설〉
 	
〈신 설〉
 	
〈신 설〉
	제119조(중앙가석방위원회 등) ① ─────────────────────── ─────중앙가석방위원회─────────.
	② 위원회를 지원하기 위해 지방교정청에 가석방심사위원회를 둔다.
	③ 위원회는 다음 각 호의 사항을 심사·의결한다.
	  1. 가석방 적격심사에 관한 사항
	  2. 가석방 취소에 관한 사항
	  3. 가석방 정책에 관한 사항
	  4. 그 밖에 가석방제도와 관련하여 위원회의 위원장이 회의에 부치는 사항
	④ 위원회의 사무를 처리하기 위하여 위원회에 사무기구를 두며, 사무기구의 구성 및 관장사무에 관하여 필요한 사항은 대통령령으로 정한다.

제120조(위원회의 구성) ① 위원회는 위원장을 포함한 5명 이상 9명 이하의 위원으로 구성한다. 〈개정 2020. 2. 4.〉	제120조(위원회의 구성) ① ──────────────11명 이상 15명──────하되 2인의 상임위원을 둔다.
제121조(가석방 적격심사) ①·② (생 략) 〈신 설〉 〈신 설〉	제121조(가석방 적격심사) ①·② (현행과 같음) ③ 위원회는 실질적인 가석방심사를 위해 필요한 경우 전항의 결정 전에 지방교정청장으로 하여금 사전심사를 하게 할 수 있으며, 심사내용·절차 등에 관하여 필요한 사항은 법무부령으로 정한다. ④ 위원회는 가석방의 적격을 의결하는 경우 재범방지 등을 위해 필요시 가석방 적격 대상자에게 부과할 준수사항을 보호관찰심사위원회에 요청할 수 있고, 보호관찰심사위원회는 준수사항 부과시

	이를 고려하여야 한다.

III. 귀휴 및 중간처우제도의 활성화

교정시설의 과밀수용을 해소하기 위한 후문전략은 위에서 살펴본 가석방제도를 활성화하는 방안만 있는 것이 아니다. 실무적인 측면에서 바라보면「형집행법」에서 허용하고 있는 귀휴제도와 중간처우제도를 잘 활용한다면 가석방제도 만큼의 효과를 얻지는 못하더라도 과밀수용 해소에 큰 역할을 할 것으로 기대된다.

아래에서는 현재 우리나라 교정당국에서「형집행법」에 근거하여 실무적으로 시행하고 있는 석방전 귀휴제도와 지역사회 내 중간처우제도를 설명하고 이러한 제도의 활성화를 통하여 과밀수용을 해소하는 방안을 제안하고자 한다.

1. 석방전 귀휴제도의 활성화

귀휴제도(歸休制度, Furlough System)는 수형자에게 일정한 사유나 조건 아래에서 교도소장이나 그 감독관청이 기간과 행선지를 정하여 외출 또는 외박을 허가하는 반자유처우의 한 형태라고 정의할 수 있다.[467] 이러한 귀휴제도는「형집행법」제77조에 규정되어 있는데, 그 내용은 아래와 같다.

제77조(귀휴) ① 소장은 6개월 이상 형을 집행받은 수형자로서 그 형기의 3분의 1(21년 이상의 유기형 또는 무기형의 경우에는 7년)이 지나고 교정성적이

---

467) 허주욱,「교정학」증보판, 박영사, 2013, 811면.

우수한 사람이 다음 각 호의 어느 하나에 해당하면 1년 중 20일 이내의 귀휴를 허가할 수 있다. 〈개정 2020. 2. 4.〉
1. 가족 또는 배우자의 직계존속이 위독한 때
2. 질병이나 사고로 외부의료시설에의 입원이 필요한 때
3. 천재지변이나 그 밖의 재해로 가족, 배우자의 직계존속 또는 수형자 본인에게 회복할 수 없는 중대한 재산상의 손해가 발생하였거나 발생할 우려가 있는 때
4. 그 밖에 교화 또는 건전한 사회복귀를 위하여 법무부령으로 정하는 사유가 있는 때
② 소장은 다음 각 호의 어느 하나에 해당하는 사유가 있는 수형자에 대하여는 제1항에도 불구하고 5일 이내의 특별귀휴를 허가할 수 있다.
1. 가족 또는 배우자의 직계존속이 사망한 때
2. 직계비속의 혼례가 있는 때
③ 소장은 귀휴를 허가하는 경우에 법무부령으로 정하는 바에 따라 거소의 제한이나 그 밖에 필요한 조건을 붙일 수 있다.
④ 제1항 및 제2항의 귀휴기간은 형 집행기간에 포함한다.

이처럼 귀휴제도는 「형집행법」에 근거하고 있는 제도로서 외부와의 교통을 통하여 수형자의 사회적응을 촉진하는 데 중요한 역할을 하고 있다. 이 제도는 1922년 프로이센 사법성의 교도소 직무 및 시행규칙에서 채택된 이래 미국, 스웨덴, 독일, 캐나다, 일본 등 세계 각 나라에서 다양한 형태로 시행되고 있으며, 우리나라의 경우 1962년부터 법무부령인 귀휴시행규칙과 동 심의위원회규정에 의해 처음으로 도입되어 현재는 「형집행법」 제77조를 근거로 시행되고 있다.[468]

한편, 이러한 귀휴제도를 단순한 사회적응을 촉진하는 제도로만 활용

---

[468] 이에 관한 자세한 내용은 허주욱, 위의 책, 811~814면.

할 것이 아니라 과밀수용을 해소하는 방안으로 적극 활용하는 것이 필요하다. 이를 위해 현재 교정당국에서는 실무적으로 운용하고 있는 '석방전 귀휴제도'를 활성화하는 것도 하나의 방법이 될 수 있다. 이 제도는 모범수형자이지만 미결수용자로서 상고심까지 재판을 받느라 형확정이 늦어져 가석방 신청 시기를 놓치는 바람에 가석방을 허가받지 못한 수형자와 그 외의 사정으로 가석방의 대상이 되지 못한 수형자를 대상으로 만기 석방일 전 20일 이내의 범위에서 귀휴를 허가하는 제도이다. 이러한 석방전 귀휴제도를 통하여 수형자는 출소 전에 취업 또는 창업 등의 사회복귀를 준비할 수 있는 기회를 얻게 되는 동시에 교정당국으로서는 가석방에서 제외된 모범수형자를 최대 20일 일찍 사실상 석방하는 효과를 거둘 수 있어서 과밀수용 해소에 큰 도움이 될 것이다.

2. 지역사회 내 중간처우제도(희망센터)의 활성화

중간처우제도는 모범수형자를 교도소에 가두어 처우하는 시설 내 처우와 가석방이나 보호관찰 등 사회생활을 하며 처우하는 사회 내 처우의 중간적인 처우형태를 말한다. 이는 주로 범죄자를 교정시설이 아닌 사회 내에 위치하는 시설인 '중간처우의 집(halfway house)'에 수용하면서 출소 전 사회적응능력을 높이기 위하여 개방적으로 처우하는 제도이다.

중간처우제도의 핵심인 중간처우의 집(halfway house)은 원래 미국에서 정신병자, 알코올중독자, 마약중독자 등을 위한 처우시설을 의미하였으나 이를 교정분야에 도입한 것으로, 1817년 매사추세츠에서 범죄자를 위한 최초의 중간처우의 집을 계획한 것을 시작으로 하여 1864년 여성출소자를 위한 감시보호수용소가 보스턴에 문을 열게 되었고, 1920년대 초까지는 희망원이라고 알려진 보호소가 여러 주에서 운영되었으며, 1996년에는 미국에서 약 800여개의 중간처우의 집이 대부분 민영으로 운영

되고 있으며, 시설마다 평균적으로 30명 정도를 수용하고 있는 것으로 조사되었다.[469)]

우리나라에서는 2009년 1월 안양교도소에 국내 최초의 중간처우시설인 '소망의 집'을 준공한 이후로 춘천교도소, 창원교도소, 청주여자교도소, 순천교도소에서 소망의 집을 운영하고 있고, 2009년에 천안개방교도소를 '사회적응훈련원'으로 기능을 전환하여 지정하는 등 우리나라 실정에 맞는 중간처우제도를 시행하기 시작하였다. 2013년에 들어서는 밀양구치소 인근에 위치하는 기업체 기숙사에 지역사회 내 중간처우시설인 '희망센터'를 설치한 이후 천안교도소, 화성직업훈련교도소 인근의 기업체와 협력하여 희망센터를 추가로 설치하여 운영하고 있다. 2024년 5월 현재에는 3개의 희망센터에 50여 명의 모범수형자가 수용되어 주간에 해당 기업체로 출퇴근하며 친환경 복합소재 생산, 자동차 부품 생산, 용접 등의 근로활동을 하며 사회적응 훈련을 하고 있다.

이러한 제도의 시행을 위해「형집행법」제57조 제4항에서는 "소장은 가석방 또는 형기 종료를 앞둔 수형자 중에서 법무부령으로 정하는 일정한 요건을 갖춘 사람에 대해서는 가석방 또는 형기 종료 전 일정 기간 동안 지역사회 또는 교정시설에 설치된 개방시설에 수용하여 사회적응에 필요한 교육, 취업지원 등의 적정한 처우를 할 수 있다"라는 근거 규정을 두고 있고, 동법 제57조 제6항에서는 이러한 처우를 '중간처우'로 정의하고 있으며, 그 대상자를 전담교정시설에 수용하도록 규정하고 있다.

이러한 법적 근거를 바탕으로 전국에 흩어져 있는 교정시설마다 지역별 특성을 고려하여 중간처우제도를 활성화할 필요가 있다. 특히, 희망센터를 적극적으로 개설하여 나간다면 모범수형자들에게 그동안 취업을 위해 습득한 기술을 활용하는 사회적응의 기회를 부여하고 기업체에

[469)] 허주욱, 위의 책, 855~856면.

는 용접이나 자동차 부품 생산이나 자동차 정비 등의 분야에서 부족한 노동력 문제를 해결할 수 있는 동시에 일정 인원을 교정시설 밖에서 수용관리할 수 있으므로 과밀수용의 해소에도 좋은 방안이 될 것으로 기대된다. 즉, 전국의 55개 교정기관마다 10여 명을 수용하는 희망센터를 설치한다면 전국적으로 550여 명의 수용자가 교정시설 밖에서 생활하게 되는 효과를 얻을 수 있으며, 이것은 곧 소규모 교정시설 1개를 만드는 데 소요되는 건설비용과 유지비용 등의 국가예산을 절약할 수 있게 되는 것이다.

제4절 결 어

교정시설의 과밀수용 현상을 예방하기 위한 후문전략의 방법으로는 가석방을 확대하는 정책이 거의 유일무이하다 할 정도로 대표적인 수단이다.

우리나라의 지난 20년간 가석방 출소율의 추이를 그동안의 1일 평균 수용인원과 비교해 보면 가석방 출소율이 높은 연도의 1일 평균 수용인원이 낮은 것으로 나타난다. 이것은 가석방을 확대하면 그만큼 교정시설의 수용밀도가 낮아질 것이라는 학계나 실무에서의 가설이 사실임을 증명하는 것이다.

국가인권위원회도 과밀수용 문제를 해결할 수 있는 방법의 하나로 가석방의 적극적인 운영을 권고하고 있다. 다만, 최근 법무부는 강력범죄 등에 대하여 가석방 없는 무기형 등 가석방 자체가 불가능하도록 하는 입법안을 제출하여 국가인권위원회의 권고와는 거리가 있는 입장인 것으로 해석된다.

위 연구에서는 가석방을 확대하기 위해 영국의 필요적 가석방(release

on licence) 제도나 미국의 의무적 가석방(mandatory parole release) 제도, 캐나다의 법정석방(statutory release) 제도를 도입하는 것이 바람직하다는 의견을 제시하였다.

그리고 현행의 가석방심사위원회가 가석방제도를 활발하게 운용하는 데에는 한계가 있으므로 조직을 개편하여 법무부에 행정위원회 성격의 중앙가석방위원회로 확대하고, 각 지방교정청에는 가석방심사위원회를 신설하여 중앙가석방위원회의 업무를 지원하도록 「형집행법」에 규정하는 방안을 제안하였다. 아울러, 1년 이내의 단기 징역형을 최종 선고받았으나 미결구금된 상태에서 재판을 받느라 가석방 신청 대상에서 제외된 수형자들에게 만기 석방일로부터 20일 이내의 귀휴를 보내는 방안과 용접이나 자동차 정비 등의 전문 기술을 가지고 있는 모범수형자를 협력 기업체의 기숙사에 수용하여 주간에 해당 기업에 출퇴근하며 사회적응 훈련을 하게 하는 지역사회 내 중간처우제도인 희망센터를 활성화할 것을 제안하였다.

제6장
결론

지금까지 교정시설 과밀수용 방지를 위한 정책적·법적 대책을 살펴보았다. 이 연구는 먼저, 교정시설의 과밀수용의 개념과 원인, 그리고 과밀수용의 현황과 문제점에 대하여 살펴보고, 과밀수용 방지를 위한 정책적·법적 대책을 정문전략과 후문전략으로 나누어 제안하고자 하였다.

우선, 과밀수용의 개념은 형식적, 실질적 측면으로 나누어서 다양한 모습으로 정의할 수 있지만, 실무적인 측면에서는 형식적 개념 정의와 같이 교정시설의 적정 수용인원을 초과하여 수용된 상태를 의미한다고 정의할 수 있다. 기존의 연구에서 나타난 교정시설의 과밀화를 초래하는 원인을 수사, 재판, 교정 등 형사사법의 여러 단계별로 간략히 분석한다면, 수사단계에서는 구속수사가 여전히 많이 활용되고 있고, 재판단계에서는 불구속 재판 원칙이 준수되지 않은 채 법정구속이 증가하면서 과도한 미결수용자 구성 비율을 초래하고 있고, 교정단계에서도 수형자의 가석방이 엄격하게 제한되고 있는 점이 과밀수용의 주요 원인으로 작용하고 있는 것으로 파악하고 있다. 본 연구에서는 이러한 형사사법체계의 각 단계에서 공통분모로 나타나고 있는 중형주의 형사정책이 큰 영향을 주고 있다는 것을 발견할 수 있었다. 중형주의란 확인된 규범 위반에 대해 상응하는 제재로 강력히 대응하는 보편적인 태도 또는 경향을 의미한다. 이는 엄벌주의와 유사하게 범죄나 일탈에 대한 사회적 불관용과 가혹한 형벌 부과를 지지하는 입장으로 범죄자의 사회복귀와 재사회화를 중시하는 교정복지 관점보다는 그들을 무력화하는 관점이나 실천을 지지하는 태도를 가리킨다. 전 세계적으로 이러한 중형주의 형사정책이 시행되면서, 대부분의 국가에서 교정시설의 과밀화가 심각한 문제로 대두되고 있다. 이 연구에서는 모든 나라의 사례를 소개하기에는 어려움이 있음을 감안하여, 중형주의 형사정책의 추진으로 교정시설의 과밀화를 가장 엄중하게 겪고 있는 영국의 사례와 우리나라의 사례를 중심으로 살펴보았다. 그 결과 중형주의 형사정책의 추진과 교정시설 과밀수용 간에는 밀접한 상관관계가 있다는 것을 실증적으로 증명할 수 있었다. 특히, 우리나라의 과밀수용 현상은 '형법의 정치화'가 초래한 중형주의 형사정책의 추진과 이러한 취지에 따른 2010년 「형법」 개정으로 인한 유기징역 상한의 인상에 원인이 있다고 하겠다. 이러한 교정시설 과밀수용은 현실적으로 수용자의 수면권을 침해하고, 감염병 확산으로 인한 건강권 및 생명권을 침해하는 등 기본적인 인권을 침해할 우려가 있고, 미결수용자의 방어권 행사를 저해하며, 교정사고의 발생 위험을 증가시키는 한편, 수형자 교정처우 프로그램의 운영을 저해하는 문제가 있다. 또한 헌법적 및 국제법적인 면에서도 「헌법」 제10조 위반, 시민적·정치적 권리에 관한 국제규약 위반, 유엔 고문방지협약 위반, 유엔 피구금자 처우에 관한 최저기준규칙 위반 등의 문제가 있다.

다음으로, 교정시설 과밀수용에 관한 우리나라 2016년 헌법재판소 결정과 2022년 대법원 판결 내용, 국가인원위원회의 결정 등에 나타난 1인당 최소 수용면적 기준을 살펴보았다. 또한 국제적십자위원회, 유럽고문방지위원회 등의 국제 인권 기구와 유럽인권재판소 판례, 미국, 독일, 영국 등의 사례를 통하여 외국에서는 교정시설의 1인당 최소 수용면적 기준을 어떻게 규정하고 있는지를 알아보았다.

각 나라가 처한 경제적, 문화적 차이로 인하여 교정시설에서의 1인당 수용면적 기준은 각양각색의 다양한 모습으로 나타났지만, 이 연구에서 국제적십자사나 유럽고문방지위원회의 경우와 같이 피구금자에 대한 인도적인 처우를 위하여 독거실과 혼거실에 대한 1인당 최소 수용면적 기준을 규정하고 이를 국제적으로 통일하고자 하는 노력을 발견하였다. 우리나라 법무부에서도 교정시설에서의 독거실과 혼거실의 1인당 최소 수용면적 기준을 단계적으로 늘려가면서 수용자의 인권 보장을 위해 노력하고 있다. 최근에는 법무부훈령인 「법무시설기준규칙」상의 교정시설 독거실 면적 기준을 5.4㎡로, 혼거실의 경우 1인당 면적 기준을 3.4㎡로 각각 상향하여 시행하고 있으나, 또 다른 법무부예규인 「수용 구분 및 이송·기록 등에 관한 지침」에서는 아직도 혼거실의 수용인원 산정 기준을 1인당 2.58㎡로 유지하고 있다. 이처럼 법무부 내에서조차 교정시설 1인당 수용면적 기준이 행정규칙 별로 상이한 것은 행정의 통일성과 일관성 유지 측면에서 바람직하지 않다. 그뿐만 아니라, 교정시설의 1인당 수용면적 기준은 국민의 기본권인 신체의 자유를 제한하는 인신구속과 관련된 중요한 사안이므로 일반적 법률유보 원칙이 규정되어 있는 「헌법」 제37조 제2항과 인간의 존엄성을 보장하기 위한 국제법을 준수하기 위해서라도 행정규칙으로 정할 게 아니라 법률로 정하는 것이 타당하다. 이를 위하여 유럽고문방지위원회의 기준을 참고하여 현행 「형집행법」 제6조를 개정하여 1인당 최소 수용면적은 화장실 면적을 제외하고 독거실의 경우 6㎡ 이상, 혼거실의 경우 4㎡ 이상으로 하도록 법률화하되, 우리나라 여건에 맞도록 신설 또는 증축하는 교정시설에 대하여만 적용하도록 하는 것을 제안하였다.

아울러, 실무적인 입장에서 교정시설의 과밀수용을 방지하는 정책적·법적 대책을 정문전략과 후문전략으로 구분하여 입법, 수사 및 재판 단계에서의 과밀수용 예방을 위한 정책적·법적 대책을 정문전략으로, 교정단계에서의 과밀수용 해소를 위한 정책적·법적 대책을 후문전략으로 나누어서 실효성있는 대응방안을 살펴보았다.

정문전략(front door strategies)은 교도소나 구치소의 입소자를 줄이는 방식의 형사정책을 말하는데, 비범죄화를 통해 유죄 판결을 받고 교정시설에 수용되는 사람의 수를 줄이고, 재판을 위해 구금된 사람과 형이 확정되어 구금된 사람에게 구금형의 사용과 그 기간을 줄이거나, 회복적 사법(restorative justice)적인 접근 방식과 같은 비구금 조치의 개발을 포함한다. 이러한 전략을 통하여 교정시설의 과밀수용을 예방하기 위해서는 「형법」 제42조의 법정형 상한 재조정, 단기자유형의 폐지와 사회봉사형 신설 및 재택구금제도의 도입, 양형위원회의 양형기준 설정 시 교정시설에 미치는 수용영향평가 실시, 벌금 미납자에 대한 노역장 유치(환형유치) 제도의 폐지를 중심으로 개혁 방안을 제시하였다.

후문전략(back door strategies)으로는 교정시설에서의 가석방제도를 확대 시행하기 위하여 영국의 필요적 가석방제도, 미국의 의무적 가석방제도, 캐나다의 법정석방제도를 도입하는 방안을 제시하였다. 그리고 현행의 가석방심사위원회가 가석방제도를 활발하게 운용하는 데에는 한계가 있으므로 조직을 개편하여 법무부에 행정위원회 성격의 중앙가석방위원회를 두고, 각 지방교정청에는 가석방심사위원회를 신설하여 중앙가석방위원회의 업무를 지원하도록「형집행법」에 규정하는 방안을 제안하였다. 아울러, 1년 이내의 단기 징역형을 최종 선고받았으나 미결구금된 상태에서 재판을 받느라 가석방 신청 대상에서 제외된 수형자들에게 만기 석방일로부터 20일 이내의 귀휴를 보내는 방안과 용접이나 자동차 정비 등의 전문 기술을 가지고 있는 모범수형자를 협력 기업체의 기숙사에 수용하여 주간에 해당 기업에 출퇴근하며 사회적응 훈련을 하게 하는 지역사회 내 중간처우제도인 '희망센터'를 활성화할 것을 제안하였다.

이 연구를 마무리하면서 우리나라 형벌 제도의 대표로 인식되고 있는 징역형 제도와 오늘날 교정시설이 처한 상황에 대해 다시 생각해 본다. 징역형을 받기만 하면 범죄의 종류나 형기와 관계없이, 심지어 벌금을 미납한 사람까지 교정시설에 수용하는 것은 형벌 제도의 정당성과 관련하여 문제가 있다고 생각한다. 이는 오히려 교정시설의 과밀수용을 초래하고 낙인효과로 인하여 범죄자의 재사회화를 저해하게 된다. 그러므로 사회로부터 반드시 격리되어야 할 중범죄자만을 교도소에 수용하여 형벌 집행의 첫 단계에서부터 전문적이고 효과 있는 교정처우를 적극적으로 시행하는 것이 바람직한 형사정책의 방향일 것이다. 이를 위해 앞으로 범죄를 유발하는 사회적, 경제적 환경에 관심을 가지고 범죄자에 대한 직업훈련과 취업지원 등을 통하여 범죄자가 다시 사회의 일원으로 복귀할 수 있도록 사회재통합의 기반을 마련하는 방안에 대하여도 추가적인 연구가 활발히 진행되기를 기대한다.

참고문헌

국내문헌

[단행본]

권수진·오병두·유주성, 「재택구금제도에 관한 연구」, 서울 : 한국형사정책연구원, 2020.
국가인권위원회, 「국가인권위원회 결정례집 제6집(2013)」, 서울 : 문영사, 2014.
_____, 「2023~2027 제4차 국가인권정책기본계획(인권NAP) 권고」, 국가인권위원회 인권정책과, 서울 : 국가인권위원회, 2022.
국방부, 「과거사진상규명위원회 종합보고서(제1권)」, 국방부 과거사진상규명위원회, 서울 : 국방부, 2007.
김남순 외, 「2020년 코로나19 대응 분석 연구」, 한국보건사회연구원, 보건복지부 정책연구용역결과보고서, 세종 : 보건복지부, 2021.
김성돈, 「형법총론」, 제5판, 서울 : 성균관대학교 출판부, 2018.
_____, 「현대형사정책에서 엄벌주의(Punitivism)의 등장-그 배경, 원인과 대책」, 대검찰청 용역과제, 서울 : 대검찰청, 2010.
김일수, 「전환기의 형사정책-패러독스의 미학」, 서울 : 세창출판사, 2012.
나까하시 마사요시(中橋政吉), 금용명 역, 「전근대 한국의 감옥과 행형(朝鮮舊時の 刑政)」, 교도소연구소, 서울:민속원, 2023.
울프리트 노이만/울리히 슈로트(Neumann, Ulfried & Ulrich Schroth), 배종대 역, 「형사정책의 새로운 이론(Neuere Theorien von Kriminalitat und Strafe)」, 서울 : 홍문사, 1994.
대검찰청, 「검찰연감」, 서울 : 대검찰청, 2022.
박상기·손동권·이순래, 「형사정책」제11판, 서울 : 한국형사정책연구원, 2016.
_____, 「형사정책」전정판, 서울 : 한국형사정책연구원, 2021.
배종대, 「형법총론」제15판, 서울 : 홍문사, 2021.
배종대·홍영기, 「형사정책」제2판, 서울 : 홍문사, 2022.
박형민·류종하, 「교정사고의 처리실태와 개선방안」, 서울 : 한국형사정책연구원, 2006.

법무연수원, 「범죄백서」, 충북 : 법무연수원, 2022.
법무부, 「독일형법」, 경기 : 법무부, 2008.
_____, 「법무부사」, 법무부 법무부사 편찬위원회, 경기 : 법무부, 1988.
_____, 「법무연감」, 경기 : 법무부, 1990, 1993, 1999, 2005, 2014, 2020, 2023.
_____, 「2023년도 법무부 성과관리시행계획」, 법무부 혁신행정담당관실, 경기 : 법무부, 2023.
_____, 「한국교정사」, 한국교정사 편찬위원회, 경기 : 법무부, 1987.
법무부 교정국, 「교정수용통계백년보」, 경기 : 법무부, 1988.
법무부 교정본부, 「교정통계연보」, 경기 : 법무부, 2014, 2022, 2023, 2024.
_____, 「대한민국교정사 (I)」, 경기 : 법무부, 2010.
Beccaria, C. 한인섭 신역, 「체사레 벡카리아의 범죄와 형벌」중판, 서울 : 박영사, 2020.
변지영, 「영국의 양형기준제도: 양형기준제도의 법령 및 현황」, 대법원 사법정책연구원, 경기 : 사법정책연구원, 2015.
서주연·최영신, 「소액벌금 미납자에 대한 노역장유치제도의 문제점과 개선방안」, 한국형사정책연구원, 2015.
성낙인, 「헌법학」 제24판, 서울 : 법문사, 2024.
신동운, 「간추린 신형사소송법 제14판」, 서울 : 법문사, 2021.
_____, 「형법총론」 제13판, 서울 : 법문사, 2021.
안성훈, 「교정시설에서의 과밀수용 현상과 그 대책에 관한 연구」, 한국형사정책연구원 연구총서, 서울 : 한국형사정책연구원, 2016.
양형위원회, 2010 연간보고서, 서울 : 양형위원회, 2011.
_____, 2022 연간보고서, 서울 : 양형위원회, 2023.
오영근, 「형법총론」 제2판, 서울 : 박영사, 2009.
윤해성·강우예·주성빈, 「모범수형자에 대한 형기자기단축제도에 관한 연구」, 서울 : 한국형사·법무정책연구원, 2021.
이재상·장영민·강동범, 「형법총론」 제10판, 서울 : 박영사, 2019.
이종구, 「2020년~2021년 중앙방역대책본부 코로나19 대응 분석, 대한민국 의학한림원」, 질병관리청 정책연구용역사업 결과보고서, 충북 : 질병관리청, 2023.
임웅, 「형법총론」 제12정판, 법문사 : 서울, 2021
조영민, 「교정시설 과밀수용 실태와 해소방안: "감옥은 우리 사회의 가장 아픈 곳"」, 서울 : 인권평화연구원, 2023
한영수, 「행형과 형사사법」, 서울 : 세창출판사, 2000.

한인섭,「형벌과 사회통제」, 서울 : 박영사, 2006.
허영,「한국헌법론」전정 19판, 서울 : 박영사, 2023.
허주욱,「교정학」증보판, 서울 : 박영사, 2013.
헌법재판소,「헌법재판소 판례집」제28권 2집(하), 서울 : 헌법재판소, 2017.
_____,「헌법재판소 판례집」, 제5권 제2집, 서울 : 헌법재판소, 1993.

[논문]

강영철, "재산형 〈벌금〉의 문제점과 노역장 유치의 개선방안",「교정연구」통권 제40호, 한국교정학회, 2008.
권수진, "재택구금제도의 필요성 및 도입방안에 관한 연구",「보호관찰」제21권 제1호, 한국보호관찰학회, 2021.
권지혜, "전자감독형 가택구금의 활용 방안에 관한 연구",「법학논고」제83집, 경북대학교 법학연구원, 2023.
기광도·김혜정, "양형기준제도 시행효과에 대한 경험적 연구 : 횡령죄를 중심으로",「형사법의 신동향」통권 제52호, 대검찰청, 2016.
김경찬, "벌금형 집행 관련 문제점과 개선방안-특히 효율적인 벌금형 집행기구의 필요성과 이른바 '벌금형 집행법' 제정과 관련하여",「형사법의 신동향」통권 제72호, 대검찰청, 2021.
김근세·박현신, "한국 행정위원회의 역사적 변화 분석: 국가기능을 중심으로",「한국행정연구」제16권 제2호, 2007.
김성돈, "책임형법의 위기와 예방형법의 한계",「형사법연구」제22권 제3호, 2010.
김일수, "현대형사정책에서 엄벌주의(Punitivism)의 등장-그 배경, 원인과 대책」, 대검찰청 용역과제, 2010.
김재한, "중독범죄자의 사회복귀 활성화 방안-치료조건부 가석방제도의 도입을 중심으로",「법무보호연구」제1권, 한국법무보호복지학회, 2015.
김종구, "미국의 삼진아웃법제에 대한 비교법적 고찰",「법학연구」제30호, 한국법학회, 2008.
김창군, "현행 형벌제도의 정당성에 대한 검토",「법과 정책」제28집 제2호, 제주대학교 법과정책연구원, 2022.
김치정, "'폭력행위 등 처벌에 관한 법률'에 대한 비판적 고찰",「강원법학」제55권, 2018.
김태미, "형법 법정형 조정방안 연구 : 자유형을 중심으로", 한양대학교 대학원 박사학위논문, 2020.

김하열, "교정시설 내의 과밀수용과 인간의 존엄성 - 헌재 2016. 12. 29. 2013헌마 142", 「법조-최신판례분석」 제66권 제3호 통권 제723호, 2017.

김학성, "한국 감옥의 현실과 과밀수용 해소방안" 토론회 토론문, 인권평화연구원, 2023.

김한균, "법질서정치(Law and Order Politics)와 형사사법의 왜곡", 「민주법학」 제37호, 민주주의법학연구회, 2008.

김혁, "영국(잉글랜드·웨일스)에서의 보호관찰 및 준수사항 위반자에 대한 대응", 「형사정책연구」 제33권 제1호(통권 제129호), 2022.

김화수, "과밀수용의 원인과 대책", 「교정」 제275호, 법무부, 1999.

류여해, "독일의 교정현황에 대한 소고", 「교정연구」 제41호, 2008.

박성수, "가택구금제도의 다양한 활용방안", 「보호관찰」 제14권 제11호, 한국보호관찰학회, 2014.

박형관, "영국 양형기준제 운용 변화와 한국의 양형개혁에 주는 시사점 - 「2009년 검시관 및 사법에 관한 법」 시행 이후 변화를 중심으로 -", 「형사법의 신동향」, 통권 제51호, 2016.

박형관·이주형, "양형위원회 운영방식에 대한 비교법적 고찰", 「법조」 제56권 제6호, 법조협회, 2007.

배종대, "정치형법의 이론", 「법학논집」 제26집, 고려대 법학연구소, 1991.

서효원, "벌금형 집행의 현황과 과제", 「교정연구」 통권 제26권 제4호, 한국교정학회, 2016.

손광명, "삼청교육대와 빈민통제", 성신여자대학교 대학원 석사학위논문, 2016.

신양균, "노역수형자에 대한 처우의 현실과 개선방안", 「형사정책연구」 제18권 제1호, 한국형사정책학회, 2007.

신용인, "위험사회와 안전권-인간 존엄성의 필요조건, 안전", 「원광법학」 제36권 제3호, 원광대학교 법학연구소, 2020.

안나현, "중형주의적 형벌정책에 관한 비판적 연구", 「법학논총」 제23권 제1호, 조선대학교 법학연구원, 2016.

안성훈, "벌금형 집행의 개선방안: 일수벌금형제도 도입을 중심으로", KIC ISSUE PAPER, 한국형사정책연구원, 2014.

오영근 외, "바람직한 양형기준제와 양형위원회 운영의 방식에 관한 연구", 대검찰청 용역연구보고서, 대검찰청 공판송무부 공판송무과, 2010.

오윤이·나종민, "엄벌주의 형사사법정책이 재판 결과에 미치는 영향 : 엄벌주의,

형사사법정책, 재판 결과, 양형, 공무집행방해범죄", 「형사정책연구」, 제34권 제1호(통권 제133호), 한국형사법무정책연구원, 2023.
윤영철, "법치국가에서의 안전지향형법에 대한 비판적 고찰", 「원광법학」 제34권 제1호, 원광대학교 법학연구소, 2018.
윤태현, "캐나다의 교정 및 조건부 석방법 분석을 통한 우리나라의 가석방 제도 개선방안 연구", 「교정담론」 제11권 제2호, 아시아교정포럼, 2017.
윤현석·안성훈·이영우, "형사사건에서 벌금대체 사회봉사제도의 고찰", 「법이론실무연구」, 제5권 제3호, 한국법이론실무학회, 2017.
이백철, "21세기 한국교정의 과제와 미래", 「교정담론」 제11권 제1호, 아시아교정포럼, 2017.
이봉민, "과밀수용에 대한 국가배상책임", 「대법원판례해설」 제133호, 법원도서관, 2023.
이상한, "교정시설 과밀수용의 해소를 위한 가석방제도 활성화 방안 연구", 「법과 정책연구」 제19집 제3호, 2019.
_____, "양형실태 분석을 통한 양형기준 개선방안 고찰", 「형사법연구」 제25권 제2호, 2013.
이승택, "수용시설 과밀수용 최저기준에 관한 국제적 기준과 헌법재판소의 결정 : 헌법재판소 결정. 2016. 12. 29. 2013헌마142에 대한 분석을 중심으로", 「국제법 동향과 실무」 Vol.16, No.4(통권 제47호), 외교부 국제법률국, 2017.
이승현, "소년 다이버전 개념의 재정립", 「소년보호연구」, 제16호, 2011.
이인석·임정엽, "개정형법상 유기징역형의 상한조정에 관한 고찰", 「형사법연구」 제22권 제3호(2010 가을·통권 제44호), 한국형사법학회, 2010.
임철·장지상·오정일, "양형기준의 효과에 관한 실증적 연구 : 형량의 평균과 편차에 대한 분석", 「법경제학연구」, 제15권 제1호, 한국법경제학회, 2018.
전정주, "교정발전의 전제조건으로서의 과밀수용해소에 관한 연구," 「교정연구」 제29호, 한국교정학회, 2005.
_____, "취업조건부 가석방제도 도입의 의의와 법무보호사업의 지평", 「법무보호연구」 제5권 제1호(통권 제7호), 한국법무보호복지학회, 2019.
조규범, "벌금형제도의 문제점과 입법과제", 「국회입법조사처 정책보고서」 제39호, 2015.
조소영, "기본권 규범구조에서의 '인간의 존엄성'의 지위-헌재 2016. 12. 29. 2013헌마142 결정에 대하여", 「공법연구」 제48집 제1호, 2019, 120면.

최석윤, "양형기준의 변화가 교정처우에 미치는 영향", 「교정연구」 제51호, 한국교정학회, 2011.
최응렬·황영구, "교정시설 과밀수용의 실태와 형사사법적 대응방안에 관한 연구", 한국교정학회, 「교정연구」 제18호, 2003.
최호진, "새로운 형사제재 도입의 필요성과 문제점", 「비교형사법연구」 제14권 제2호, 한국비교형사법학회, 2012.
추지현, "사법민주화와 엄벌주의 : 성폭력 처벌제도의 사회적 구성을 중심으로", 서울대학교 사회학 박사학위논문, 2017.
한영수, "벌금미납자에 대한 노역장 유치", 「형사정책연구」 제10권 제4호, 한국형사정책연구원, 1999.
_____, "벌금미납자의 사회봉사 집행의 현황과 발전방안", 「형사정책연구」 제26권 제3호, 한국형사정책연구원, 2015.
한인섭, "유기징역형의 상한-근본적인 재조정 필요하다-", 형법개정안과 인권 : 법무부 형법개정안에 대한 비판과 최소 대안, 공익과 인권 17, 서울대학교 법학연구소 공익인권법센터, 경인문화사, 2011.
_____, "한국 교정의 딜레마와 당면과제", 「서울대학교 법학」 제40권 제1호, 1999.
허일태, "죄형법정주의의 연혁과 그 사상적 배경에 관한 연구", 「법학논고」 제35집, 경북대학교 법학연구원, 2011.
홍소현, "중형주의와 과잉형벌화에 대한 비판적 연구", 고려대학교 대학원 박사학위논문, 2021.
홍진영, "피구금자의 권리에 관한 국제인권규범과 한국의 실행", 「인권법평론」 제31호, 전남대학교 법학연구소, 2023. 8.

[판례자료]

〈헌법재판소〉

헌법재판소 1989. 7. 14. 선고 88헌가5, 88헌가8, 89헌가44 결정
헌법재판소 1993. 12. 23. 93헌가2 결정
헌법재판소 2009. 6. 25. 선고 2007헌바25 결정
헌법재판소 2010. 9. 2. 2010헌마418 결정
헌법재판소 2011. 9. 29. 2010헌바88 결정

헌법재판소 2015. 2. 26. 2009헌바17, 205, 2010헌바194, 2011헌바4, 2012헌바57, 255, 411, 2013헌바139, 161, 267, 276, 342, 365, 2014헌바53, 464, 2011헌가31, 2014헌가4 결정
헌법재판소 2016. 9. 29. 2014헌가9 결정
헌법재판소 2016. 12. 29. 2013헌마142 결정

〈대법원〉

대법원 2010. 4. 16. 선고 2010모179 결정
대법원 2012. 6. 8. 선고 2012도4785 판결
대법원 2021. 10. 14. 선고 2021도7444 판결
대법원 2022. 7. 14. 선고 2017다266771 판결
대법원 2022. 8. 11 선고 2021다300890 판결

〈국가인권위원회〉

국가인권위원회 2005.10.10. 05진인784 결정
국가인권위원회 2007. 6. 18. 06직인9, 04진인3432, 05진인1236, 05진인1262, 05진인1339, 05진인1380, 05진인2009, 05진인2042, 06진인318 결정
국가인권위원회 2013. 9. 11. 13직권0000100 결정
국가인권위원회 2015.07.15. 15진정0036300 결정
국가인권위원회 2016.10.26. 16진정0306000 결정
국가인권위원회 2018.11.05. 17직권0002100·16진정0380801 등 25건 결정
국가인권위원회 2018.11.05. 17직권0002100 결정
국가인권위원회 2021.11.05. 21진정0032900·21진정0388301·21진정0443701·21진정0501001(병합) 결정
국가인권위원회 2022.01.21. 21진정0263800 결정
국가인권위원회 2022.01.21. 21진정0735700 결정
국가인권위원회 2022.02.11. 21진정0028500 결정
국가인권위원회 2022.03.11. 21진정0268600 결정
국가인권위원회 2022.03.11. 21진정0089000 결정
국가인권위원회 2022.03.25. 21진정0496501 결정
국가인권위원회 2022.04.15. 21진정0027900 결정
국가인권위원회 2022.05.13. 21진정0580000 결정

국가인권위원회 2022.05.13. 21진정0529400 결정
국가인권위원회 2022.06.24. 21진정0550800 결정
국가인권위원회 2022.06.24. 22진정0017100 결정
국가인권위원회 2022.06.24. 22진정0220900 결정
국가인권위원회 2022.06.24. 21진정0766800 결정
국가인권위원회 2022.07.08. 20진정0604901 결정
국가인권위원회 2022.07.22. 21진정0628900 결정
국가인권위원회 2022.11.18. 22진정0742400 결정
국가인권위원회 2022.11.18. 21진정0924200 결정
국가인권위원회 2023.01.26. 22진정0035500 결정
국가인권위원회 2023.02.16. 22진정0063300 결정
국가인권위원회 2023.02.16. 22진정0030500 결정
국가인권위원회 2023.03.30. 22진정0119900 결정
국가인권위원회 2023.06.21. 22진정0160200 결정
국가인권위원회 2023.07.20. 23진정0466001 결정
국가인권위원회 2023.08.17. 23진정0756202 결정
국가인권위원회 2023.08.31. 23진정0340300 결정
국가인권위원회 2023.07.20. 22진정0154500 결정
국가인권위원회 2023.11.17. 23진정0394400 결정
국가인권위원회 2023.11.17. 23진정0515000 결정

[보도자료 및 언론보도]

경찰청 보도자료, "민생을 위협하는 「악성사기 척결」 1년 추진성과", 2023. 8. 20.
경찰청·대검찰청 보도자료, "경찰·검찰 '스토킹범죄 대응 협의회' 개최", 2022. 9. 21.
광주지방검찰청 순천지청 보도자료, "폭력사범 엄정대처를 통한 안전한 지역사회 만들기 - 폭력사범 삼진 아웃제의 시행을 통한 폭력사범 엄단", 2016. 5. 26.
국무조정실 보도자료, "정부, 가상통화 투기근절을 위한 특별대책 마련", 2017. 12. 28.
_____, "디지털 성범죄, '처벌은 무겁게, 보호는 철저하게'- 관계부처 합동, 디지털 성범죄 근절대책 발표", 2020. 4. 23.
_____, "마약범죄 빈발지역서 입국하는 사람 전수조사키로, 마약

으로부터 국민보호 위해 총력 대응", 2023. 11. 22.
_____, "범정부 협력 강화로 불법사금융 끝까지 추적해 처단", 2024. 2. 20.
대검찰청 보도자료, "상소를 취하한 수형자에 대해서도 미결구금일수 전부 산입", 2010. 4. 27.
_____, "폭력사범 벌금기준 대폭 강화된다", 2014. 6. 30.
_____, "데이트폭력범죄 엄정 대처를 위한 사건처리기준 강화 - 삼진아웃 구속기준, 사건처리기준 전반적 강화", 2018. 7. 2.
_____, "대검찰청, 범정부적 역량을 집중하여 전세사기 엄정 대응", 2022. 6. 8.
_____, "상습 음주운전, 중대음주 사망사고의 경우 차량 몰수 음주운전 근절을 위한 검·경 합동 대책 시행-", 2023. 6. 28.
_____, 「마약범죄 특별수사본부 제4차 회의」개최", 2024. 5. 9.
양형위원회 보도자료, "3/25(월) 제130차 회의 결과", 2024. 3. 26.
창원지방검찰청 보도자료, "'음주운전 NO!'- 창원지검, 음주운전 처벌 강화", 2017. 1. 23.
연합뉴스, "그때그때 다르다? … 법정구속 결정기준은", 2020. 8. 14.

외국문헌

[단행본]

American Correctional Association, *Performance-Based Standards, Expected Practices, Adult Correctional Institutions Fifth Edition*, Virginia : American Correctional Association, 2021.

Ashworth, Andrew & R. Kelly, *Sentencing and Criminal Justice*, London : Bloomsbury Publishing, 2021.

CEDA(Committee for Economic Development of Australia), *Double jeopardy: The economic and social costs of keeping women behind bars*, Melbourne : CEDA, 2022.

Clarke, Peter, *HM Chief Inspector of Prisons for England and Wales Annual Report 2018 -19*, London : HM Inspectorate of Prisons, 2019.

Colorado Jail Standards Commission, *Report to the Legislative Oversight Committee Concerning Colorado Jail Standards - Recommended Standards for Colorado Jails*, Colorado : Colorado Jail Standards Commission, November 15, 2023.

Council of Europe, *Report to the United Kingdom Government on the visit to the United Kingdom carried out by the European Committee for the Prevention of Torture and Inhuman or Degrading Treatment or Punishment (CPT) from 13 to 23 May 2019*, CPT/Inf (2020) 18, Strasbourg : Council of Europe, 2020.

Criminal Justice Alliance, *Prisons Strategy White Paper consultation response*, London : Criminal Justice Alliance, February 2022.

Cunneen, Chris & Neva Collings & Nina Ralph, *Evaluation of the Queensland Aboriginal and Torres Strait Justice Agreement*, Brisbane : Queensland Legislative Assembly, 2005.

European Committee for the Prevention of Torture and Inhuman or Degrading Treatment or Punishment(CPT), *Living space per prisoner in prison establishments: CPT standards*, Strasbourg : CPT, 2015. 12. 15.

Fair, Helen & Roy Walmsley, *World Prison Population List (13th edition)*, World Prison Brief, Institute for Crime & Justice Policy Research, London : ICPR, 2021.

_____, *World Prison Population List (14th edition)*, World Prison Brief, Institute for Crime & Justice Policy Research, London : ICPR, 2024.

Griffiths, Curt Taylor & Danielle J. Murdoch. *Strategies and Best Practices against Overcrowding in Correctional Institutions*, International Centre for Criminal Law Reform and Criminal Justice Policy, Vancouver : University of British Columbia, 2009.

Halliday, Matthew. *Bromley Briefings Prison Factfile - Winter 2019*, London : Prison Reform Trust, 2020.

HM Prison & Probation Service, *Home Detention Curfew(HDC) Policy Framework*, London : Ministry Justice, 2024.

International Committee of the Red Cross, *Review of space accommodation standards in prison cells*, Geneva : ICRC, 2014.

_____, *Water, sanitation, hygiene, and habitat in prisons : supplementary guidance*, Geneva : ICRC, 2012.

Kimme, Dennis A. & Gary M. Bowke & Robert G. Deichman, *Jail Design Guide - third edition*, Wasington DC : National Institute of Corrections(NIC), March 2011.

Ministry of Justice, *A Smarter Approach to Sentencing, September 2020*, London : Ministry Justice, 2020.

_____, *Offender Management Statistics Bulletin, England and Wales*, London : Ministry Justice, 2023.1.26.

_____, *Offender Management Statistics Bulletin, England and Wales*, London : Ministry Justice, 2024.1.25.

_____, *Prisons Strategy White Paper*, London : Ministry Justice, December 2021.

_____, *Proven reoffending statistics quarterly bulletin, October to December 2019*,London : Ministry Justice, 28 October 2021.

_____, *Proven reoffending statistics quarterly bulletin, January to March 2022*, London : Ministry Justice, 25 January 2024.

_____, *Story of the Prison Population 1993-2012 England and Wales*, London : Ministry Justice, January 2013.

_____, *Story of the Prison Population 1993-2016 England and Wales*, London : Ministry Justice, July 2016.

_____, *Story of the Prison Population:1993-2020 England and Wales*, London : Ministry Justice, July 2020.

Nembrini, Pier Giorgio. *Water, Sanitation, Hygiene and Habitat in Prisons*, International Committee of the Red Cross, Geneva : ICRC, 2013.

Parole Board of Canada, *Parole Board of Canada: Contributing to Public Safety*, Ottawa : Parole Board of Canada, 2011.

Prisoners' Advice Service, *Home Detention Curfew SELF HELP TOOLKIT*, London : Prisoners' Advice Service, 2023.

Prison Reform Trust, *Prison: the facts-Bromley Briefings Summer 2023*, London : Prison Reform Trust, 2023.

_____, B*romley Briefings Prison Factfile - January 2023*, London : Prison Reform Trust, 2023.

Seigel, Larry J. & Joseph J. Senna. *Essentials of criminal justice*, California : Wadsworth Publishing Company, 2001.

Sentencing Council, *Final Resource Assessment : Assault Offences*, London : Sentencing Council, 2021.05.27.

Sturge, Georgina. *UK Prison Population Statistics*, London : House of Commons library,

2023.

Strickland, Pat. *The End of Custody Licence,* London : House of Commons Library, 1 March 2010.

Swaaningen, René van. *Critical Criminology: Visions From Europe*, Washington DC : SAGE publications LTD., 1997.

Mutebi, Natasha & Richard Brown, *The use of short prison sentences in England and Wales*, London : The Parliamentary Office of Science and Technology (POST), 27 July 2023.

The Parole Board for England and Wales, *Annual Report & Accounts 2022/23*, London : The Parole Board for England and Wales, 2023.

U.S. Department of Justice, *FY 2025 Performance Budget Presidents Budget Submission*, Washington DC : U.S. Department of Justice, 2024.

U.S. Sentencing Commission, *2023 Annual Report*, Independently published, Washington DC : U.S. Sentencing Commission, March 26, 2024.

Zahid Mubarek Trust, *Prisons Strategy White Paper CONSULTATION RESPONSE*, London : Zahid Mubarek Trust, February 2022.

[논문]

Dahiya, Simran & Paul Leslie Simpson & Tony Butler. "*Rethinking standards on prison cell size in a (post) pandemic world: a scoping review.*" BMJ open, 2023.

Ireland, Connie Stivers & JoAnn Prause. "Discretionary Parole Release: Length of Imprisonment, Percent of Sentence Served, and Recidivism", *Journal of Crime and Justice, Vol.28 (2)*, 2005.

Jacobson, Jessica & Mike Hough. "*Missed Opportunities and New Risks: Penal Policy in England and Wales in the Past Twenty-Five Years*", *The Political Quarterly, Vol. 89, No. 2*, 2018.

Lind, Bronwyn & Simon Eyland. "The Impact of Abolishing Short Prison Sentences", *Contemporary Issues in Crime and Justice*, No 73, NSW Bureau of Crime Statistics and Research, September 2002.

Lord Carter of Coles, "Securing the Future - Proposals for the efficient and sustainable use of custody in England and Wales," *Lord Carter's Review of Prisons*, 2007. 12. 5.

Newburn, Tim. "Tough on Crime": Penal Policy in England and Wales, *Crime and Justice*, Volume 36, 2007.
Prison Reform Trust, "Prison Reform Trust Briefing on the Sentencing Bill-House of Commons, Second Reading", 6 December 2023.
Snacken, S. "Reductionist Penal Policy and European Human Rights Standards." *European Journal on Criminal Policy and Research, 12(2)*, 2006.

[판례자료]

⟨유엔 자유권규약위원회(United Nations Human Rights Committee, UNHRC)⟩
Allan Henry (represented by Mr. S. Lehrfreund of Simons, Muirhead & Burton, a law firm in London, England) v. Trinidad and Tobago, Communication No. 752/1997, U.N. Doc. CCPR/C/64/D/752/1997 (10 February 1999)
A.S. (represented by counsel, TRIAL: Track Impunity Always and the Centre for Victims of Torture, Nepal) v. Nepal, Communication 2077/2011(2015)
Dev Bahadur Maharjan v. Nepal, Communication No. 1863/2008, U.N. Doc. CCPR/C/105/D/1863/2009(2012)
John Wight v. Madagascar, Communication No. 115/1982, U.N. Doc. Supp. No. 40 (A/40/40) at 171(1985)
Mr. Rawle Kennedy v. Trinidad and Tobago, Communication No. 845/1998, U.N. Doc. CCPR/C/74/D/845/1998(2002)
Mr. Xavier Evans v. Trinidad and Tobago, Communication No. 908/2000, U.N. Doc. CCPR/C/77/D/908/2000(1999)
Ramon B. Martinez Portorreal v. Dominican Republic, Communication No. 188/1984, U.N. Doc. Supp. No. 40 (A/43/40) at 207(1988)
Womah Mukong v. Cameroon, Communication No. 458/1991, U.N. Doc. CCPR/C/51/D/458/1991(1994)
Zafar Abdullayev v. Turkmenistan, Human Rights Committee, Communication No. 2218/2012, U.N. Doc. CCPR/C/113/D/2218/2012(2015)

⟨유럽인권재판소⟩
The European Court of Human Rights, *Mandic and Jovic v Slovenia [2011] ECHR*

Application Nos. 5774/10 and 5985/10 (20 October 2011), JUDGMENT, STRASBOURG, 20 October 2016.

The European Court of Human Rights, *CASE OF MURŠIĆ v. CROATIA (Application no. 7334/13)*, JUDGMENT, STRASBOURG, 20 October 2016.

[보도자료]

The European Court of Human Rights, *Conditions in Ljubljana Prison amounted to degrading treatment of prisoners*, Press Release, 2011. 10. 20.

The European Court of Human Rights, *Detention for 27 days in personal space of less than 3 square metres was inhuman and degrading treatment*, Press Release, 2016. 10. 20.

인터넷 검색 자료

〈국내자료〉

국가법령정보센터, http://www.law.go.kr

국가인권위원회, "○○소의 수용자에 대한 과밀수용으로 인한 행복추구권 침해", https://case.humanrights.go.kr/dici/diciSearchView.do.

국가인권위원회 홈페이지, "여성수용자 거실 과밀 수용 등", https://case.humanrights.go.kr/dici/diciSearchView.do

나주원, "영국 법무부, 6개월 이하 단기 징역형 폐지 고려", 국제형사정책동향, 한국형사법무정책연구원, https://www.kicj.re.kr/board.es?mid=a10308000000&bid=0018&act=view&list_no=8271

대법원, https://www.scourt.go.kr/supreme/supreme.jsp

법률신문, "서울동부구치소 확진 수용자 4명, 국가 상대 손해배상소송 제기", 2021.01.07.자 기사, https://www.lawtimes.co.kr/news/167112?serial=167112

법무부, https://www.moj.go.kr

법무부 교정본부, https://www.corrections.go.kr

법제처 국가법령정보센터 홈페이지, 시민적 및 정치적 권리에 관한 국제규약

(International Covenant on Civil and Political Rights), [발효일 1990. 7. 10] [다자조약, 제1007호, 1990. 6. 13],

https://www.law.go.kr/trtyInfoP.do?trtySeq=231

법제처 국가법령정보센터 홈페이지, 고문 및 그 밖의 잔혹한, 비인도적인 또는 굴욕적인 대우나 처벌의 방지에 관한 협약(Convention against Torture and Other Cruel, Inhuman or Degrading Treatment or Punishment)[발효일 1987. 6. 26] [다자조약, 제1272호, 1995. 2. 8],

https://www.law.go.kr/trtyInfoP.do?trtySeq=2288

천주교인권위원회 홈페이지, 유엔 피구금자 처우에 관한 최저기준규칙 (넬슨만델라규칙) 번역본, 4면.

http://www.cathrights.or.kr/bbs/view.html?idxno=22766

헌법재판소, https://www.ccourt.go.kr/site/kor/main.do

〈해외자료〉

BBC News, "Low-level offenders could be released early under jail reforms", 16 October 2023;

https://hansard.parliament.uk/commons/2023-10-16/debates/50D29A75-C1E4-4FFC-A77D-11BBC20BCD99/PrisonCapacity

BBC News, Ministers consider ending jail terms of six months or less,

https://www.bbc.com/news/uk-46847162

Bundesministerium der Justiz und fuer Verbraucherschutz, Gesetz über den Vollzug der Freiheitsstrafe und der freiheitsentziehenden Maβregeln der Besserung und Sicherung (Strafvollzugsgesetz–StVollzG),

https://www.gesetze-im-internet.de/stvollzg/BJNR005810976.html

European Convention on Human Rights,

https://www.echr.coe.int/Documents/Convention_ENG.pdf

HUDOC - European Court of Human Rights,

https://hudoc.echr.coe.int/eng#{%22itemid%22:[%22001-167483%22]}

Parole Board of Canada, *Parole Board of Canada: Contributing to Public Safety*,

https://www.canada.ca/en/parole-board/services/parole/types-of-conditional-release.html

The Criminal Justice Act 2003 (Home Detention Curfew) Order 2023,

https://www.legislation.gov.uk/uksi/2023/390/made

The Criminal Justice Act 2003 (Early Release on Licence) Order 2020,
    https://www.legislation.gov.uk/ukdsi/2020/9780111194461
The European Court of Human Rights, *CASE OF MURŠIĆ v. CROATIA (Application no. 7334/13)*, JUDGMENT, STRASBOURG, 20 October 2016,
    https://johan-callewaert.eu/wp-content/uploads/2019/12/CASE-OF-MURSIC-v.-CROATIA.pdf
The Human Rights Law Centre,
    https://www.hrlc.org.au/human-rights-case-summaries/systemic-overcrowding-in-prisons-may-amount-to-inhuman-and-degrading-treatment-2
The International Committee of the Red Cross, https://www.icrc.org/en/who-we-are
The Sentencing Council for England and Wales,
    https://www.sentencingcouncil.org.uk/research-and-resources/publications?s&cat=resource-assessment
UK Parliament, House of Commons Library, What is the Government doing to reduce pressure on prison capacity?
    https://commonslibrary.parliament.uk/what-is-the-government-doing-to-reduce-pressure-on-prison-capacity/
World Prison Brief,
    https://www.prisonstudies.org/country/united-kingdom-england-wales

<부록 1>

연도별 교정시설 수용인원(1906년~2023년)

(단위 : 명)

연도	수용정원	수용인원*	수용률(%)	기결	미결	노역수
1906		204		164	40	
1907		224		167	57	
1908		2,019		1,274	745	
1909		6,061		5,231	830	
1910		7,021		6,390	631	
1911		9,581		8,888	691	2
1912		9,581		8,780	785	16
1913		9,914		9,127	766	21
1914		9,474		8,550	885	39
1915		9,800		8,852	916	32
1916		10,869		9,980	856	33
1917		12,265		11,320	896	49
1918		11,757		10,861	877	19
1919		15,161		13,388	1,754	19
1920		14,428		12,045	2,295	88
1921		16,695		14,908	1,655	132
1922		15,091		13,774	1,058	259
1923		13,709		12,598	863	248
1924		12,825		11,519	1,005	301
1925		13,106		11,634	1,034	438
1926		13,963		12,385	1,204	374
1927		13,751		11,964	1,389	398
1928		14,257		12,004	1,717	536
1929		15,886		13,280	2,049	557
1930		17,215		14,644	1,875	696
1931		17,359		14,595	2,042	722

연도	수용정원	수용인원*	수용률(%)	기결	미결	노역수
1932		18,864		15,674	2,574	616
1933		19,090		16,412	1,999	679
1934		17,939		15,684	1,665	590
1935		18,414		16,423	1,486	505
1936		18,540		16,523	1,610	407
1937		19,340		17,058	1,915	367
1938		19,310		16,808	2,146	356
1939		19,372		16,926	2,190	256
1940		19,241		16,312	2,725	204
1941		20,192		17,519	2,284	389
1942		22,695		19,572	2,710	413
1943		23,515		20,929	2,226	360
1944		21,876		19,318	2,227	331
1945		2,620		1,922	694	4
1946		20,016		17,517	2,499	
1947		21,458		17,867	3,591	
1948		16,661		12,062	4,566	33
1949		35,119		21,997	13,085	37
1951		16,071		13,742	2,316	13
1952		16,891		13,424	3,449	18
1953		12,740		10,657	2,052	31
1954		16,626		14,136	2,471	19
1955		17,091		14,809	2,245	37
1956		16,159		13,919	2,224	16
1957		18,429		15,264	3,138	27
1958		19,426		15,614	3,729	83
1959		19,533		16,211	3,248	74
1960		19,446		13,971	5,421	54
1961	30,000	30,036	100.1	18,815	11,179	42
1962	30,000	27,503	91.7	20,064	7,368	71
1963	30,000	23,089	77.0	18,380	4,698	11

연도	수용정원	수용인원*	수용률(%)	기결	미결	노역수
1964	30,000	30,558	101.9	21,503	9,003	52
1965	31,000	30,555	98.6	21,527	8,970	58
1966	32,000	30,070	94.0	20,759	9,263	48
1967	32,000	30,422	95.1	21,190	9,173	59
1968	32,960	33,904	102.9	20,133	13,730	41
1969	36,180	35,406	97.9	20,996	14,352	58
1970	36,180	35,264	97.5	21,519	13,622	123
1971	36,180	39,737	109.8	23,149	16,428	160
1972	36,180	44,558	123.2	26,158	18,235	165
1973	39,180	43,800	111.8	27,305	16,327	168
1974	42,180	44,427	105.3	25,771	18,451	205
1975	44,680	54,615	122.2	28,611	25,797	207
1976	47,000	55,554	118.2	36,404	18,965	185
1977	57,000	52,265	91.7	33,806	18,188	271
1978	57,000	46,236	81.1	29,178	16,861	197
1979	54,000	44,912	83.2	26,422	18,292	198
1980	50,000	48,755	97.5	27,245	21,279	231
1981	55,000	49,929	90.8	28,109	21,466	354
1982	55,000	54,586	99.2	31,882	22,309	395
1983	55,000	52,770	95.9	31,261	21,154	355
1984	55,000	51,506	93.6	30,010	21,076	420
1985	53,000	52,050	98.2	30,001	21,655	394
1986	53,000	54,010	101.9	30,933	22,700	377
1987	53,000	52,622	99.3	30,426	21,888	308
1988	53,000	50,569	95.4	29,102	21,235	232
1989	53,600	50,864	94.9	27,171	23,521	172
1990	54,300	53,169	97.9	28,267	24,772	130
1991	54,300	55,123	101.5	30,049	24,947	127
1992	55,300	55,159	99.7	31,169	23,771	219
1993	55,300	59,145	107.0	32,054	26,693	398
1994	55,800	58,188	104.3	33,207	24,436	545

연도	수용정원	수용인원*	수용률(%)	기결	미결	노역수
1995	55,800	60,166	107.8	32,895	26,785	486
1996	57,360	59,762	104.2	32,848	26,519	395
1997	57,660	59,327	102.9	33,123	25,825	379
1998	56,500	67,883	120.1	35,125	31,238	1,520
1999	58,000	68,087	117.4	38,324	28,609	1,114
2000	58,000	62,959	108.6	37,040	24,312	1,607
2001	59,130	62,235	105.3	37,036	23,763	1,436
2002	58,440	61,084	104.5	37,111	22,911	1,062
2003	44,350	58,945	132.9	36,458	21,253	1,234
2004	46,150	57,184	123.9	34,609	20,638	1,937
2005	46,090	52,403	113.7	32,933	17,293	2,177
2006	47,390	46,721	98.6	29,923	14,816	1,982
2007	43,100	46,313	107.5	29,289	15,227	1,797
2008	43,100	46,684	108.3	30,280	14,368	2,036
2009	44,430	49,467	111.3	30,749	16,288	2,430
2010	45,930	47,471	103.4	30,607	14,819	2,045
2011	45,690	45,845	100.3	29,820	14,201	1,824
2012	45,690	45,488	99.6	29,448	14,186	1,854
2013	45,690	47,924	104.9	30,181	15,646	2,097
2014	46,430	50,128	108.0	30,727	17,377	2,024
2015	46,600	53,892	115.6	32,649	19,267	1,976
2016	46,600	56,495	121.2	33,791	20,877	1,827
2017	47,820	57,298	119.8	35,382	20,292	1,624
2018	47,820	54,744	114.5	34,380	18,867	1,497
2019	47,990	54,624	113.8	33,813	19,343	1,468
2020	48,600	53,873	110.8	33,392	19,084	1,397
2021	48,980	52,368	106.9	33,548	18,109	711
2022	48,990	51,117	104.3	32,610	17,736	771
2023	49,922	56,577*	113.3	35,007	19,957	1,613

※ 1906년~1979년 자료는 법무부 교정국,「교정수용통계백년보」, 1988, 4~6면; 1980년~1989년 자료는 법무부,「법무연감」, 1990, 348면; 1990년~1992년 자료는 법무부,「법무연감」, 1993, 313면; 1993년~1998년 자료는 법무부,「법무연감」, 1999, 352면; 1999년~2003년 자료는 법무부,「법무연감」, 2005, 392면; 2004년~2012년 자료는 법무부,「법무연감」, 2014, 454면; 2013년~2022년 자료는 법무부,「법무연감」, 2023, 665면; 2023년 자료는 법무부 교정본부,「교정통계연보」, 2024, 60면을 참조하였음.

※ 1906년부터 1979년까지의 수용인원은 당시의 연도 말 수용인원으로 표시하였고, 1980년부터 2023년 12월말 현재까지는 1일 평균 수용인원을 기준으로 정리하였음. 1950년의 연도 말 수용인원은 자료가 없어서 생략하였음.

※ 광복 당시 한반도 전역에는 총독부 법무국 형정과의 지휘를 받는 형무소 17개, 형무소지소 11개, 그리고 형무관연습소가 있었으나, 38°선 이남에 위치한 12개 형무소와 7개 형무소지소 그리고 형무관연습소는 미군에 의해 접수되고 38°선 이북에 위치한 5개 형무소와 4개 형무소지소는 소련군에 의해 접수되었음. 법무부,「한국교정사」, 1987, 432면.

<부록 2>

연도별 가석방 현황(1911년~2023년)

(단위 : 명)

구분	총 출소인원 (형기종료+가석방)	출소사유		가석방 비율(%)
		형기종료	가석방	
1911	5,462	5,368	94	1.7
1912	7,323	7,160	163	2.2
1913	9,123	9,018	105	1.2
1914	11,056	10,867	189	1.7
1915	10,962	10,800	162	1.5
1916	10,858	10,660	198	1.8
1917	10,896	10,630	266	2.4
1918	11,710	11,036	674	5.7
1919	11,179	9,983	1,196	10.7
1920	12,321	11,631	690	5.6
1921	11,544	11,443	101	0.9
1922	12,461	11,245	1,216	9.7
1923	9,852	9,238	614	6.2
1924	9,924	9,216	708	7.1
1925	9,204	8,553	651	7.0
1926	10,595	10,104	491	4.6
1927	11,018	10,513	505	4.5
1928	11,595	11,187	408	3.5
1929	10,895	10,536	359	3.3
1930	11,116	10,359	757	6.8
1931	11,217	10,310	907	8.1
1932	11,282	10,411	871	7.7
1933	10,830	9,972	858	7.9
1934	12,640	11,608	1,032	8.2
1935	10,741	9,666	1,075	10.0

구분	총 출소인원 (형기종료+가석방)	출소사유		가석방 비율(%)
		형기종료	가석방	
1936	11,030	10,002	1,028	9.3
1937	11,617	10,712	905	7.8
1938	11,647	10,725	922	7.9
1939	11,604	10,395	1,209	10.4
1940	13,777	12,516	1,261	9.2
1941	12,424	11,408	1,016	8.2
1942	12,668	11,692	976	7.7
1943	13,218	11,898	1,320	9.9
1946	-	-	4,079	-
1947	13,217	7,270	5,947	44.9
1951	5,525	4,430	1,095	19.2
1952	2,389	1,982	407	17.0
1954	6,383	5,064	1,319	20.6
1955	9,608	8,478	1,130	11.7
1956	8,848	8,348	500	5.6
1957	8,461	7,649	812	9.5
1958	10,389	9,710	679	6.5
1959	12,688	11,669	1,019	8.0
1960	14,913	13,740	1,173	7.8
1961	20,042	18,398	1,644	8.0
1962	29,247	25,454	3,793	13.0
1963	22,840	16,967	5,873	25.7
1964	21,118	15,831	5,287	25.0
1965	25,140	20,562	4,578	18.0
1966	26,725	24,559	2,166	8.0
1967	27,128	25,058	2,070	7.6
1968	26,602	23,362	3,240	12.1
1969	26,613	22,826	3,787	14.2
1970	27,889	26,002	1,887	6.7
1971	28,068	26,172	1,896	6.7

구분	총 출소인원 (형기종료+가석방)	출소사유		가석방 비율(%)
		형기종료	가석방	
1972	36,340	33,020	3,320	9.1
1973	38,100	31,814	6,286	16.6
1974	41,611	33,071	8,540	20.5
1975	34,725	22,424	12,301	35.0
1976	36,582	23,227	13,355	36.5
1977	35,973	25,336	10,637	29.6
1978	33,387	27,123	6,264	18.8
1979	29,012	24,195	4,817	16.6
1980	27,171	21,951	5,220	19.2
1981	27,762	22,304	5,458	19.7
1982	28,755	21,216	7,539	26.2
1983	27,759	19,414	8,345	30.1
1984	26,475	18,044	8,431	31.8
1985	24,616	18,280	6,333	25.7
1986	25,991	18,301	7,690	29.6
1987	24,173	16,875	7,298	30.2
1988	23,373	16,945	6,428	27.5
1989	25,089	17,655	7,434	29.6
1990	20,169	14,630	5,539	27.5
1991	22,080	15,061	6,479	29.3
1992	26,832	18,546	8,286	30.9
1993	20,112	13,961	6,151	30.6
1994	22,167	17,352	4,815	21.7
1995	22,535	19,265	3,270	14.5
1996	25,978	22,029	3,949	15.2
1997	24,939	21,403	3,536	14.2
1998	28,827	22,815	6,012	20.9
1999	33,875	24,242	9,543	28.2
2000	28,695	19,805	8,890	31.0
2001	30,443	20,355	10,088	33.1

구분	총 출소인원 (형기종료+가석방)	출소사유		가석방 비율(%)
		형기종료	가석방	
2002	30,553	20,452	10,101	33.1
2003	29,286	19,173	10,113	35.5
2004	31,292	20,074	11,218	35.8
2005	29,169	18,649	10,520	36.1
2006	24,883	16,293	8,590	34.5
2007	24,716	16,649	8,067	32.6
2008	26,129	17,605	8,524	32.6
2009	25,999	17,607	8,392	32.3
2010	25,551	17,468	8,083	31.6
2011	23,680	16,551	7,129	30.1
2012	22,242	15,742	6,500	29.2
2013	22,575	16,374	6,201	27.5
2014	22,193	17,191	5,394	24.3
2015	23,776	19,187	5,507	23.2
2016	27,386	21,357	7,157	26.1
2017	30,337	23,324	8,275	27.3
2018	30,514	21,821	8,693	28.5
2019	29,266	21,092	8,174	27.9
2020	27,647	19,736	7,911	28.6
2021	27,300	17,910	9,390	34.4
2022	26,789	16,479	10,310	38.5
2023	26,454	16,929	9,525	36.0

※ 1944년~45년, 1948~50년, 1953년 자료는 없음.
※ 1911~2003년 자료는 법무부 교정국,「대한민국교정사 (Ⅰ), (Ⅱ), (Ⅲ)」(2010); 2004~2013년 자료는 법무부,「법무연감」, 2014, 458면; 2014~2023년 자료는 법무부 교정본부,「교정통계연보」, 2024, 60면을 참조하여 작성하였음.

〈부록 3〉

과밀수용에 대한 국가인권위원회 결정

연번	인권위 권고 내용	사건번호	권고 결정일자
1	빈 사동이 있음에도 이를 활용하지 않아 과밀수용한 것에 대하여 법무부장관은 교정시설 빈사동 활용계획을 수립하여 '06년 상반기까지 시행할 것을 권고함	05진인784	2005.10.10.
2	법무부장관에게, 대도시 교정시설의 과밀수용 해소 종합대책을 조속히 마련하여 시행할 것을 권고함	13직권0000100	2013.09.11.
3	00교도소장에게, 최고기온이 30℃를 넘는 하절기에 5일 동안 수용정원을 초과하는 3명의 수용자를 조사·징벌거실에 수용한 것은 인권침해이나 고통을 주기 위하여 악의적으로 3명을 수용한 것은 아니므로 향후 유사사례 재발방지를 위해 직무교육 실시를 권고함	15진정0036300	2015.07.15.
4	법무부장관에게, 00교도소 여성수용자 과밀수용 개선대책을 마련할 것을 권고함	16진정0306000	2016.10.26.
5	법무부장관에게 유휴수용동 활용, 여성수용자용 수용거실 확대 등 우선적 조치 시행, 교정시설 신축·증축 및 지역주민 설득, 가석방 확대방안 마련, 위 사항에 대한 이행상황 정례적 통지할 것, 검찰총장에게 무죄추정의 원칙에 따라 불구속 수사원칙 구현, 미결구금을 줄이기 위한 방안을 마련할 것, 국무총리에게 법령의 개정, 예산과 인력 등 관련 부처가 참여하는 협의체 구성하여 과밀수용 문제를 신속히 해결할 것, 대법원장에게 불구속 재판의 원칙을 구현하여 미결구금을 줄이기 위한 방안을 마련할 것을 권고함.	17직권0002100	2018.11.05.
6	법무부장관에게, 수용자에 대한 과밀수용은 인간의 존엄성에 반하는 비인도적인 처우인바, 조속한 시일 내에 개선대책을 마련할 것을 권고함	21진정0032900	2021.11.05.
7	〃	21진정0263800	2022.01.21.
8	〃	21진정0735700	2022.01.21.
9	법무부장관에게, 여성수용자에 대한 과밀수용이 완화될 수 있도록 빠른 시일 내에 개선대책을 마련할 것	21진정0028500	2022.02.11.
10	법무부장관에게, 수용자에 대한 인간의 존엄성에 반하는 비인간적인 처우가 발생하지 않도록 피진정기관이 협소한 독거실에 대하여 조속한 시일내에 개선대책을 마련할 것을 권고함	21진정0268600	2022.03.11.

연번	인권위 권고 내용	사건번호	권고 결정일자
11	법무부장관에게, 수용자에 대한 과밀수용은 인간의 존엄성에 반하는 비인도적인 처우인바, 조속한 시일 내에 개선대책을 마련할 것을 권고함	21진정0089000	2022.03.11.
12	〃	21진정0496501	2022.03.25.
13	〃	21진정0027900	2022.04.15.
14	〃	21진정0580000	2022.05.13.
15	〃	21진정0529400	2022.05.13.
16	〃	21진정0550800	2022.06.24.
17	〃	22진정0017100	2022.06.24.
18	〃	22진정0220900	2022.06.24.
19	법무부장관에게, 수용자에 대한 과밀수용은 인간의 존엄성에 반하는 비인도적인 처우인바, 조속한 시일 내에 개선대책을 마련할 것을 권고함. ○○시장에게, ○○교도소 이전 신축이 조속히 이루어질 수 있도록 협력할 것을 권고함	21진정0766800	2022.06.24.
20	법무부장관에게, 수용자에 대한 과밀수용은 인간의 존엄성에 반하는 비인도적인 처우인바, 조속한 시일 내에 개선대책을 마련할 것을 권고함	21진정0628900	2022.07.22.
21	〃	20진정0604901	2022.07.08.
22	〃	22진정0742400	2022.11.18.
23	〃	21진정0924200	2022.11.18.
24	〃	22진정0035500	2023.01.26.
25	법무부장관에게, 수용자에 대한 과밀수용은 인간의 존엄성에 반하는 비인도적인 처우인바 조속한 시일 내에 개선대책을 마련하고, 수용자에 대한 과밀수용이 발생하지 않도록 가석방제도의 적극적 운영, 벌금 미납자 사회봉사명령 집행 확대 등 장·단기 대책을 마련하여 시행하기를 권고함	22진정0063300	2023.02.16.
26	〃	22진정0030500	2023.02.16.
27	법무부장관에게, 수용자에 대한 과밀수용은 인간의 존엄성에 반하는 비인도적인 처우인바 조속한 시일 내에 개선대책을 마련하고, 수용자에 대한 과밀수용이 발생하지 않도록 가석방제도의 적극적 운영, 벌금 미납자 사회봉사명령 집행 확대 등 장·단기 대책을 마련하여 시행하기를 권고함. 여주교도소장에게, 구치소 내 수용자에 대한 과밀수용이 발생하지 않도록 자체적인 대응계획을 마련하여 시	22진정0119900	2023.03.30.

연번	인권위 권고 내용	사건번호	권고 결정일자
	행하기를 권고함		
28	법무부장관에게, 수용자에 대한 과밀수용은 인간의 존엄성에 반하는 비인도적인 처우인바, 조속한 시일 내에 개선대책을 마련할 것을 권고함	22진정0160200	2023.06.21.
29	법무부장관에게, 수용자에 대한 과밀수용은 인간의 존엄성에 반하는 비인도적인 처우인바, 조속한 시일 내에 개선대책을 마련할 것과 ㅇㅇ교도소장에게, 교도소 내 수용자에 대한 과밀수용이 발생하지 않도록 교도소 자체적으로 과밀수용 해소계획을 마련하여 시행할 것을 권고함	23진정0466001	2023.07.20.
30	법무부장관에게, 수용자에 대한 과밀수용은 인간의 존엄성에 반하는 비인도적인 처우인바, 조속한 시일 내에 개선대책을 마련할 것과 ㅇㅇ구치소장에게, 교도소 내 수용자에 대한 과밀수용이 발생하지 않도록 교도소 자체적으로 과밀수용 해소계획을 마련하여 시행할 것을 권고함	23진정0756202	2023.08.17.
31	법무부장관에게, ㅇㅇ여자교도소의 수용자에 대한 과밀수용은 인간의 존엄성에 반하는 비인도적인 처우인바, 조속한 시일 내에 개선대책을 마련할 것을 권고함	23진정0340300	2023.08.31.
32	법무부장관에게, 수용자에 대한 과밀수용은 인간의 존엄성에 반하는 비인도적인 처우인바, 조속한 시일 내에 개선대책을 마련할 것을 권고함	22진정0154500	2023.07.20.
33	법무부장관에게, 수용자에 대한 과밀수용은 인간의 존엄성에 반하는 비인도적인 처우인바, ㅇㅇ교도소에서 과밀수용이 발생하지 않도록 개선방안을 마련할 것을 권고함	23진정0394400	2023.11.17.
34	법무부장관에게, 수용자에 대한 과밀수용은 인간의 존엄성에 반하는 비인도적인 처우인바, ㅇㅇ교도소에서 과밀수용이 발생하지 않도록 개선방안을 마련할 것과, ㅇㅇ구치소 신축이 조속히 이루어질 수 있도록 방안을 강구할 것을 권고함	23진정0515000	2023.11.17.

※ 2005. 10. 10.부터 2024. 2. 26.까지 국가인권위원회에서 법무부로 송부한 과밀수용 관련 결정문을 권고 접수일자별로 분류한 다음 그 내용을 간략히 요약하여 도표로 작성하였으며, 해당 기관의 명칭은 생략하였음.

신용해

동아대학교 법과대학 법학과 학사
국방대학교 안전보장대학원 국제관계학과 석사(안전보장학)
서울대학교 법학전문대학원 법학과 박사(형사법)
제39회 행정고등고시 합격
법무부 교정기획과장
서울구치소장
법무부 보안정책단장
광주지방교정청장
법무부 교정본부장

논문

신용해, '인권법 제정과 행형법상의 징벌제도에 관한 연구', 법무연구 제26호, 법무연수원, 1999. 11.
신용해, '교정에 있어 회복적 사법의 적용실태와 발전방향', 법학논총 제14권 제2호, 이화여자대학교 법학연구소, 2009. 12.
신용해, '수형자 교정교육의 현황과 개선방안', 교정연구 제57호, 한국교정학회, 2012. 12.
신용해, '교도작업 활성화를 위한 조직체계 개편방안', 교정연구 제28권 제4호, 한국교정학회, 2018. 12.

법정시설 과밀수용 방지를 위한 정책적·법적 대책

초판 인쇄 2025년 03월 12일
초판 발행 2025년 03월 19일

저　자　신용해
펴낸이　한정희
펴낸곳　경인문화사
등　록　제406-1973-000003호
주　소　경기도 파주시 회동길 445-1 경인빌딩 B동 4층
전　화　(031) 955-9300　팩　스　(031) 955-9310
홈페이지　www.kyunginp.co.kr
이메일　kyungin@kyunginp.com

ISBN 978-89-499-6852-0 93360
값 26,000원

* 저자와 출판사의 동의 없는 인용 또는 발췌를 금합니다.
* 파본 및 훼손된 책은 구입하신 서점에서 교환해 드립니다.

서울대학교 법학연구소 법학 연구총서

1. 住宅의 競賣와 賃借人 保護에 관한 實務硏究
   閔日榮 저 412쪽 20,000원
2. 부실채권 정리제도의 국제 표준화
   鄭在龍 저 228쪽 13,000원
3. 개인정보보호와 자기정보통제권 ●
   권건보 저 364쪽 18,000원
4. 부동산투자회사제도의 법적 구조와 세제
   박훈 저 268쪽 13,000원
5. 재벌의 경제력집중 규제 ●
   홍명수 저 332쪽 17,000원
6. 행정소송상 예방적 구제 ●
   이현수 저 362쪽 18,000원
7. 남북교류협력의 규범체계
   이효원 저 412쪽 20,000원
8. 형법상 법률의 착오론 ●
   안성조 저 440쪽 22,000원
9. 행정계약법의 이해 ●
   김대인 저 448쪽 22,000원
10. 이사의 손해배상책임의 제한 ●
    최문희 저 370쪽 18,000원
11. 조선시대의 형사법 –대명률과 국전– ●
    조지만 저 428쪽 21,000원
12. 특허침해로 인한 손해배상액의 산정 ●
    박성수 저 528쪽 26,000원
13. 채권자대위권 연구
    여하윤 저 288쪽 15,000원
14. 형성권 연구 ●
    김영희 저 312쪽 16,000원
15. 증권집단소송과 화해 ●
    박철희 저 352쪽 18,000원
16. The Concept of Authority
    박준석 저 256쪽 13,000원
17. 국내세법과 조세조약
    이재호 저 320쪽 16,000원
18. 건국과 헌법
    김수용 저 528쪽 27,000원
19. 중국의 계약책임법
    채성국 저 432쪽 22,000원
20. 중지미수의 이론 ●
    최준혁 저 424쪽 22,000원
21. WTO 보조금 협정상 위임·지시
    보조금의 법적 의미 ●
    이재민 저 484쪽 29,000원
22. 중국의 사법제도 ▲
    정철 저 383쪽 23,000원
23. 부당해고의 구제
    정진경 저 672쪽 40,000원
24. 서양의 세습가산제
    이철우 저 302쪽 21,000원
25. 유언의 해석 ▲
    현소혜 저 332쪽 23,000원
26. 營造物의 개념과 이론 ●
    이상덕 저 504쪽 35,000원
27. 미술가의 저작인격권 ●
    구본진 저 436쪽 30,000원
28. 독점규제법 집행론
    조성국 저 376쪽 26,000원
29. 파트너쉽 과세제도의 이론과 논점
    김석환 저 334쪽 23,000원
30. 비국가행위자의 테러행위에 대한 무력대응
    도경옥 저 316쪽 22,000원
31. 慰藉料에 관한 硏究
    –不法行爲를 중심으로– ●
    이창현 저 420쪽 29,000원
32. 젠더관점에 따른 제노사이드규범의 재구성
    홍소연 저 228쪽 16,000원
33. 親生子關係의 決定基準
    권재문 저 388쪽 27,000원
34. 기후변화와 WTO = 탄소배출권 국경조정 ▲
    김호철 저 400쪽 28,000원
35. 韓國 憲法과 共和主義 ●
    김동훈 저 382쪽 27,000원
36. 국가임무의 '機能私化'와 국가의 책임
    차민식 저 406쪽 29,000원
37. 유럽연합의 규범통제제도 – 유럽연합
    정체성 평가와 남북한 통합에의 함의 –
    김용훈 저 338쪽 24,000원
38. 글로벌 경쟁시대 적극행정 실현을 위한
    행정부 법해석권의 재조명
    이성엽 저 313쪽 23,000원
39. 기능성원리연구
    유영선 저 423쪽 33,000원
40. 주식에 대한 경제적 이익과 의결권
    김지평 저 378쪽 31,000원
41. 情報市場과 均衡
    김주영 저 376쪽 30,000원
42. 일사부재리 원칙의 국제적 전개
    김기준 저 352쪽 27,000원
43. 독점규제법상 부당한 공동행위에 대한
    손해배상청구 ▲
    이선희 저 351쪽 27,000원

44. 기업결합의 경쟁제한성 판단기준
    - 수평결합을 중심으로 -
    이민호 저 483쪽 33,000원
45. 퍼블리시티권의 이론적 구성
    - 인격권에 의한 보호를 중심으로 - ▲
    권태상 저 401쪽 30,000원
46. 동산·채권담보권 연구 ▲
    김현진 저 488쪽 33,000원
47. 포스트 교토체제하 배출권거래제의
    국제적 연계 ▲
    이창수 저 332쪽 24,000원
48. 독립행정기관에 관한 헌법학적 연구
    김소연 저 270쪽 20,000원
49. 무죄판결과 법관의 사실인정 ▲
    김상준 저 458쪽 33,000원
50. 신탁법상 수익자 보호의 법리
    이연갑 저 260쪽 19,000원
51. 프랑스의 警察行政
    이승민 저 394쪽 28,000원
52. 민법상 손해의 개념
    - 불법행위를 중심으로 -
    신동현 저 346쪽 26,000원
53. 부동산등기의 진정성 보장 연구
    구연모 저 388쪽 28,000원
54. 독일 재량행위 이론의 이해
    이은상 저 272쪽 21,000원
55. 장애인을 위한 성년후견제도
    구상엽 저 296쪽 22,000원
56. 헌법과 선거관리기구
    성승환 저 464쪽 34,000원
57. 폐기물 관리 법제에 관한 연구
    황계영 저 394쪽 29,000원
58. 서식의 충돌
    -계약의 성립과 내용 확정에 관하여-
    김성민 저 394쪽 29,000원
59. 권리행사방해죄에 관한 연구
    이진수 저 432쪽 33,000원
60. 디지털 증거수집에 있어서의 협력의무
    이용 저 458쪽 33,000원
61. 기본권 제한 심사의 법익 형량
    이민열 저 468쪽 35,000원
62. 프랑스 행정법상 분리가능행위 ●
    강지은 저 316쪽 25,000원
63. 자본시장에서의 이익충돌에 관한 연구 ▲
    김정연 저 456쪽 34,000원
64. 남북 통일, 경제통합과 법제도 통합
    김완기 저 394쪽 29,000원
65. 조인트벤처
    정재오 저 346쪽 27,000원
66. 고정사업장 과세의 이론과 쟁점
    김해마중 저 371쪽 26,000원
67. 배심재판에 있어서 공판준비절차에 관한 연구
    민수현 저 346쪽 26,000원
68. 법원의 특허침해 손해액 산정법
    최지선 저 444쪽 37,000원
69. 발명의 진보성 판단에 관한 연구
    이헌 저 433쪽 35,000원
70. 북한 경제와 법
    - 체제전환의 비교법적 분석 -
    장소영 저 372쪽 28,000원
71. 유럽민사법 공통참조기준안(DCFR)
    부당이득편 연구
    이상훈 저 308쪽 25,000원
72. 공정거래법상 일감몰아주기에 관한 연구
    백승엽 저 392쪽 29,000원
73. 국제범죄의 지휘관책임
    이윤제 저 414쪽 32,000원
74. 상계
    김기환 저 484쪽 35,000원
75. 저작권법상 기술적 보호조치에 관한 연구
    임광섭 저 380쪽 29,000원
76. 독일 공법상 국가임무론과 보장국가론 ●
    박재윤 저 330쪽 25,000원
77. FRAND 확약의 효력과
    표준특허권 행사의 한계
    나지원 저 258쪽 20,000원
78. 퍼블리시티권의 한계에 관한 연구
    임상혁 저 256쪽 27,000원
79. 방어적 민주주의
    김종현 저 354쪽 25,000원
80. M&A와 주주 보호
    정준혁 저 396쪽 29,000원
81. 실손의료보험 연구
    박성민 저 406쪽 28,000원
82. 사업신탁의 법리
    이영경 저 354쪽 25,000원
83. 기업 뇌물과 형사책임
    오택림 저 384쪽 28,000원
84. 저작재산권의 입법형성에 관한 연구
    신혜은 저 286쪽 20,000원
85. 애덤 스미스와 국가
    이황희 저 344쪽 26,000원
86. 친자관계의 결정
    양진섭 저 354쪽 27,000원
87. 사회통합을 위한 북한주민지원제도
    정구진 저 384쪽 30,000원
88. 사회보험과 사회연대
    장승혁 저 152쪽 13,000원
89. 계약해석의 방법에 관한 연구
    - 계약해석의 규범적 성격을 중심으로 -
    최준규 저 390쪽 28,000원

90. 사이버 명예훼손의 형사법적 연구
    박정난 저　380쪽　27,000원
91. 도산절차와 미이행 쌍무계약
    - 민법·채무자회생법의 해석론 및 입법론 -
    김영주 저　418쪽　29,000원
92. 계속적 공급계약 연구
    장보은 저　328쪽　24,000원
93. 소유권유보에 관한 연구
    김은아 저　376쪽　28,000원
94. 피의자 신문의 이론과 실제
    이형근 저　386쪽　29,000원
95. 국제자본시장법시론
    이종혁 저　342쪽　25,000원
96. 국제적 분쟁과 소송금지명령
    이창현 저　492쪽　34,000원
97. 문화예술과 국가의 관계 연구
    강은경 저　390쪽　27,000원
98. 레옹 뒤기(Léon Duguit)의
    공법 이론에 관한 연구
    장윤영 저　280쪽　19,000원
99. 온라인서비스제공자의 법적 책임
    신지혜 저　316쪽　24,000원
100. 과잉금지원칙의 이론과 실무
    이재홍 저　312쪽　24,000원
101. 필리버스터의 역사와 이론
    - 의회 의사진행방해제도의 헌법학적 연구 -
    양태건 저　344쪽　26,000원
102. 매체환경 변화와 검열금지
    임효준 저　321쪽　24,000원
103. 도시계획법과 지적
    - 한국과 일본의 비교를 중심으로 -
    배기철 저　267쪽　20,000원
104. 채무면제계약의 보험성
    임수민 저　308쪽　24,000원
105. 법인 과세와 주주 과세의 통합
    김의석 저　304쪽　22,000원
106. 중앙은행의 디지털화폐(CBDC)
    발행에 관한 연구
    서자영 저　332쪽　24,000원
107. 국제거래에 관한 분쟁해결절차의 경합
    - 소송과 중재
    이필복 저　384쪽　27,000원
108. 보건의료 빅데이터의 활용과 개인정보보호
    김지희 저　352쪽　25,000원
109. 가상자산사업자의 실제소유자 확인제도
    차정현 저　332쪽　24,000원
110. 비용편익분석에 대한 법원의
    심사 기준 및 방법
    손호영 저　378쪽　28,000원
111. 기후위기 시대의 기후·에너지법
    박지혜 저　347쪽　26,000원

112. 프랑스의 공무원 파업권
    이철진 저　396쪽　30,000원
113. 토지보상법과 건축물
    - 건축물 수용과 보상의 법적 쟁점 -
    박건우 저　327쪽　24,000원
114. 의약발명의 명세서 기재요건 및 진보성
    이진희 저　372쪽　28,000원
115. 공정거래법상 불공정거래행위의 위법성
    정주미 저　260쪽　19,000원
116. 임의제출물 압수에 관한 연구
    김환권 저　304쪽　23,000원
117. 자금세탁방지의 법적 구조
    이명신 저　386쪽　29,000원
118. 독립규제위원회의 처분과 사법심사
    유제민 저　358쪽　28,000원
119. 부작위범의 인과관계
    김정현 저　300쪽　23,000원
120. 독일의 회사존립파괴책임
    김동완 저　369쪽　27,000원
121. 탈석탄의 법정책학 - 삼부의 권한배분과
    전환적 에너지법에 대한 법적 함의 -
    박진영 저　299쪽　23,000원
122. 공식배분법의 입장에서 바라본 Pillar 1 비판
    노미리 저　254쪽　19,000원
123. 기업집단의 주주 보호
    김신영 저　378쪽　28,000원
124. 국제도산에서 도산절차와 도산관련재판의
    승인 및 집행에 관한 연구
    김영석 저　504쪽　38,000원
125. 스타트업의 지배구조에 관한 법적 연구
    이나래 저　400쪽　30,000원
126. 역외 디지털증거 수집에 관한 국제법적
    쟁점과 대안
    송영진 저　326쪽　25,000원
127. 법인 대표자의 대표권 제한에 관한 연구
    - 판례법리를 중심으로 -
    백숙종 저　364쪽　28,000원
128. 유동화신탁 소득의 과세에 관한 제도 설계
    연구
    조경준 저　306쪽　24,000원
129. 지식재산권 라이선서의 도산에 대한
    라이선시의 보호방안에 관한 연구
    권창환 저　446쪽　35,000원
130. 탈중앙화 자율조직(DAO)과 회사법
    남궁주현 저　302쪽　23,000원
131. 독일 공법상 계약에 관한 연구
    정의석 저　424쪽　33,000원

● 학술원 우수학술 도서
▲ 문화체육관광부 우수학술 도